Gaukler,
Dirnen,
Rattenfänger

FRANK MEIER

Gaukler, Dirnen, Rattenfänger

Weltbild

Besuchen Sie uns im Internet:
www.weltbild.de

Genehmigte Lizenzausgabe
für Verlagsgruppe Weltbild GmbH,
Steinerne Furt, 86167 Augsburg
Copyright © 2005 by Jan Thorbecke Verlag
der Schwabenverlag AG, Ostfildern
Umschlaggestaltung: Atelier Höpfner-Thoma, Planegg
Umschlagmotiv: British Library, London
Gesamtherstellung: CPI – Clausen & Bosse GmbH, Leck
Printed in the EU
ISBN 978-3-8289-0893-2

2012 2011 2010 2009
Die letzte Jahreszahl gibt die aktuelle Lizenzausgabe an.

INHALT

Vorwort

Außenseiter entstehen durch Vorurteile. Daran hat sich seit Anbeginn der Menschheit nichts geändert. Immer wieder sind es die gleichen Prozesse, durch die Menschen an den Rand einer Gesellschaft gedrängt werden: Verachtung, Ausgrenzung und Entrechtung bis hin zu Verfolgung und Vernichtung. Je dogmatischer und enger der Rahmen gefasst wird, den sich eine Gesellschaft gibt, umso größer ist die Zahl derjenigen, die gleichsam durch die Maschen fallen, die keiner von der Mehrheit tolerierten Gruppierung angehören. In geradezu erschreckender Weise erweist sich das europäische Mittelalter darin als aktuell. Denn leider allzu oft wird das Eigene zum Maßstab für die Beurteilung des Fremden. Wie viel wir bis heute in der Behandlung von Minderheiten und Außenseitern wirklich dazugelernt haben, mag jeder nach der Lektüre für sich selbst entscheiden.

Dieses Buch erzählt von den Lebensbedingungen mittelalterlicher Menschen, die außerhalb der angeblich gottgewollten Ständegesellschaft standen, die nicht Edelmann, Geistlicher oder Bauer waren und über deren Schicksale wir außerordentlich schlecht unterrichtet sind. Einiges – in der Regel wenig Schmeichelhaftes – ist über Außenseiter bereits im Mittelalter geschrieben worden. Doch waren es zumeist von Verachtung erfüllte Kommentare und drangsalierende Verordnungen, die die Zeiten überdauerten. Sebastian Brant hat in seinem berühmten »Narrenschiff« Außenseiter wie Bettler als Narren klassifiziert und in einem Schiff vom rechten Kurs abkommen lassen. Hieronymus Bosch, Pieter Bruegel und andere Maler haben ihnen ein Denkmal gesetzt. Die Betroffenen selbst haben uns kaum etwas hinterlassen. Sie gehören historisch gesehen zu den stummen und vernachlässigten Gruppen. Immerhin erinnern viele Märchen der Gebrüder Grimm, auch Sagen und Legenden bis heute hin an einige Außenseiter: Wer kennt nicht Hänsel und Gretel, die Bremer Stadtmusikanten oder den Rattenfänger von Hameln?

Kapitel für Kapitel entfaltet sich in diesem Buch das harte Leben der Bettler, Buben und Vaganten, der Räuber und Reisbuben, der »echten« und »unechten« Narren, der Leprakranken, Syphilitiker und Pestopfer, der umherziehenden Spielleute, Rattenfänger und Gaukler, der verachteten Berufe, der Prostituierten, der Müller und Schneider, der Henker und Totengräber sowie der religiös verfolgten Gruppen der Juden, Ketzer und angeblichen Hexen.

Das Buch ist für einen breiten Kreis von Interessierten geschrieben worden und fasst einige Erkenntnisse einzelner Historiker, wie Bernd Roeck, Wolfgang Hartung, Ernst Schubert, Bernd-Ulrich Hergemöller oder Franz Irsigler zusammen, ohne dabei eine scharfe Grenze zwischen dem Mittelalter und der Frühen Neuzeit zu ziehen.

Viele Anregungen verdanke ich Diskussionen mit Studierenden der Pädagogischen Hochschule Weingarten aus meinen Lehrveranstaltungen zur mittelalterlichen Sozialgeschichte. Möge sie das Buch auch dazu anregen, sich jenseits rudimentärer Bildungspläne, die immer noch zu sehr an der Herrschaftsgeschichte orientiert sind, mit der ganzen Breite der mittelalterlichen Gesellschaft zu beschäftigen. Denn am Umgang mit Unterschichten und Minderheiten, Außenseitern und Randgruppen erweist sich letzten Endes der ethisch-moralische Zustand einer Gesellschaft. Daher ist dieses Thema so eminent wichtig und bleibt gerade in Zeiten, in der mehr Fremde zu uns kommen und sich die sozialen Gegensätze zu verschärfen drohen, höchst aktuell.

Mein Dank gilt vor allen dem Verlagsleiter des Thorbecke Verlages, Herrn Dr. Jörn Laakmann, für die bereitwillige Aufnahme und Unterstützung des Projekts, ferner Herrn Thomas Theise, der als Lektor aus dem Manuskript ein lesbares Buch hat werden lassen, und Frau Janina Drostel für ihre redaktionelle Unterstützung.

Das Buch widme ich meiner Familie, die manches Mal hat hintanstehen müssen und ohne deren Rückhalt es nicht in so kurzer Zeit hätte geschrieben werden können.

Weingarten, im Juni 2005 FRANK MEIER

Pfaffen, ritter und gebure sint all gesippe von nature …
Randgruppen in der mittelalterlichen Gesellschaft

Pfaffen, ritter und gebure sint all gesippe von nature uni syln gar brüderlich leben,
schrieb Hugo von Trimberg um 1300. Auch bei Adalbero von Laon (gest.
1035) lesen wir, wie sich mittelalterliche Intellektuelle die rechte Weltordnung vorstellten:

> *Dreigeteilt ist das Haus Gottes, das man als Einheit glaubt:*
> *Die einen beten, die anderen kämpfen und andere arbeiten.*
> *Diese drei sind vereint und leiden keine Spaltung.*
> *Durch die Aufgaben des einen Teils werden auch die beiden anderen bedacht,*
> *Im Wechsel der Pflichten erwächst allen Trost.*

Dieses Wunschdenken war Programm. Bischof Burchard von Worms hatte
für diese Einteilung der mittelalterlichen Gesellschaft um 1010 auch gleich
die passende Begründung bei der Hand:

> *Wegen der Sünde des ersten Menschen ist dem Menschengeschlecht durch*
> *göttliche Fügung die Strafe der Knechtschaft auferlegt worden, so daß Gott*
> *denen, für die, wie er sieht, die Freiheit nicht paßt, in großer Barmherzigkeit*
> *die Knechtschaft auferlegt.*
> *[...] Die einen hat er zu Knechten, die anderen zu Herren eingesetzt, damit*
> *die Möglichkeit zu freveln für die Knechte durch die Macht der Herren einge-*
> *schränkt würde.*

Doch die mittelalterliche Gesellschaft, eine Welt von Herren und Knechten,
oben und unten, bestand keineswegs nur aus Geistlichen, Adligen und Bauern. Die Dreiteilung der Menschheit, wie sie auch in den bildlichen Zeug-
nissen der Epoche zum Ausdruck kommt, stimmte mit der Realität nicht
überein. Denn neben den drei Ständen gab es viele Gruppen in der Bevölkerung, die sich nicht eindeutig einem bestimmten Stand zuordnen ließen
und deswegen außerhalb der Gesellschaft standen. Von solchen Menschen
erzählt dieses Buch.

Doch hinter dem gesellschaftlichen Wunschdenken des Mittelalters verbarg sich noch mehr: eine tiefe Sehnsucht nach einer gottgewollten und sicheren Ordnung, nach dem goldenen, dem letzten Reich vor dem Tag des Jüngsten Gerichts. Diese am Jenseits orientierte Ordnung war ein eschatologisches, ein auf die Zukunft ausgerichtetes Programm zur Abwehr einer um sich greifenden Verunsicherung in Not- und Krisenzeiten.

Wie ging die Mehrheit der mittelalterlichen Gesellschaft mit den Unterschichten, Minderheiten und Randgruppen um? Die an den Rand der Gesellschaft gedrängten Menschen hofften und waren angewiesen auf die Barmherzigkeit der Solidargemeinschaft. Denn eine Sozialversorgung im modernen Sinne gab es nicht. Darin unterschied sich das Mittelalter von der heutigen Solidargemeinschaft in den westeuropäischen Staaten grundlegend. Die Familie bot noch den besten Schutz. Wehe denjenigen, die im Alter auf sich allein gestellt waren. Im ausgehenden Mittelalter suchten die Städte durch ein ganzes Bündel von Maßnahmen – von der Fürsorge für die »echten Armen« bis hin zu Repressionen für die »starken« und »betrügerischen« Bettler – dem um sich greifenden Armutsproblem Herr zu werden. Randgruppen entstehen historisch gesehen durch die immer gleichen Prozesse: durch Ausgrenzung (Marginalisierung), Unterdrückung (Diskriminierung) und Kenntlichmachung (Stigmatisierung). Sie sind das Produkt einer Gesellschaft. Diffuse Vorstellungen, soziale und wirtschaftliche Ängste sowie die eigene Abgrenzung innerhalb des Ordo, d.h. der Gesellschaftshierarchie, ließen die mittelalterlichen Außenseiter entstehen. Die zunehmende Differenzierung der städtischen Gesellschaft schuf ständig neue Normen und brachte damit immer neue Außenseiter hervor.

Die Marginalisierung von Lebensformen hängt eng mit den Vorstellungen der mittelalterlichen Gesellschaft von der rechten Ordnung der Welt zusammen, deren ideelles Konzept von einer dreigliedrigen »gottgewollten« Ständegesellschaft nicht mehr war als eine hypothetische Konstruktion der Wirklichkeit. Die meisten Außenseiter zogen herum. Und das machte sie verdächtig, denn die christlichen Gelehrten des Mittelalters setzten vielfach Mobilität (*mobilitas*) mit Unstetigkeit (*mutabilitas*) gleich und hielten an den mönchischen Idealen der Stabilität (*stabilitas*) und Beständigkeit (*constantia*) fest, obgleich die mittelalterliche Gesellschaft längst eine mobile und dynamische geworden war. Denn seßhaft war nur derjenige, der es sich materiell leisten konnte. Und das waren im Mittelalter die wenigsten Menschen. Auch das Bürgerrecht beruhte auf Seßhaftigkeit, Haus- und Grundbesitz, auf der Mitgliedschaft in einer Zunft oder Bruderschaft. Marginalisiert wurden alle diejenigen, die keiner Grundherrschaft, keiner Pfarrgemeinde, keinem Konvent, keiner Gilde oder Zunft oder sonst irgendeiner geachteten gesellschaftlichen Korporation angehörten. In der frühen Neuzeit wurden alle Angehörigen des fahrenden Volkes als Vagabunden abgestempelt und kriminalisiert.

Marginalisierung führt zur Stigmatisierung. Die Lebensformen, Deutungsmuster und Konzeptionen der »etablierten« Gruppen gelten als Maßstab für die Bewertung des Anderen, des Fremden. Die eigenen Gruppenvorstellungen werden ins Gegenteil verkehrt. Das war schon im Mittelalter so. Das Denken in Schablonen zeigen auch die spätmittelalterlichen Zunftstatuten: »recht und echt« oder »frei und ehrlich« statt »rechtlos und echtlos«, »unfrei und unehrlich«. Dementsprechend gab es auch klare Vorstellungen über »ehrbare« und »unehrliche« Berufe. Diese Vorstellungen, die wir heute als Vorurteile bezeichnen, diskriminierten ganze Personengruppen oder einzelne Menschen. Dabei bestanden durchaus Unterschiede in Form, Dauer und Grad der Diskriminierung. Leineweber beispielsweise zählten nicht per se in jeder Stadt zu den verachteten Berufen. Vorurteile waren es auch, wenn man Henker als blutrünstig, Müller als betrügerisch, Dirnen als triebhaft und Narren als gottesfern abqualifizierte. Den mittelalterlichen Außenseitern war ihr Stigma gewissermaßen auf die Haut gebrannt – durch eine Vielzahl von Kleidervorschriften, zum Beispiel für Dirnen und Narren, durch Abzeichen, wie dem gelben Ring für die Juden, oder Ausweise, wie die erstmals 1370 in Nürnberg ausgegebenen Bettelzeichen. Wir sprechen in diesem Zusammenhang von Stigmatisierung, die sich in festgelegten Vorstellungen und Einstellungen, der Zuweisung von Attributen und Erkennungszeichen sowie insbesondere durch Stereotypisierung mit ihrer Tendenz zur Vereinfachung und Generalisierung auszeichnet. Stigmatisierung führt zu Diskriminierung, Diskriminierung oft zu Entrechtung, Verfolgung und Ermordung. Für vermeintliche Hexen und Zauberer, Sodomiter, Ketzer und Juden war kein Platz in der rechten Weltordnung. Viele Angehörige dieser Personengruppen haben die Verfolgungen des Mittelalters nicht überlebt.

Und doch meinte man es gut mit einigen Außenseitern. Schließlich bewog man Ketzer und Hexen dazu, für ihr eigenes Seelenheil ein Geständnis abzulegen und schnallte sie deswegen eigens von der Folterbank los, bevor man sie im reinigenden Feuer verbrannte. Es ging aber auch um die Zerstörung der fremden Identität, weswegen man die ketzerischen Schriften gleich mitverbrannte. Anderen Außenseitern teilte man eine neue Identität zu. Sie sollten sich in Lebensformen, Verhaltensweisen und äußeren Kennzeichen anpassen. Deswegen nahm man Bader und Barbiere in die Zünfte auf oder gestattete ihnen die Gründung eigener Korporationen. Als Vagabunden bezeichneten Menschen wollte die Obrigkeit eine seßhafte Lebensweise aufzwingen, durch Armen- und Zuchthäuser, durch Zwangsarbeit oder durch Anbindung an einen »Heimatort«.

Dabei war es nicht nur der aus Furcht gespeiste Fremdenhass der abendländisch-christlichen Gesellschaft vor Muslimen, Wikingern und Ungarn, sondern vielmehr noch der alltägliche Anblick des anderen, des fremden Menschen, der sich in Kleidung, Aussehen und Auftreten, im vagabundierenden Lebenswandel, im körperlichen und geistigen Erscheinungsbild oder durch seine als verachtenswert oder unehrlich geltende berufliche Tätigkeit von der Mehrheit unterschied. Die Angst vor dem Außenseiter speiste sich aus verschiedenen Quellen. Der Fremde war ein Mahner des sozialen Abstiegs. Vergessen wir nicht: eine schwere Krankheit wie Lepra oder Pest, eine Fehde oder sonst irgendein Schicksalsschlag konnte jeden treffen. Versicherungen gab es noch nicht. Dazu kam: Der Fremde gehörte in aller Regel keiner der festen und gesellschaftlich akzeptierten Solidargemeinschaften an. Er galt oft als Schmarotzer. Nur aus dem Gedanken an das eigene Seelenheil gab man einem armen Schlucker ein Almosen.

Wer im Mittelalter zu einer Unterschicht oder Randgruppe zählte, mußte erfindungsreich sein, sogar notgedrungen gesellschaftliche Normen sprengen, um überleben zu können: von ehrlicher Almosenhascherei bis zum betrügerischen Bettel, vom Verkauf von Tand aller Art bis zu facettenreichen Unterhaltungskunststücken, vom Ausüben einer verachteten Tätigkeit bis hin zu Diebstahl, Raub und Mord.

Die ambivalenten Haltungen und widersprüchlichen Verhaltensweisen der mittelalterlichen Gesellschaft gegenüber ihren Außenseitern entsprangen praktischen Erwägungen. Einerseits brachte man die Juden um, andererseits brauchte man sie als Kreditgeber. Stadteigene Bettler benötigte man für das persönliche Seelenheil, zu vielen und schon gar fremden Hungerleidern

Jesus teilt die mittelalterliche Gesellschaft in die drei anerkannten Stände Geistlichkeit, Adel und Bauern ein, während die Außenseiter als verachtete Gruppen fehlen. (MITTELALTERLICHER HOLZSCHNITT)

wollte man aber keine Almosen geben. Spielleute, Gaukler und Bärenführer wurden zwar verachtet, aber ihre Künste zogen die Menschen an. Hier offenbart sich die Faszination des Fremden, Exotischen und Gefährlichen. War schon das irdische Dasein für viele ein Jammertal, so brachten doch die bunten Vagabunden ein gewisses Maß an Abwechslung – Hauptsache, es gab etwas zu gaffen. Und wenn es nur ein Delinquent war, den der Henker drangsalierte und gekonnt hinrichtete.

Todes- und Leibesstrafen schreckten nicht – warum auch, wenn die meisten Missetäter ohnehin nicht gefaßt wurden. Eine überall präsente Polizei kannte das Mittelalter nicht. Haftstrafen bei Wasser und Brot waren erst recht keine Strafe für Hungerleider, im Gegenteil: Sie bedeuteten essbare Nahrung und ein Dach über den Kopf.

Die mittelalterliche Unterschicht war weitaus größer als jene im heutigen Europa. Sie stellte die Mehrheit der Bevölkerung. Aus ihr gingen die meisten, wenn auch bei weitem nicht alle Randgruppen hervor. Randgruppen sind Minderheiten, aber nicht jede Minderheit wird zu einer Randgruppe.

Den modernen Begriff der Randgruppe – heute auch marginaux, exclus, disvalued people, outcasts, minority groups genannt – kannte das Mittelalter selbstredend nicht. Der Sachsenspiegel des Ritters Eike von Repgow stellte im frühen 13. Jahrhundert fest, daß *Lohnkämpfer und ihre Kinder, Spielleute und alle, die unehelich geboren sind, und diejenigen, die Diebstahl oder Raub zu sühnen und zurückzugeben haben und die dessen vor Gericht überführt werden, oder die ihr Leben oder Haut und Haar ausgelöst haben, rechtlos sind* (Ldr. I 38 § 1). Die Ausgrenzung von unehelich geborenen Kindern mutet uns heute seltsam an. Aber die eheliche Geburt ersetzte das polizeiliche Führungszeugnis und galt als Ausweis der Ehrlichkeit – aber nur der Idee nach, denn vor dem Einsetzen der Kirchenbücher war in aller Regel das genaue Geburtsdatum unbekannt. Rechtlos sind nach Eike auch alle diejenigen, die straffällig wurden, die sich als Diebe, Räuber oder Mörder betätigten.

Wenn bislang von Randgruppen die Rede war, dann haben wir noch nicht nach einer genaueren Unterscheidung gefragt. Randgruppen können nach ihrem Rechtsstatus eingeteilt werden. Als »rechtlose«, d.h. rechtsunfähige oder nur eingeschränkt durch das Recht geschützte Personen lassen sich Juden, Muslime, sog. »Zigeuner« oder Heiden ausmachen. Sie waren auf kaiserliche Privilegien angewiesen, um einen gewissen Rechtsschutz zu erhalten. Dieser war oft nicht viel wert, wie wir am Beispiel der Juden noch sehen werden. Der Sachsenspiegel listet die Menschen, die sich dieser Gruppe zuordnen lassen, auf (Ldr. II 66 § 1). Danach genossen Königsfrieden als »befriedete Personen« zu jener Zeit Geistliche, Mädchen und Frauen sowie Juden an ihrem Vermögen und an ihrem Leben. Zu den Gruppen, die keine Rechte mehr besaßen, gehörten ausgestoßene Schwerverbrecher. Dazu zählten im Mittelalter Münzfälscher, Hochverräter, Mörder, Ketzer, »Hexen« oder »Sodomiter«. Die Rechtlosigkeit zog in jedem Fall Ehrverlust nach sich.

Daneben gab es eine Vielzahl von Angehörigen sogenannter »unehrlicher« Berufe: Henker und Abdecker, Totengräber, Spielleute, Gaukler und Schausteller aller Art, Schaufechter und Lohnkämpfer, Prostituierte, Müller und Schneider, Schäfer, Ratten- und Hundefänger, Leineweber, Bader und Barbiere, Quacksalber und Wunderheiler. Vor allem Angehörige von dienstleistenden Berufen wie Hebammen und Latrinenreiniger standen im Verdacht der Unehrlichkeit. Das Mittelalter war noch keine Dienstleistungsgesellschaft. Die Ehrminderung hatte aber nicht unbedingt den Entzug aller Rechte zur Folge. Als weitere Randgruppe der mittelalterlichen Gesellschaft hat die Forschung körperlich und geistig eingeschränkte Menschen ausgemacht. Dabei nahm man den Satz in der Bibel vom Ebenbilde Gottes (Gen 1,27) wörtlich:

Und Gott schuf den Menschen nach seinem Bilde, nach dem Bilde Gottes schuf er ihn, als Mann und Frau schuf er sie.

Auch der Sachsenspiegel sprach den »Blödsinnigen, Zwergen, Lahmen und Aussätzigen« die Erb-, Wehr- und Testierhoheit ab. Ein von Geburt an körperlich versehrter Mensch konnte nicht König werden. Das 25. Kapitel der Goldenen Bulle Karls IV. von 1356/57 schloß behinderte Königssöhne von der Nachfolge aus. »Echte« Narren à la Till Eulenspiegel und Geistesgestörte – im Mittelalter als »unechte Narren« bezeichnet – galten als gottferne Menschen. Leprakranke wurden aufgrund der Bestimmungen des 3. Laterankonzils (1179) separiert, Geisteskranke in »Tollhäuser« eingepfercht. Auch »Fallsüchtige« (Epileptiker) führten ein schweres Leben. Bucklige, Klumpfüßige, Bocksfüßige und Rothaarige galten als vom Teufel besessen.

Zu den ethnisch-religiös definierten Randgruppen rechnet man Juden, Ketzer und Hexen, die Opfer von Pogromen und der Inquisition wurden.

Eine eigene Gruppe bildeten die sog. Sodomiter, worunter man die Menschen fasste, die von der kirchlicherseits erlaubten »Missionarsstellung« abweichende Sexualpraktiken mit dem anderen oder dem gleichen Geschlecht oder auch mit Tieren bevorzugten. Auf Sodomie stand zumeist die Todesstrafe durch Verbrennen.

Als unmöglich erweist sich eine eindeutige Trennung von Randgruppen und Unterschichten, Kriminellen, Minderheiten und Minderberechtigten. Zu den Unterschichten gehörten die armen Leute, die aber nicht per se eine Randgruppe oder Außenseiter im klassischen Sinne darstellten. Die Angehörigen der Unterschichten waren nicht recht- und ehrlos. Trotzdem lässt sich eine Affinität zwischen Armut, Unterschichten und Randgruppen nicht übersehen, waren doch die meisten Angehörigen der außerhalb der engen Grenzen der Standesgesellschaft stehenden Menschenverbände arm. Als Unterschichten bezeichnet man die Gruppe der untersten Steuerzahler oder Nichtsteuerzahler wie Gesellen, Lehrlinge, Tagelöhner, Lohnarbeiter, weibliche Dienstkräfte, Buden- und Kellerbewohner, verschämte und unentdeckte Hausarme.

Jede mittelalterliche Randgruppe war eine Minderheit, wobei der Umkehrschluss nicht gilt. Unter Minderheiten lassen sich Kleingruppen unterhalb einer zuvor festgelegten numerischen Größe, die Minderheitenschutz genießen können, oder Gruppen, die von einer Mehrheit oder deren Repräsentanten ausgegrenzt und abgedrängt werden, fassen. Nicht alle Minderheiten waren im Mittelalter aber auch Minderberechtigte. Es gab einen Unterschied zwischen allgemein minderberechtigten Personenkreisen und randständigen Gruppen, denn in der mittelalterlichen Stadt besaß nur ein relativ kleiner Personenkreis auch die vollbürgerlichen Rechte. Die Randgruppenangehörigen kamen auch nicht alle aus einer Schicht. Historiker haben daher vorgeschlagen, zwischen einem weiten und einem eng gefassten Begriff von Randgruppen zu unterscheiden: Während der weitere Randgruppenbegriff letztendlich alle Armen, Bettler, Ausgestoßenen, Minderberechtigten und Verborgenen umfasst, sind unter dem engeren Randgruppenbegriff nur diejenigen Gruppen zu verstehen, die rechtliche Beeinträchtigungen zu erdulden hatten.

Halten wir fest: Die hier vorgestellten Randgruppen oder Außenseiter umfassen Menschen, welche die Normen der Majorität der spätmittelalterlichen

Gesellschaft nicht befolgen konnten oder wollten, deren abweichendes Verhalten für die Zeitgenossen als solches erkennbar war, die von weltlicher wie geistlicher Obrigkeit diskriminiert und unterdrückt wurden, die durch stereotype Vorstellungen der Gesellschaft mit negativen Etiketten versehen, stigmatisiert oder ausgestoßen waren, die sich zum Teil zu eigenen Gruppen oder Subkulturen zusammenfanden und sich nach dem damaligen Denken keiner Schicht und keinem Stand der mittelalterlichen Gesellschaft zuordnen ließen. Von diesen Menschen erzählt dieses Buch.

2

Der Bettel hat auch Narren viel ...
Bettler, Buben, Müßiggänger

BETTLER AN ALLEN ORTEN

Bettler seiend die nach brott umbher lauffen, oder auff den gassen, vor den häußern sitzen oder vor den kirchen und biten umb brot, schrieb 1522 der Reformator Andreas Karlstadt. Bettler waren allgegenwärtig, überall traf man auf sie: auf den Landstraßen, in den Gassen der Städte, vor den Kirchen, auf dem Markt, in den Vorstädten und den verachteten Quartieren. So klagte die Würzburger Almosenordnung 1532, daß Arme und Kranke *vor den Kirchen, in den Creutzgängen und uff der Gassen pfleglos ligen und nach dem Almosen schreyen dörffen.*

Die Bettler gehörten zum Alltag einer armen Gesellschaft. Vom Abstieg in die Armut waren viele bedroht: Alte, Kranke, Schwache, körperlich Versehrte, geistig Behinderte, entlaufene Bauern, Lehrlinge, Gesellen und Mägde, Fahrende, Prostituierte, Witwen und Waisen aus unteren Ständen, Gefangene sowie verwundete Kämpfer – kurzum all diejenigen, die von Geburt an in der hierarchischen Ständegesellschaft ganz unten standen, sozial benachteiligt waren oder keine Verwandten hatten, die sie versorgen konnten oder wollten. Frauen waren von Armut weitaus häufiger betroffen als Männer. All diese Bedürftigen waren angewiesen auf private und öffentliche Almosen. Ihre Augen richteten sich auf die reichen Pfeffersäcke und Handwerksmeister, auf Könige, Fürsten und andere Adlige sowie auf Mönche, Nonnen und Beginen. Ihre Hoffnung waren der städtische Armenkasten, die Klosterpforte und öffentliche Feste. Sie lebten von dem, was andere wegwarfen.

Als am 14. November 1475 Herzog Georg der Reiche von Bayern-Landshut die polnische Königstochter Hedwig zur Frau nahm, richtete ihm sein Vater, Herzog Ludwig der Reiche, eine prunkvolle Hochzeit aus. Von einem Missgeschick berichtet uns Graf Froben Christoph von Zimmern etwa hundert Jahre später in der Zimmerschen Chronik. Johann Wernher Freiherr von Zimmern, einer seiner Vorfahren, sollte der Gräfin von Württemberg aufwarten. Am Abend zuvor hatte er jedoch dem Alkohol zu sehr zugesprochen, daß er verschlief und Elisabeth von Württemberg sich mit ihrem Gefolge schon auf dem Weg in die Kirche befand. Johann Wernher drängte sich in aller Eile durch die Bettler, um seinen Dienst zu versehen. Dabei blieb er an einem Bettler hängen, zog diesen barsch hinter sich her, bis die beiden schließlich vor der verdutzten Gräfin zu Fall kamen:

> *Die Herzogin* [damals noch Gräfin] *konnte ihrer halben nicht mehr vorankommen und mußte eine schöne Weile Halt machen. Noch dazu hatte der schmutzige Bettler einen Hafen voll Suppe, Fleisch und anderem bei sich. Derselb Hafen ward verschüttet und Herrn Hannsens Wernhers Schaube wurde besudelt und zugerichtet. Es war ein wunderbarlich Zappeln und Reißen von den zweien, von Herrn Hanns Wernher und von dem Bettler. Beide schämten sich nicht schlecht und ein jeder wäre gern als erster aufgestanden und hätte sich davongeschlichen.*

Dies traf wohl kaum für den Bettler zu, der ja gerade gekommen war, um ein Almosen zu erhaschen und sich an den Reichen klammerte, wohlwissend, daß die Speisung von Bettlern zur demonstrativen Geste mittelalterlicher Hochzeiten gehörte. Und ein Pfennig war kostbar in einer Epoche permanenten Bargeldmangels. Wie es ihm weiter erging, wissen wir nicht. Sicherlich wurde er davongeprügelt.

Bettler dienten aber auch der Volksbelustigung. So in Köln, wo man nach dem Bericht der Koelhoffschen Chronik 1498 fünf mit Harnischen und Knüppeln bewaffnete blinde Bettler auf dem Altenmarkt in einem Bretterverschlag auf ein Ferkel einschlagen ließ:

> *In dem selven jair up sent Mathis dach, do wart ein verken bracht up deme Aldenmart in einen park mit bort umbmaicht, dairbinnen wart dat verken gebunden: dairzo wurden vunf blinde man mit iren harnisch ind ietlicher van in mit eime kluppel, die dat verken zo dode slain souden, as ouch geschiede.*

Bettler und Behinderte erschienen als Objekt der Volksbelustigung. Pieter Bruegel hat einen Kampf der Krüppel untereinander gemalt. Die Quellen schildern aber auch die Bettler als etwas Lästiges und bringen sie mit Schmutz, Aufdringlichkeit und Unverschämtheit in Verbindung. Hatte das Neue Testament Armut und Barmherzigkeit noch als zwei Seiten einer Medaille, ja als christliche Tugenden *(caritas)* gepriesen, war man im ausgehenden Mittelalter in der lebensweltlichen Praxis weit davon entfernt. Ursprünglich sollten die Reichen Almosen spenden, die Armen als Gegenleistung für das Seelenheil der Spenderinnen und Spender beten, wobei man ihren Gebeten eine besondere Wirksamkeit zusprach. Als Folge der um sich greifenden Armut im Spätmittelalter und vor allem mit Einführung der Reformation veränderte sich die Einstellung der mittelalterlichen Gesellschaft zur Armut und zum Bettelwesen jedoch drastisch. Erste Ansätze einer obrigkeitlichen Sozialfürsorge verdrängten schrittweise individuelles Mitleid und persönliches Erbarmen.

ARMUT IM MITTELALTER

Eine Gegend heißt Schlaraffenland,
den faulen Leuten wohlbekannt;
die liegt drei Meilen hinter Weihnachten.
Ein Mensch, der dahin will trachten,
muß sich des großen Dings vermessen
und durch einen Berg von Hirsebrei essen;
der ist wohl drei Meilen dick;
alsdann ist er im Augenblick
im selbigen Schlaraffenland.
Da hat er Speis und Trank zur Hand;
da sind die Häuser gedeckt mit Fladen,
mit Lebkuchen Tür und Fensterladen.
Um jedes Haus geht rings ein Zaun,
geflochten aus Bratwürsten braun;
vom besten Weine sind die Bronnen,
kommen einem selbst ins Maul geronnen.
An den Tannen hängen süße Krapfen
wie hierzulande die Tannenzapfen;
auf Weidenbäumen Semmeln stehn,
unten Bäche von Milch hergehn;
in diese fallen sie hinab,
daß jedermann zu essen hab.

So beschrieb Hans Sachs (1494–1576), der bekannte »Meistersänger von Nürnberg«, als erster Dichter die seit etwa 1400 im deutschsprachigen Raum

Im Mittelalter unterschied man zwischen unterschiedlichen Typen von
Bettlern, denen man teilweise betrügerische Praktiken unterstellte.

(HIERONYMUS BOSCH: DIE BETTLER)

nachweisbare Legende vom »Schlaraffenland«. Die weit verbreitete Legende, deren frühe Versionen im 13. und 14. Jahrhundert aus England und Frankreich bekannt sind, verdeutlicht den Traum vom Sattessen mit Köstlichkeiten, der für viele mittelalterliche Menschen ein Traum blieb. Denn Armut und Not waren die ständigen Wegbegleiter der mittelalterlichen Gesellschaft. Arm im materiellen Sinn waren im Mittelalter die meisten Menschen. Als arm bezeichneten die Stadtschreiber und Chronisten Personen ohne steuerbares Vermögen, die so genannten Habenichtse und all diejenigen, die nicht mehr in der Lage waren, ein standesgemäßes Leben zu führen, darüber hinaus Frauen und Männer, die an der Grenze zum Betteln standen, und schließlich die Bettler selber.

Die Forschung unterscheidet zwischen primärer und sekundärer Armut. Primär arm ist, wem das »Lebensnotwendige« fehlt, also etwa zehn Prozent der europäischen Bevölkerung. Als sekundäre Armut wird der Mangel an »Standesnotwendigem« bezeichnet. Davon betroffen waren nach Schätzungen rund zehn bis zwanzig Prozent der Menschen. Ebenfalls haben Historiker nach »gesellschaftlichen Ursachen« und nach »individuellen Ursachen« der Armut unterschieden. Zur gesellschaftlich bedingten Form rechnet man selbständige Handwerker mit geringem Einkommen und Vermögen, unselbständige Lohnabhängige wie unqualifizierte Tagelöhner, Angehörige »unehrlicher Berufe« und das fahrende Volk, zur zweiten Gruppe Witwen, Waisen, Krüppel und Kranke.

Die spätmittelalterlichen Steuerbücher beziffern für Schaffhausen, Zürich, Basel, Luzern und Freiburg den Anteil der untersten Schichten, die bis zu 15 Gulden steuerbares Vermögen hatten, auf zehn bis dreißig Prozent. Dazu zählten unverheiratete Frauen, Gesellen, Gesinde und arme Handwerker. Die deutliche Mehrzahl der Armen waren nach den Armenprotokollen des 16. Jahrhunderts Mädchen und Frauen. In der ländlichen Gesellschaft lag der Anteil der Armen in stadtfernen Gegenden und in Ackerbaugebieten tendenziell höher als in stadtnahen Weinbau- und Viehwirtschaftsregionen, die für den städtischen Markt produzierten.

Der mittelalterliche Begriff der Armut bezeichnet aber nicht nur einen ökonomisch-materiellen Tatbestand, sondern ist sehr viel komplexer. Armut als religiöse Verheißung wurde als freiwillige Armut anerkannt, während man Armut als Folge einer sozialen Notsituation als unfreiwillige Armut zunehmend verachtete. Freiwillig gelebte Armut in der Nachfolge Christi wurde von der im 11. Jahrhundert entstehenden und überwiegend von weiblichen Laien, Konversschwestern und Beginen getragenen Armutsbewegung sowie vom 12. Jahrhundert an von den Bettelorden als pauperes Christi gefordert und praktiziert. Die radikalen Flügel dieser breiten Armutsbewegung fielen als Häretiker (Ketzer) der Inquisition zum Opfer, während die gemäßigten Teile als neue Mendikantenorden – Franziskaner (Minderbrüder, Minoriten) und Dominikaner – überlebten. So gelang es der Amtskirche, die Armutsbewegung, welche die Kirche zu spalten drohte, zu kanalisieren und zu kontrollieren. Mit der unfreiwilligen Armut verband man im Spätmittelalter Unmoral, Dummheit und Unehrlichkeit, wobei zwischen Armut als Mittellosigkeit und Armut als Bedürftigkeit unterschieden wurde.

Worin lagen die Ursachen der um sich greifenden unfreiwilligen Armut? Das im 11. Jahrhundert einsetzende Bevölkerungswachstum hatte zu einer Verdopplung der Einwohnerzahl in Europa geführt. In Deutschland war die Einwohnerzahl von rund fünf bis sechs Millionen im 11. Jahrhundert auf ca. 13 Millionen im 14. Jahrhundert gestiegen. Dieses war möglich geworden durch den hochmittelalterlichen Landesausbau, der aus verstreuten Siedlungskammern zusammenhängende Siedlungsräume werden ließ. Immerhin schuf die Expansion nach außen in Form der Ostsiedlung ein Ventil für den Bevölkerungsdruck. Zwar hatten Verbesserungen in der Agrartechnik – wie die partielle Einführung der Dreifelderwirtschaft und der neue Pflug mit Schar und Streichbrett – eine große europaweite Hungerkatastrophe verhindern können, jedoch hatten viele Bauern ihre Scholle verlassen. Die aus einer Grundherrschaft entflohenen Leibeigenen zogen in die mit geradezu wunderbaren Hoffnungen verknüpfte mittelalterliche Stadt, die vieles versprach, aber nicht hielt: Arbeitsplätze, sozialen Aufstieg und materiellen Wohlstand, gleiches Recht für alle und vor allem Sicherheit. Die Zahl der Städte hatte zwischen 1200 und 1350 von wenigen hundert auf ca. 3000 zugenommen, die nur noch vier bis acht Wegstunden voneinander entfernt waren.

Der Anteil der Stadtbevölkerung an der Gesamtbevölkerung war auf reichlich zehn Prozent gestiegen. Die Zunahme der Mobilität führte zur Gleichsetzung von Fremden und Armen. Denn wer die Familie und die Grundherrschaft verließ, war in Notfällen auf sich allein gestellt, d.h. auf die Spendenbereitschaft seiner Mitmenschen angewiesen. Insbesondere die

Städte waren von dieser neuen Form der Armut betroffen. Die städtische Armutsbevölkerung bestand vor allem aus den ökonomisch Unselbständigen, den Lohnarbeitern, Handwerksgesellen, Tagelöhnern und Mägden, deren ökonomische und soziale Situation aufgrund ihrer oft unsicheren Einkommensquellen gefährdet war. Angehörige der handwerklich unqualifizierten oder gering qualifizierten Berufe waren besonders betroffen: Tagelöhner im städtischen Wein-, Garten- und Ackerbau und im Baugewerbe sowie die unqualifizierten Kräfte in der Textilproduktion. Bei ungünstiger Konjunkturlage wurden sie als erste arbeitslos. Genossenschaftliche Hilfseinrichtungen der Zünfte waren ihnen verschlossen – was blieb, war das Betteln.

Unter- und Mangelernährung als Folge von Mißernten und Teuerungen kam als weitere ständige Bedrohung hinzu. Die Furcht vor sozialem Abstieg prägte das Lebensgefühl breiter ländlicher und städtischer Bevölkerungsschichten. Adelsfehden, ausgetragen auf dem Rücken der Bauern, Epidemien wie Pest, Lepra, Pocken, Cholera oder die Vergiftung durch das mitgemahlene Mutterkorn im Getreide (Ergotismus gangraenosus) sowie individuelle Schicksalsschläge wie Verwundung oder Krankheit kamen hinzu. Für die vom so genannten Antoniusfeuer befallenen Mutterkornpatienten, die an schweren Nerven- und Gehirnstörungen und am Brand ihrer Gliedmaßen litten, fühlten sich immerhin die Mönche des Antoniterordens zuständig.

All dies ließ die Zahl der Armen beiderlei Geschlechts bis zum 14. Jahrhundert dramatisch ansteigen – eine Entwicklung, die, wie noch zu zeigen sein wird, nicht ohne Einfluß auf die Einstellung zum Bettelwesen blieb und zur Veränderung der Armenfürsorge führte.

Die große Pestepidemie um die Mitte des 14. Jahrhunderts löste ein Massensterben aus, welches das seit dem 11. Jahrhundert andauernde Bevölkerungswachstum stoppte und einen drastischen Bevölkerungsrückgang bewirkte. Die Städte waren härter betroffen als das Land. Hinzu kam eine Agrarkrise als Folge der geschrumpften Bevölkerung. Ein Überangebot an Agrarprodukten hatte zum Verfall der Agrarpreise geführt und die Lebensverhältnisse der Bauern und Lohnarbeiter, aber auch der Grundherren verschlechtert. Die sozialen Folgen waren unübersehbar: Der Personenverband löste sich stellenweise auf. Landflucht und die Bildung großer Vermögen in den Händen weniger reicher Bürger waren die Folge. Dazu kamen ökonomische Auswirkungen: eine gesteigerte Nachfrage nach Konsumgütern, die eine Knappheit an Arbeitskräften zur Folge hatte und einen Preisanstieg für gewerbliche Produkte nach sich zog. Die verstärkte Mobilität und Fluktuation der Bevölkerung hatte als Kehrseite dieser Entwicklung eine rasche Ausweitung der städtischen Armut zur Folge.

Alter und Armut lagen in der mittelalterlichen Welt eng beieinander. So erklärten der Siebmacher Lienhard Keller und seine Frau Margreth 1486 vor dem Schöffengericht der Stadt Basel, sie seien beide »alt, gebrechlich und schwach« und außer Stande, für sich selbst zu sorgen. Wer dann nicht bei Zeiten etwas gespart hatte, und das waren die wenigsten, oder nicht einer Zunft angehörte, war auf Gedeih und Verderb dem Wohlwollen der eigenen Familie oder der städtischen Almosenfürsorge ausgeliefert und konnte bestenfalls eine Notpfründe, einen Pflegevertrag, erwerben. Mehr als die Hälfte der Basler Notpfründner im 15. Jahrhundert waren Frauen, vor allen Witwen, gefolgt von alleinstehenden und sitzen gelassenen Frauen und Angehörigen der städtischen Unterschichten, Dienstmägden und Textilarbeiterinnen. Über zwei Drittel der Notpfründner waren kinderlos.

DIE TEUERUNG ZU AUGSBURG UND IHRE FOLGEN

Barnabas Holzmann, Maler und Bürger zu Augsburg, beschrieb in dramatischen Versen die Auswirkungen der Teuerung zu Augsburg in den Jahren 1570/71. Obwohl sich Holzmanns Verse auch als eine auf Augsburgs kaufmännische und konfessionell gespaltene Gesellschaft gemünzte Sozialkritik nach vertrauten Vorbildern biblischer Sündengeschichten verstehen lassen und aus zunächst subjektiven Einzelbeobachtungen bestehen, geben sie dennoch zu erkennen, welche Auswirkungen eine Teuerung haben konnte:

Daneben stieg stetig und erheblich
Wein, Getreide und Korn im Preis,
so daß um Lichtmess bald ein Scheffel Korn
vier Gulden kostete.
Dadurch wurde die Menge der Armen bedroht,
weil sie noch nicht die Teuerung verschmerzt hatten,
die wir vor drei Jahren schmerzlich hatten erfahren,
und die manchen arg mitgenommen und ihn alle seine Vorräte gekostet hatte.

Die Kaufleute hatten, so der Dichter weiter, den Verkauf des Rohstoffs Wolle an die Weber drastisch eingeschränkt und dies folgendermaßen begründet:

Die Kaufleute sagten es wäre dies Jahr
Fuhrlohn und Zehrung ziemlich teuer,
auch würde der Türke sich vorbereiten
und wollte kurzerhand Zypern einnehmen.

Daher sei nur wenig Wolle in deren Hände gelangt, und sie hätten den Webern angeboten, die schlechte braunere Wolle zu höheren Preisen anzubieten. Diese hätten sich an die beiden Bürgermeister gewandt, die daraufhin unter Verweis auf das Jüngste Gericht die Kaufleute vergeblich zu gerechten Preisen anhielt. Im weiteren Verlauf seien diejenigen, die von den Webern Wolle zum Spinnen holen wollten, von der Verarmung betroffen gewesen und an den Bettelstab gelangt, worauf die Obrigkeit hart durchgegriffen hätte. Die Armen aber ernährten sich von allem nur irgendwie Eßbaren:

Dagegen hatte die Obrigkeit
ganz unbarmherzig die Armen
sofort aus den Dörfern verjagt,
sobald sie die Abgaben nicht leisten konnten.
Alle, die kräftig waren,
sind in großer Zahl gen Wien gelaufen,
sie achteten nicht mehr
ihrer eigenen Kinder,
die dann verhungern mußten.
Denn ihre Speise waren rohe Rüben,
womit man Schweine mästet,
viele behalfen sich mit Kleie,
waren froh darüber, sie zu bekommen.
Etliche machten sich über Abfall her,
ja, wenn ein Stück Vieh verendete,
das sonst den Raben überlassen wird,
dann wurde es von ihnen verbraucht.

Offenbar sind viele Menschen als Folge der Teuerung verhungert; genaue Zahlen in schriftlichen Quellen sind nicht bekannt. Die Obrigkeit hatte nach Holzmann viele Arme durch Ratsknechte einsperren lassen – eine Strafe, die, obwohl unser Chronist darüber nichts aussagt, wohl kaum einen an

Hunger leidenden Menschen abschrecken konnte. Zur Armut kam der generelle Holzmangel der Frühen Neuzeit, der bei den Armen für Erfrierungen sorgte:

Viele von ihnen waren so weit erfroren,
daß sie ihre Glieder verloren haben.
Schwindsucht und Lähmung überfiel sie,
die Zehen faulten an den Füßen,
Hände und Füße waren ihnen angeschwollen,
daß, wenn sie anfangen wollten zu arbeiten,
sie nichts anfassen konnten
und niemand sie in Dienst nehmen kann.

All dies gehörte zum Alltag im Mittelalter!

DIE KUNST DES BETTELNS

Gebettelt wurde im Mittelalter weniger um Geld als vielmehr um Nahrung. Für viele Angehörige der Unterschichten war der Bettel eine zusätzliche und nötige Einnahmequelle. Armut als Ideal der hochmittelalterlichen Armutsbewegung war allenfalls etwas für religiöse Eiferer. Das Leben eines Bettlers war nicht viel wert. Das älteste deutsche Totentanzgedicht von 1350 bezeichnet daher den Tod als einzigen Freund des Bettlers, des *gîlers*, und läßt den Krüppel klagen: *Ein armer gîler hie im leben / ze einem vriunt ist niemanne eben,* worauf der Tod ihn tröstet: *Dich habent die lebenden nit für guot, / der tôt dir besunder gnâde tuot.*

Die Bettler waren kein einheitlicher Stand von Armen. Das »Augsburger Achtbuch« teilt 1343 die Bettler in neun Klassen ein: in die *Grantner*, die als angebliche Epileptiker auftreten, die *sinweger,* die vorgeben, den Mord an einem Blutsverwandten zu büßen, die *spanvelder,* die eine Krankheit simulieren, die *kappsierer,* die im geistlichen Gewand auftreten, die *clamyerer,* die sich als Rompilger verkleiden, die *mümser,* die sich als kranke Mönche ausgeben, die *scherpierer,* die sich als Pilger kleiden, die *fopperinnen,* die eine Geisteskrankheit vortäuschen, und die *hurlentzer,* die vorgeblich getaufte Juden sind. Die »Basler Betrügnisse« aus der ersten Hälfte des 15. Jahrhunderts führen 26 Kategorien von Bettlern an. Der »Liber vagatorum«, das Fahndungsbuch des Pforzheimer Hospitalmeisters Mathias Hütlin, nennt um 1510 sogar 28 verschiedene Bettler- und Gaunertypen. In der heutigen Forschung unterscheidet man mit besonderen Empfehlungsschreiben ausgestattete Almosensammler von Klöstern und Hospitälern, Leprose, Schüler und Studenten mit eigenem Bettelprivileg, Beginen und Bettelmönche, Pilger zu heiligen Stätten, Krüppel und Kranke, Findelkinder, entlassene Landsknechte, aus türkischer Gefangenschaft entkommene Soldaten, Opfer von Kriegen, Hungersnöten und Naturkatastrophen, Arbeitsunwillige, Arbeitsunfähige und Arbeitslose.

Die vielfältige Zusammensetzung der Bettler zog differenzierte Methoden und Techniken des Almosensammelns nach sich: vom Vortäuschen einer Schwangerschaft über das Singen von Liedern und das Erzählen von Geschichten bis hin zur Simulation körperlicher Gebrechen, dem Verkauf wundersamer Arzneien, dem Abhalten von Zaubereien oder Predigten. Mag sein, daß dies auch Sebastian Brant bewogen hat, in seinem »Narrenschiff« von 1494 im 63. Kapitel die »betrügerischen Praktiken« der Bettler und Müßiggänger anzuprangern. Dennoch ist dieser Auszug gerade ein Beleg dafür, wie sich die Einstellung zum Betteln im ausgehenden Mittelalter dramatisch veränderte:

Der Bettel hat auch Narren viel.
Reich werden ist jetzt der Welt Ziel
und wär es auch mit Betteln gleich;
Pfaffen, Mönchsorden sind sehr reich,
beklagen sich, sie wären arm.
Weh Bettel, daß es Gott erbarm! [...]
Mancher tut betteln in den Jahren,
da er werken könnt jede Stund
und er jung, stark ist und gesund;
nur daß ihm steckt ein Schelmenbein im Rücken;
die Kinder müssen jung daran,
zum Bettel hält man sie schon an,
sie lernen gut das Bettelg'schrei;
er bräch ihnen ein Arm entzwei
oder ätzte ihnen Wunden, Beulen,
damit sie möchten schreien, heulen [...].
Der geht auf Krücken bei Tageslicht –

ist er allein, braucht er sie nicht.
Dieser kann fallen vor den Leuten,
daß jedermann tu auf ihn deuten.
Der leiht andern die Kinder ab;
Daß er ein' großen Haufen hab;
einer einen Esel belädt,
als ob die Fahrt zu Sankt Jakob geht.
Der muß hinken, der andere sich bücken,
der bindet ein Totenbein auf den Rücken;
wenn man ihm recht säh auf die Wunden,
säh man, wie es wär angebunden.
Ich bin noch lange nicht am Ziel,
denn es sind der Bettler viel
und werden stets noch mehr und mehr,
denn Betteln gefällt vielen sehr,
nur dem nicht, den die Not tut treiben;
sonst ist gar gut, ein Bettler bleiben,
denn Betteln läßt niemand verderben,
Weißbrot kann man damit erwerben;
die trinken nicht den schlichten Wein,
es muß Rheinfall, Elsässer sein.
Mancher verläßt auf Betteln sich,
der spielt, hurt, hält sich üppiglich;
denn wenn er schon verschlemmt sein Hab,
schlägt man ihm Betteln doch nit ab,
ihm ist erlaubt der Bettelstab.
Viele nähren mit dem Bettel sich,
die reicher sind als du und ich!

Die offene Kritik von Sebastian Brant zeigt: Die Gesellschaft unterstellte den Bettlern betrügerische Absichten und daß sie bettelten, obwohl sie es eigentlich nicht nötig hatten. Zwar hören wir in Konstanz 1455 von der Bestrafung eines fremden Bettlers, der das erbettelte Geld gegen Zins ausgeliehen hatte, doch die Regel war das nicht. So läßt das Straßburger Verzeichnis der »mutwilligen Bettler« von 1464 die soziale Zusammensetzung der Bedürftigen deutlich werden. Unter den 44 genannten Personen gibt es nur sechs Ehepaare und nur drei ledige Männer, dagegen 29 allein-stehende Frauen. Frauen mit unehelichen Kindern waren besonders arm dran. Mehr als wenige Pfennige am Tag konnte selbst ein erfahrener Bettler nicht erbetteln – die Anschuldigungen von Brant sind samt und sonders aus der Luft gegriffen. Als man 1523 die über einhundert Jahre alte Straßburger Bettelbruderschaft auflöste, besaß sie außer Wachs für Kirchenkerzen kei-nerlei Vermögen.

BETTLER, BÜTTEL, BRUDERSCHAFTEN

Die Bettler spielten mit den städtischen Bütteln Katz und Maus. Die Umset-zung der noch näher zu besprechenden städtischen Verordnungen zur Ein-schränkung des Bettelwesens scheiterte nur allzu oft an den wenigen städ-tischen Bediensteten. Das Auffinden der Bettler in einer mittelalterlichen Stadt war schwierig. Verwinkelte Gassen, Gartenhäuschen oder Scheunen boten Unterschlupf. Bettler bauten in Köln auch Buden an Pfeilern, die dem Rat ein Dorn im Auge waren, und wohnten in ungenutzten Schiffen. Die An-drohung der Gefängnisstrafe »bei Wasser und Brot« schreckte hungernde Menschen ohnehin nicht ab. Privatunterkünfte waren verhältnismäßig teu-er: Ende des 16. Jahrhunderts betrugen die Kosten für eine Nacht selbst in einer einfachen Kölner Herberge sechs bis acht Heller, für Obdachlose eine unerschwingliche Summe. An fremden Bettlern ließ sich also auch verdie-nen. Die Ratsstrafe in Köln für die Beherbergung von Bettlern war dagegen mit zehn Gulden sehr hoch. Bettler nächtigten in den armen Bezirken der Stadt. Der Rat ordnete regelmäßige Hausdurchsuchungen an. Die Einträge in den Kölner Turmbüchern zeigen, daß es in den Bettlerherbergen auch gewalttätig zuging. Als weitere Unterkünfte für Bettler gab es die Elenden-herbergen, zwei bis drei von ihnen in den größeren Städten wie Frankfurt am Main. Historiker konnten zeigen, wie sich die Bettelei auf die Straßenna-mensbildung in den Städten auswirkte: Für Speyer ist eine »Kleine Gailer-gasse« belegt, in Wemding im schwäbischen Ries hieß eine Gasse »Bettel-manns Umkehr«, in Frankfurt existierte eine »Gilergasse« und in Köln eine »Schmierstraße«. Alles dieses zeigt: Bettler bevorzugten Straßen mit billi-gen Unterkünften. Eine Slumbildung konnte nicht ausbleiben – die verach-teten Quartiere der mittelalterlichen Stadt. An einigen Orten förderte der

Rat diese Entwicklung, um die Bettler auf bestimmte Wohnbezirke zu beschränken. In Basel hausten fremde Bettler zusammen mit Gaunern, Frauenwirten, Dirnen, Zuhältern, Gauklern, Spielleuten, fahrenden und »unehrlichen« Leuten, Totengräbern und Scharfrichtern auf dem Kohlenberg. Sebastian Brant schreibt dazu: *Zu Basel uff dem Kolenbergk, do triben sie vil bubenwergk.* Dort gab es bis 1527 sogar ein eigenes Sondergericht, welches über die diversen Untergruppen der Fahrenden Recht sprach, so zum Beispiel über Bettler und Landstreicher, Dirnen und Zuhälter.

In einigen Städten haben die Bettler eigene Bruderschaften gegründet, um gemeinschaftlich Almosen zu sammeln und vom Rat als »Hausarme« der Stadt anerkannt zu werden. Damit grenzte man fremde Bettler aus. Der Verdrängungswettbewerb um die wenigen öffentlichen Almosen war in vollem Gange. So ist 1411 in Straßburg eine Bruderschaft »der armen Blinden« bezeugt, die für jedes verstorbene Mitglied eine Kerze stiftete und eine Seelmesse lesen ließ. Auch in Zülpich bei Köln finden wir 1454 eine anerkannte »Erbgilde und Bruderschaft« für *arme mynschen, die der Almosen levent, Krüppel, blynde und andere leut.* Manche Bettler sprachen sogar eine eigene Sprache, das so genannte »Rotwelsch« – Zeichen einer neuen Subkultur. Doch die anbrechende Neuzeit machte all dem ein Ende.

ZWISCHEN ALMOSEN UND AUSGRENZUNG: MASSNAHMEN DER OBRIGKEIT

Die allgegenwärtige Armut auf dem Lande war nichts Ungewöhnliches und wurde eher geduldet als in den Städten, wo die sozialen Unterschiede wesentlich größer waren. Selbst die von Marquard Mendel 1388 eingerichtete Zwölfbrüderstiftung für alte Handwerker in Nürnberg nahm nur solche Arbeiter auf, die in ihrem Leben nicht gebettelt hatten. Die ersten Bettelordnungen und Ratsbeschlüsse zeigen, daß sich im Vorfeld der Reformation die Einstellung zum Betteln wandelte. Betteln wurde zur Schande und Bettler zum Schimpfwort. Dabei gab es kaum eine Familie ohne Arme, sieht man von der Oberschicht ab. Diese im engeren Sinne auch als »Hausarme« bezeichneten Menschen wurden von der eigenen Familie versorgt. Da sie nicht bettelten, nannte man sie »verschämte« Arme im Gegensatz zu denjenigen, die »unverschämt« auf den Gassen und Plätzen nach Almosen schrien. Sie wohnten häufig in einem *gadem*, einem kleinen, traufseitig zur Straße stehenden Häuschen oder in einem Kellerverschlag. Denn eine Pfründe in einem Heiliggeistspital, die einen gesicherten Lebensabend garantierte, konnten sich nur die reichen Pillendreher und Pfeffersäcke, also die Patrizier leisten. Im übergreifenden Sinne wurden als Hausarme alle städtischen Armen bezeichnet und so von ortsfremden Bettlern unterschieden.

Almosen gab man dem Bettler vor allem als Sorge um das eigene Seelenheil – eine Art Jenseitsversicherung, wenn es schon sonst keine Versicherungen gegen Unglücksfälle gab. Nach Verlassen des irdischen Jammertals sollte es einem im Himmel besser gehen. Davon künden auch die zahlreichen formalisierten Stiftungen wie die Mendelsche Zwölfbrüderstiftung. Aber auch Almosenstiftungen klassifizierten die Armen, da sie sich nie für alle zuständig fühlten.

So wurde der Aufbau eines organisierten Armenwesens notwendig. Zunächst nahm sich die Kirche des Armutsproblems an. Die Bischofskirchen führten seit der Merowinger-Zeit vereinzelt eigene Armenlisten, die *matriculae pauperum*. Der heilige Konrad, Bischof von Konstanz, stiftete im 10. Jahrhundert ein Hospital für die Versorgung der Armen. Hinzu kamen die Mönchsorden. Die aus dem 6. Jahrhundert stammende Benediktusregel schrieb den Benediktinern vor, Arme und Fremde – *pauperes et peregrini* – wie Christus aufzunehmen. Immer mehr klösterliche Spitäler und Herbergen entstanden. Aber all das war nicht mehr als ein Tropfen auf den heißen Stein und reichte in der Zeit des Bevölkerungswachstums seit dem 11. Jahrhundert nicht mehr aus.

Der städtische Rat riß seit dem beginnenden 13. Jahrhundert die Sozialfürsorge an sich – auch ein Beitrag der Emanzipation von der adligen oder geistlichen Stadtherrschaft. Neue Bürgerhospitäler – die Spitäler zum Heiligen Geist – wurden ins Leben gerufen. Um 1225 stifteten zwei reiche Konstanzer Patrizier, Konrad von Bitzenhoven und Heinrich Blarer, ein solches Heiliggeistspital an der Marktstätte am Ufer des Bodensees. Das Haus hatte zwei Stockwerke, das untere für die Siechen und das obere für die Pfründner, die dort ihren Lebensabend verbrachten. In den mittelalterlichen Städten entstand eine geschlossene und offene Armenpflege. Es gab einerseits Anstalten mit stationärer, teils befristeter, teils dauernder Aufnahme der Hilfsbedürftigen, andererseits Institutionen, die Almosen in Form von Geld, Kleidung oder

Lebensmitteln an solche Armen verteilten, die privat wohnten und einen eigenen Haushalt führten. Als weitere karitative Einrichtungen seien die Beginenhäuser erwähnt. Die aus der religiösen Frauenbewegung des 13. und 14. Jahrhunderts heraus entstandenen Beginenkonvente – Wohngemeinschaften frommer Frauen – nahmen oft gezwungenermaßen eine der Ordensregeln der Bettelorden an und beteiligten sich an der Speisung der Armen. Zum Schutze der Hausarmen, d.h. der einheimischen Bettler, wurden in den Armenordnungen des 14. und 15. Jahrhunderts Bestimmungen gegen fremde Bettler erlassen. Erbarmen und Almosengeben auf der einen, Ausweisung und Bettelverbote auf der anderen Seite lagen eng beieinander. Vor dem Erlaß eigener Bettelordnungen entschied der Rat von Fall zu Fall. Wie die Rechnungen über die Verpflegungskosten für die Insassen des Nürnberger Lochgefängnisses zwischen 1431 und 1440 zeigen, wurden Bettler unterschiedlich lange und aus ganz verschiedenen Gründen eingesperrt. Die älteste deutsche Bettelordnung – die Nürnberger Bettelordnung von 1370 – verbot das Betteln in und vor den Kirchen grundsätzlich und machte es vom Tragen eines Bettelzeichens abhängig, das nur einheimische Bettler erhielten. In der gedruckten Ordnung von 1478 wurden die Bestimmungen erheblich verschärft und ausführlichere Kriterien über die Prüfung der Bedürftigkeit erlassen. Neu war auch die Reglementierung der Bürger, denen die Beherbergung von Bettlern für mehr als drei Tage untersagt wurde. In Köln erhielt nach der Bettelordnung von 1435 nur derjenige ein solches Bettelzeichen, der durch Zeugen darlegen konnte, daß er auf Almosen angewiesen ist. Fremde durften in Köln nur drei Tage betteln und sollten anschließend für ein Jahr fernbleiben. Die Kennzeichnungspflicht hob Bettler wie Leprose, Prostituierte wie Juden äußerlich von der übrigen Bevölkerung ab. Bettler sollten arbeiten – doch niemand wollte sie beschäftigen. Die Kölner Bettelordnung verbot den Bettel für Gesunde und verfügte eine Verdeckungspflicht für die kranken Bettler. Wer innerhalb von acht Tagen kein Arbeitsverhältnis eingehe, solle durch den Gewaltrichter aus der Stadt vertrieben werden. Die Bestimmungen waren eine Folge der Hungerkrise der Jahre 1437/38, in der die Preise für Roggen in Köln auf acht bis elf Mark und für Weizen auf neun bis zwölf Mark gegenüber drei bis vier Mark in Normaljahren angestiegen waren und die der Stadt ein Heer von Armen beschert hatte. Der Augsburger Rat gebot 1491 seinen Wirten, Landfahrer, Vagabunden und fremde Bettler nicht länger als drei

Tage zu beherbergen, und in Erfurt erlaubte man Auswärtigen nur für zwei Tage im Vierteljahr das Betteln. Der Konstanzer Rat verbot am 24. Dezember 1388 auch den Pfeifern, fahrenden Frauen und anderen in der Stadt von Haus zu Haus zu ziehen, zu singen und um einen Opferpfennig zu betteln, wie es nur den Findelkindern erlaubt war. Die Einschränkungen des Gassenbettels richteten sich also primär gegen fremde Bettler. Mit der Umgestaltung des Fürsorgewesens im 16. Jahrhundert wurde das Betteln grundsätzlich verboten und eine kommunale Unterstützungspflicht für die Armen eingeführt, so in der Straßburger Armenordnung von 1523 und in der Nürnberger Armenordnung von 1522:

Da es aber in der Stadt Nürnberg bisher gar viele bedürftige, hausarme und Not leidende Menschen gegeben hat, die aus der Not gedrungen worden sind, zu ihrer und ihrer Verwandten Versorgung und Unterhalt öffentlich auf den Straßen und in den Kirchen zu betteln und zu bitten, was aber für unseren Glauben ziemlich verletzend und beleidigend ist (denn was kann unter uns Christen für glaubensloser und schändlicher befunden werden, als offen zu dulden und zuzuschauen, daß die, welche in einem Glauben und in einer einzigen christlichen Gemeinschaft mit uns vereint, und in jeder Hinsicht gleich und von Christus so aufwendig und teuer erkauft und deshalb auch mit uns zugleich Glieder und Nachfolger Christi sind, daß die Not, Armut, Mangel und Bedrängnis erleiden, ja auf den Gassen und in den Häusern öffentlich verhungern); deshalb nun hat der ehrbare Rat der genannten Stadt Nürnberg sich solches alles (wie selbstverständlich) zu Herzen genommen; er hat dabei aber auch in Betracht gezogen, daß sich bisher viele Bürger und auswärtige andere Personen unterstanden haben, das Almosen ohne wirkliche Not und Berechtigung entgegenzunehmen, gar ihr Handwerk zu verlassen und sich allein mit Betteln durchzubringen. [...]

Jeder, Mann oder Frau, welcher das Almosen beanspruche und der Aufmerksamkeit der vier Knechte bedarf, muß ein offenes Zeichen aus Messing, das dafür besonders angefertigt ist, tragen; und doch ist allen und jedem, samt und sonders verboten, in der Stadt Nürnberg ... weder auf der Straße, auf den Kirchhöfen, in den Kirchen noch in den Häusern selbst, durch Verwandte oder andere zu betteln.

So wurden die Grenzen der Fürsorge für fremde Arme immer enger gezogen. In Straßburg etwa erhielten 1474 die 217 zwischen Oktober und Dezember durchziehenden Menschen Essen im Wert von zwei Pfund Pfennigen – etwa die Hälfte dessen, was die Stadt eine einmalige Unterstützung ihrer 33 Hausarmen kostete. Der Rat mußte seine eigenen Bettler kennen, war er doch für die Auszahlung der Legate, der Stiftungen in den Bürgertestamenten, verantwortlich. In den Armenordnungen häuften sich jetzt Kritik an Müßiggang und Völlerei, an Trunk und Spiel. Den Armen wurde eine bestimmte Lebensweise nahegelegt. Darunter fiel die Meidung von Wirtshäusern unter Androhung des Entzugs des Almosens. Großer Wert wurde auch auf die Einhaltung der Familienmoral gelegt. In dem Maße, wie der Wert der Arbeit stieg, sank das Ansehen der Bettler. Bereits im 14. Jahrhundert schrieb der Augsburger Stadtschreiber Nikolaus Hagen: *all die viel verzerrent und nicht gewinnent sind alle dieb und diebsgesellen.* Die veränderte, kritische Anschauung von Armut und Bettelei führte zur Unterscheidung von »würdigen« und »unwürdigen Armen«. In der Illustration zu Sebastian Brants »Narrenschiff« von 1494 trägt der Bettler eine Narrenkappe. Von Hieronymus Bosch (um 1450–1516) stammen viele Bilder, auf denen Bettler als Krüppel, Dämonen und Narren dargestellt sind.

Gebettelt wurde auch in den Kirchen. Dort standen eigene Opferstöcke für die Armen. In den Sakralräumen hausten viele Bettler. Der Augsburger Rat verbot 1459 den Bettlern, in den Kirchen Feuer zum Wärmen zu entfachen! Aber auch aus den Kirchen wurden die Bettler zunehmend verdrängt. Köln untersagte die Bettelei in Kirchen im 14. Jahrhundert, Basel 1429, Augsburg 1459 und Freiburg im Breisgau 1517. Diese Vertreibung der Bettler entzog sie dem kirchlichen Schutz und gab sie auf Gedeih und Verderb der Straße preis. Dazu kam: Die Vergabe von Almosen wurde von grundlegenden Kenntnissen des christlichen Glaubens abhängig gemacht. In Nürnberg sollten die Bettler 1478 ein Ave Maria beten können, die Zehn Gebote auswendig wissen und einen Beichtzettel vorweisen können – vielleicht auch ein Schritt zur Integration von Außenseitern in eine vom Christentum geprägte Gesellschaft. Die aus dem Inneren der Kirche geworfenen Bettler treffen wir im 15. Jahrhundert in großer Zahl vor den Kirchentüren. Auch der Konstanzer Rat versuchte, die Bettelei auf den Platz vor der städtischen Pfarrkirche St. Stephan zu beschränken, worauf die ständig erneuerten Ratsverordnungen in dieser Sache hinweisen: so am 19. Juni 1376, im April 1378, im April 1379, am 31. Dezember 1379, im Januar 1382, am 7. Januar 1385 und am 15. Dezember 1388. Die städtische Rechtssprechung, die selbst bei harmlosen Verstößen oft mit der Ausweisung von Delinquenten reagierte, trug auch selbst zur Verschärfung des Armutsproblems bei. So wurden zwischen 1444 und 1453 allein in Konstanz 172 Personen wegen des »Messerzückens« für bis zu zwei Jahre der Stadt verwiesen.

Die fremden Bettler und Vagabunden bekamen häufig nur die Arbeiten, die sonst niemand verrichten wollte. So verkündete der Kölner Rat 1446 in seiner »Morgensprache«:

> Da viele Leute, Manns- und Frauenspersonen, aus welchen welschen, deutschen und anderen Ländern, ferner Meulenstößer, Pflastertreter und Lediggänger hier in dieser Stadt auf Geilerei und Faulenzerei ledig gehen, die noch gesund sind und wohl arbeiten könnten, so gebieten unsere Herren vom Rate, wie sie auch früher schon geboten haben, daß solche gesunden Leute, sie seien Männer oder Frauen, innerhalb von drei Tagen nach dieser Morgensprache sich zur Arbeit stellen und um ihr Brot dienen. Wer von ihnen solches nicht tue, sondern nach dieser Zeit in der Stadt müßig bleibt, soll aus dieser Stadt gejagt werden, und wenn er in die Stadt zurückkommt, soll man ihn in das Halseisen schließen, ausziehen und mit Ruten aus der Stadt treiben.

Ziel dieser repressiven Maßnahmen war, die »starken«, d.h. gesunden Bettler zur Arbeit zu zwingen und allein den bedürftigen Armen Almosen zu gewähren. In der Realität richteten sich diese Bestimmungen aber vor allem gegen die fremden Bettler.

Neben den zunehmenden Reglemetierungen der Bettelei im ausgehenden Mittelalter wurden seit dem 15. Jahrhundert in den Städten Kornhäuser angelegt, so in Basel 1408, um den schlimmsten Auswirkungen von Mißernten vorzubeugen. Massiv gingen in der Folgezeit die Reformations- und frühen Polizeiordnungen gegen die Bettler vor. Martin Luthers Schriften über die *Ordnung des gemeinen Beutels zu Wittenberg* von 1521 und sein Vorwort zur *Leisniger Kastenordnung* von 1523 waren gegen die fremden und betrügerischen Bettler gerichtet. Schon 1519 hatte der Reformator im »Kleinen Sermon« geschrieben: Auswärtigen, fremden Bettlern solle in einer Stadt nichts gegeben werden, nur *die durfftigen von der selben statt eynwöner* dürften versorgt werden – eine simple Lösung für ein großes Problem getreu dem Motto »Müßiggang ist aller Laster Anfang«. Die Schändlichkeit des »Müßiggangs« und der angeblich gottbestimmte Wert der Arbeit wurden geradezu zu Fixpunkten der frühneuzeitlichen Armengesetzgebung. Die Bestimmungen über den »gemeinen Kasten« in den reformatorischen Kirchenordnungen hielten sich daran: Vertreibung, Ausgrenzung, Bestrafung von fremden Bettlern. Nur zu gerne wurde das Regelwerk des »gemeinen Kastens« auch in den katholischen Gegenden übernommen. Vergessen schienen die mittelalterlichen Grundsätze des Bettelns als Demutsübung und des Erbarmens gegenüber sozial benachteiligten Menschen. Angesichts der mittelalterlichen Mobilität mußte die Ausgrenzung fremder Bettler als geradezu realitätsfern erscheinen. Wer wußte von den fahrenden Bettlern schon, wo sie geboren waren?

Die willkürliche Herauf- oder Herabsetzung des Bürgereintrittsgeldes durch den Rat erlaubte darüber hinaus eine gezielte Zuwanderungspolitik. In Notzeiten blieben die Tore für fremde Hungerleider zu. Seit 1506 etwa wurde in Straßburg die Bürgeraufnahme mit der Verpflichtung verbunden, sich auf fünf Jahre der Annahme städtischer Almosen zu enthalten, und 1523 schloß man die so genannten »Schultheißenbürger«, d.h. Tagelöhner und Arbeiter, vorübergehend gänzlich von der Aufnahme aus. In Lindau verbot die Almosenordnung von 1533 fremden Bettlern und Landstreichern den Zutritt zur Stadt, gewährte ihnen aber immerhin am Tor einen Kreuzer als Wegzehrung. Damit kam man bestenfalls bis zur nächsten Stadt, und die hatte dann den schwarzen Peter. In der Zeit der »großen Teuerung« in Augsburg vertrieb man Monat für Monat an die 700 fremde Bettler.

Vergessen wir nicht: Die mittelalterlichen Stadtmauern mit ihren bewachten Toren sollten vor allem den ungehinderten Zustrom von mißliebigen Personen aller Couleur erschweren. Die Augsburger Torwächterordnung von 1512 verbot *Bettler und Bettlerin, die Landtfarrer sind und sy argkwonig oder mit argkwonig oder mit abentheur umbgeen*, den Einlaß in die Stadt. In Augsburg wurden im 14. Jahrhundert alljährlich die »unerwünschten« Leute auf eine Ausweisungsliste gesetzt und vertrieben – etwa einhundert Personen jedes Jahr. Mehr als zehn Prozent an Bettlern duldete man nicht. Aufnahme und Abschiebung: das Problem ist geblieben, nur die Dimensionen haben sich im weltweiten Maßstab verändert.

3

Mitten im Reich ein mördergruob ...
Räuber, Raubritter und Reisbuben

RÄUBER HOTZENPLOTZ UND KONSORTEN

Mitten im Reich ein mördergruob ..., schrieb Karl V. am 12. August 1522 in einem Brief an seine Amtsleute. Der Kaiser beklagte die *unmenschlich tiranney*, die ihm *lesterlicher und grausamer* erschien als selbst die Bedrohung durch die Türken, da *erlose schentlich vergewaltigen*. Die Ursache sah er darin, daß da *vil armer und anderer unverhafter leüt, so ir narung und notturfft nachgewandert, mer dan an einem ort auf freyer reichß strassen ire hend on alle erbarmen abgehauen, [...] etlich auch als pald yemerlich durchstochen, todtlicher verwundt, das die auf der waltstat tod beliben, zum tail bald darnach gestorben.*
Räuberei war eine Folge von Krieg, Not, Teuerung und Arbeitslosigkeit, somit Teil des Armutsproblems. Die im Spätmittelalter entstehende Massen- und Elendskriminalität der Räuber-, Diebes- und Mörderbanden – der »landschändlichen Leute« – war eine Bedrohung von Leib und Leben, Hab und Gut, aber auch der gottgewollten Ordnung. Einzeltäter à la »Räuber Hotzenplotz« oder berüchtigte »Raubritter« wie Götz von Berlichingen bis hin zu ganzen Räuberbanden und marodierenden entlassenen Landsknechten machten in großer Zahl die Straßen unsicher. Aus den Gerichtsakten des 16. Jahrhunderts kennen wir die soziale Zusammensetzung der »Mordbrenner« und des »Lumpengesindels«. Landsknechte stellten bei weitem die größte Gruppe. Mit großem Abstand folgten Handwerker, Kesselflicker, Vaganten, Bettler, Bauern, Krämer, Pilger und Taglöhner. Vor allem umherziehende Menschen wurden leichter straffällig – Nichtseßhaftigkeit als Anfang vom Ende. Das Beispiel der »Raubritter« zeigt aber, daß auch Adlige, denen die Mittel für eine standesgemäße Lebenshaltung fehlten, sich an Unschuldigen vergriffen.
Erbarmungslos hieb man dem umherstreifenden und straffällig gewordenen Gesindel auf »offener Reichsstraße« die Hände ab, wenn – ja wenn die Obrigkeit sie faßte. Während wir aber über das mittelalterliche Gaunerwe-

sen nur unzureichend unterrichtet sind, nehmen die Klagen über Räuber und Mordbrenner im 16. Jahrhundert überhand – wohl auch eine Folge der Kriege, die jetzt mit Landsknechten statt adligen Einzelkämpfern geführt wurden. Karl V. hat dieses Problem somit durchaus selbst mit in die Welt gesetzt. Johannes Boemus zitierte Anfang des 15. Jahrhunderts ein Sprichwort: Schwaben kann ganz Deutschland mit Dirnen versorgen so wie Franken mit Räubern und Bettlern und Baiern mit Dieben.

Heute verstehen wir unter Raub die Wegnahme eines fremden beweglichen Gegenstandes unter Anwendung oder Androhung von Gewalt. Da Gewalt im mittelalterlichen Sprachgebrauch nicht unbedingt die Brechung von Widerstand bedeutete, sondern jegliches Handeln gegen den Willen des Berechtigten, galt jede offene widerrechtliche Wegnahme von beweglichen fremden Sachen als Raub. Häufig wird in den Quellen nur der Straßenraub genannt, unter welchem man vorwiegend die Beraubung von Geistlichen, Pilgern und Kaufleuten verstand. Zum Raub kam der Friedensbruch hinzu, da die Straßen unter Königsfrieden standen. Für das Strafmaß gab es für Raub wie für Diebstahl bestimmte Bemessungsgrößen. Einige Stadtrechte erhängten die Delinquenten bei Überschreitung der Wertgrenze von drei Pfennigen. Überwiegend wurden die Räuber aber mit dem Schwert gerichtet, wie es die Peinliche Halsgerichtsordnung Karls V. von 1532 in Artikel 126 forderte. Doch in der Realität schreckten die harten Strafen wie Rädern, Erhängen oder Enthaupten nicht. Auch die 1532 auf dem Reichstag zu Regensburg beschlossene »Constitutio criminalis Carolina«, die Peinliche Halsgerichtsordnung Karls V. – nach heutigen Maßstäben verbunden mit Folter, Unmenschlichkeit und Grausamkeit –, galt zu ihrer Zeit als zu milde, da sie es nicht schaffte, mit dem Verbrechertum fertig zu werden.

Die großen Wälder boten den Räubern lange Zeit ausgezeichneten Unterschlupf. Für ihre Durchquerung benötigte der Reisende bewaffnete Geleitsknechte, um sich einigermaßen sicher zu fühlen. Mit gespannter Armbrust und gezücktem Schwert gingen diese den Kaufleuten voran. Der Kleriker Diethelm von Nieheim berichtet, wie er wiederholt auf seinen Reisen überfallen und sogar verwundet wurde.

Die wenigen Landstraßen waren in einem schlechten Zustand und obendrein nicht sicher. Zwar standen die Reichsstraßen offiziell unter dem Schutz des Königs, der aber war weit weg. Über gefährliche Straßen zog niemand allein. Hansische Verfestungsbücher geben zu erkennen, daß man auf offener Straße wie an Furten beraubt werden konnte. Als die Bodenseestädte 1470 Pilger, Kaufleute und Landfahrer zu schützen versprachen, war das wohl nicht mehr als ein frommer Wunsch. Wer sich auf Reisen begab, durfte sich zur Verteidigung bewaffnen, auch wenn es seinem Stand ansonsten nicht zukam. Die armen Fahrenden hatten jedoch oft nicht mehr als einen Knüppel und ein Messer. Straßenräuber bedrohten Arm und Reich gleichermaßen. So berichten die Memminger Bürger Hans Dochterman und Hans Lutz, wie sie im September 1545 auf dem Weg zum Markt nach Lindau bei Gebrazhofen in der Nähe von Leutkirch überfallen und beraubt wurden.

Als sie verschinen freytag ... uff Lindaw geritten ... do seyen inen ir zwen ... begegnet, welche inen in bemeltem holtz ain guten tag gewinscht, denen sy gedanckt. Und alls dieselben ain weglin für sy geritten, haben sy sich gewendt und gesryen: holá. Alls sy nun zu inen komen, haben sy sich angeredt, wannen sy reten. Darauf sye inen geantwort, von Memingen. Uff das sy verrer gefragt, was sy ußweltenn. Sy geantwurt, gen Lindaw. Unnd als sy uff das gesagt, das sy mit inen miestenn, hete er, Dochterman, gesagt: Nit ain meil! Was welten ir unns zechenn, lassen uns unsern weg reytenn, dan wyr sein gut arm gesellen. Darauff sye inen baidenn ir habennde bixenn an ir hertz gesetzt und gesagt, ir miest mit uns. Und als er, Lutz, ain weglin hindan geriten, hete er der ain zu dem andern gesagt, reit hin und schieß diesen, den bemelten Lutzen mainend, ab der gurzenn herab ...

Die beiden Bürger hatten Glück im Unglück, da die Räuber sie nur an einen Baum banden und ihnen zwei Schuldbriefe abnahmen. Auch der aus Vörstetten stammende Conrad Buchen wurde im Mai 1560 auf dem Heimweg von Freiburg beim Dorf Zähringen von vier Männern überfallen, die *ime uf freier kaiserlichen Straßen im sein lingkhe hand lam und sonnst zwo beschwerlich wunden geschlagen und ine also halbtod ligen lassen.* Der bekannte David Wolleber, einer der ersten württembergischen Historiker und umherziehender Schreiber von Klagschriften, wurde am 9. September 1597 ebenfalls Opfer eines Raubmords. Er hatte besonderes Pech, weil er in Begleitung eines Landsknechtes reiste, der ihn im Esslinger Wald erschlug und sich mit 40 Gulden und zwei Säcken mit Büchern davonmachte.

Immerhin: Das Egerer Gerichtsbuch aus dem 16. Jahrhundert zeigt, daß man sich auch umgebrachter armer Menschen annahm und an die Verfol-

Plünderung eines Dorfes durch »Raubritter«. (FEDERZEICHNUNG, UM 1480)

gung ihrer Mörder ging – eine Neuentwicklung in der Rechtsgeschichte. Als man im Kintzheimer Wald Ende Juni 1600 eine ermordete Person fand, setzte der Rat der Stadt alles daran, die Identität des Toten herauszufinden. Erschreckend ist aber auch, daß die Täter ihre Opfer meist liegen ließen und nicht einmal den Versuch machten, sie zu verscharren oder zu verstecken – ein Zeichen, daß man sich weitgehend sicher vor Entdeckung fühlen konnte. Die wenigen städtischen Büttel oder landesherrlichen Knechte waren mit dem Kriminalitätsproblem vollkommen überfordert.

In weitaus größerem Maße als die eher seltenen Schilderungen der Opfer berichten uns die erhalten gebliebenen Prozeßakten von Straftaten, wie das Geständnis des Räubers Hans Kegel von Alzey, der 1556 im zollerischen Hechingen für zwei Überfälle verurteilt wurde:

> *Zum andern haben er unnd vier seiner gesellen ein meil wegs von Pfortzhaim in ainem wald ain purn ermördt und bei ime anderthalb thaler befunden und sonst genomen, was er bei im gehapt, das gelt verthan, den purn im wald vergraben.*

> *... ain meil wegs von offenburg ainen purn, so zwen ochsen mit im gefiert, ermördt, den selben in Rhein geworfen, die zwen ochsen mitgenomen und ainem metzger von offenburg umb zehen gulden verkauft und das gelt uff einem wasen am Rhein gleichlich gethailt.*

Hans Kegel brachte zwei Bauern um. In einem Fall betrug die Beute nicht mehr als anderthalb Thaler, im anderen Fall zwei Ochsen. Ein Menschenleben zählte nichts! Auch sinnlose Gewalt war an der Tagesordnung. Caspar Seubold von Hedelfingen und seine Gesellen überfielen zu zehnt in der Nähe von Villingen eine Frau, die sie ausplünderten und als sie *uf 9 gulden bey ir funden, dem weib den Arm abgehauen und ligen lassen.* Diese Beispiele ließen sich fortsetzen. Sicherer als die Straßen waren die Flüsse. Außerdem kam man auf ihnen besser voran. Auf dem Meer wiederum lauerten Seeräuber wie der berühmte Klaus Störtebecker und seine Spießgesellen. Diese so genannten Vitalienbrüder wurden übrigens von denselben Hansestädten eingesetzt, die sie hernach ächteten und zur Strecke brachten. Keine Raubritter des Meeres also, sondern Verbündete, die man in Kriegen einsetzte und in Friedenszeiten verfolgte.

Auch eine vornehme Stellung schützte nicht vor Überfall oder Raub. Als das Schiff Liutprands von Cremona 968 in einen Sturm geriet, dachten die Menschen am Ufer nicht an Hilfe, sondern warteten – begierig auf Beute – auf das Stranden des Schiffes.

Gefährlich waren aber auch die so genannten »Humpelwirte«, die sowohl an Heerstraßen als auch in abgelegenen Gebieten ihr Gasthaus hatten. Hier verkehrte das einfache Volk. Bereits der erste deutschsprachige Pilgerführer des Hermann Künig von Vach warnt den ahnungslosen Santiago-Pilger vor betrügerischen Wirten im Ausland. So soll nach dem berühmten »Galgen- und Hühnermirakel« ein solcher Wirt einem Pilger nächstens einen goldenen Pokal zugesteckt haben, um ihn als Dieb an den Galgen zu bringen. Der heilige Jakobus vermochte jedoch den Toten wiederzubeleben und den wahren Täter zu überführen, der dann aufgeknüpft wurde. Die christliche Ordnung war wiederhergestellt. Die Heiligenlegende des hl. Meinrad erzählt, wie der fromme Mann seine eigenen Mörder bewirtet, die jedoch von den Raben des Heiligen verfolgt werden. In einem Zürcher Wirtshaus werden sie erkannt, zur Gerichtsstätte geschleift und gerädert. Die Heiligenvita zeigt, wie die heilige Ordnung, die *Maleficia*, durch Bestrafung der Verbrecher wiederhergestellt wird. Verstöße gegen die Zehn Gebote wurden im Mittelalter als Werk des Teufels aufgefaßt. Lucas Cranach d. Ä. (1472–1553) hat für den 1563 erstmals erschienenen »Heidelberger Katechismus« entsprechende Holzschnitte geschaffen: der Missetäter als vom Teufel besessener Mensch. Das Reisen im Mittelalter hatte demnach nichts Romantisches an sich, erzwungenes Vagabundieren erst recht nicht. Friedrich Schiller hat in seinem 1781 erschienenen Werk »Die Räuber« diese als frühe Freiheitskämpfer gezeichnet. Mit dem mittelalterlichen Räuber- und Gaunerwesen hat dies, wie wir gesehen haben, nichts zu tun. Dennoch feierten die Räuberlieder des 18. Jahrhunderts das freie Leben in den Wäldern und darüber hinaus die Freiheit des Vaganten:

Wir leben jetzt zur Sommerzeit /
wie's kochem jetzt gebühret /
im Jahre und auf gründer Heid' /
sind herrles wir logiret.

Zum »Lumpengesindel« zählten auch die Diebe. Begehrtes Objekt waren die Bauernhäuser. Da war zwar außer Kleidung und Nahrung nicht viel zu holen, das Risiko vor Entdeckung aber auch gering, wenn die Familie auf dem Felde arbeitete. Caspar Seubold von Hedelfingen bekannte, aus einem Hof bei Schömberg *ain saw, vier genns, ain beühl* [Beil] *und ain heppen* [Busch-messer] *genomen, die sau zu todt geschlagen, das flaisch mit in tragen.* Auch wei-dende Kühe oder Pferde waren begehrte Objekte. Erhart Pfeiffer von Eching war geradezu spezialisiert auf Roßdiebstahl. Zwischen 1517 und 1534 ver-kaufte er seine gestohlenen Pferde auf verschiedenen Jahrmärkten. Auch die offen stehenden Kirchen zogen Diebe an. Jacob Berlin brach mit einigen Kumpanen im Juni 1551 in die Kirche St. Georgen bei Freiburg ein und den Opferstock auf und gab vor dem Konstanzer Gericht zu Protokoll, 15 Gul-den von der aufgeteilten Beute erhalten zu haben.

Er kann mich mal ...
GÖTZ VON BERLICHINGEN
EIN »RAUBRITTER« PAR EXCELLENCE?

Goethe läßt den mit dem Häuflein seiner letzten Getreuen in seiner Burg eingekesselten Götz von Berlichingen am Fenster stehen und dem Anführer der weit überlegenen kaiserlichen Truppen zurufen: *Vor Ihro Kaiserliche Ma-jestät hab ich, wie immer, schuldigen Respekt. Er aber, sag's ihm, er kann mich im Arsch lecken!* Das Stück geht zurück auf die Autobiographie des Gottfried von Berlichingen (1480–1562), wobei es Goethe mit den historischen Fak-ten nicht allzu genau nahm. Vielmehr stilisierte Goethe Götz zum letzten Reichsritter, der von der neuen Zeit überrollt wurde.

Der historische Götz von Berlichingen entstammte einem alten schwäbi-schen Adelsgeschlecht. Er benahm sich so, wie man es von seinem Stand nicht anders erwartete. Er überfiel Kaufmannszüge und führte zahlreiche Fehden. Er folgte seinem Herrn, dem Markgrafen Friedrich IV., und dem Kaiser nach Burgund, Lothringen, Brabant und 1499 in den Schweizerkrieg. 1502 beteiligte er sich an der Fehde zwischen dem Markgrafen von Bran-denburg-Ansbach und Nürnberg und 1504 am Landshuter Erbfolgekrieg zwischen Rheinpfalz und Bayern. In diesem Krieg verlor er am 23. Juni 1504 bei der Belagerung Landshuts die rechte Hand. Er trug fortan seine berühmte eiserne Armprothese. Gottfried selbst zählt etwa fünfzehn Fehden in eige-ner Sache auf und half auch manchem Standesgenossen bei dessen Beute-zügen. Die mehrjährige, 1511 beendete Fehde mit den Kölnern, die keine Schutzgelder zahlen wollten, zog Götz in vier andere hinein, darunter die mit dem Bamberger Bischof. In der Fehde mit den Nürnbergern überfiel er mit 130 Reitern am 18. Mai 1512 zwischen Forchheim und Neuseß 95 unter Bamberger Geleit stehende Kaufleute aus Nürnberg, Augsburg und Ulm, die von der Leipziger Messe kamen. Daraufhin verhing Kaiser Maximilian am 5. Juli 1512 die Reichsacht über Götz und seine Spießgesellen. Erst am 27. Mai 1514 wurden er und seine Kumpane gegen das Versprechen, 14.000 Gulden zu zahlen, von der Acht gelöst. Jedoch bereits 1515,16 kam es zu einer neuen Fehde zwischen Götz und dem Mainzer Erzbischof Kardinal Albrecht. Dabei nahm Götz Graf Philipp von Waldeck (1486–1539) gefangen und ließ ihn nur gegen Zahlung eines Lösegeldes von 8.900 Dukaten wieder frei – eine Tat, die seine erneute Ächtung am 11. Februar 1518 zur Folge hatte. Götz von Berlichingen half mehrmals seinem Freund Franz von Sickingen bei dessen Fehden zwischen 1516 und 1518. Im Bauernkrieg zwang ihn der Odenwälder Haufen unter Führung Georg Metzlers, sich am Aufstand des »Armen Konrad« zu beteiligen. Nach Beendigung des Bauernkriegs wurde Götz angeklagt und mußte sich vor Georg Truchseß von Waldburg (1488–1531) – dem so genannten Bauernjörg, der den Bauernaufstand als Feldhauptmann des Schwäbischen Bundes 1525 niedergeschlagen hatte – und dem Reichstag in Speyer 1526 rechtfertigen. Obwohl der Prozeß für Götz günstig endete, ließ ihn der Schwäbische Bund 1528 in Augsburg gefangen setzen. Gegen Leistung einer schmachvollen Urfehde wurde er am 4. März 1530 aus der Haft entlassen. Götz mußte schwören, sich zeit seines Lebens nur noch im Bereich seiner Burg Hornberg aufzuhalten, nie wieder ein Pferd zu besteigen und keine Nacht außerhalb der Burg zu verbringen. Den Bischöfen von Mainz und Würzburg sollte er eine Entschädigung nebst einer Geldstrafe von 25.000 Gulden zahlen. Um 1540 löste der Kaiser ihn aus seiner Haft, dem er dann bis zu seinem Tode diente.

Götz von Berlichingen gilt gemeinhin als »Raubritter« par excellence. Der im Volksmund bekannte Begriff stammt aber nicht aus dem Mittelalter, sondern ist der Titel eines Ritterromans von 1799: »Der Raubritter mit dem Stahlarme oder der Sternenkranz – eine Geistergeschichte«. In Wahrheit waren die »Raubritter« verarmte Adlige, die den Umstieg von der Natural- in die Geldwirtschaft nicht geschafft hatten und von ihrem Recht der Fehde Gebrauch machten, um reiche Pfeffersäcke zu überfallen, auszurauben, zu entführen und Lösegeld zu kassieren. Oft führten sie auch einen als Fehde kaschierten

Krieg gegeneinander. Die Bauern waren dann die Dummen. Was für den Adel vermeintliches Recht war, galt für die Bürger als Verbrechen. Und diese waren zu stark. Als Schwurgemeinschaften schützten die Städte ihre Bürger. Nach und nach ging ein »Raubritternest« nach dem anderen in Flammen auf. So endete der unter dem Vorwand des Straßenraubes geführte »Schleglerkrieg« 1396 mit der Niederwerfung der in Schwaben und am Rhein ansässigen Rittergesellschaft der Schlegler durch eine große Fürsten- und Städtekoalition. 1465 wurde in Ulm Hamann von Reischach hingerichtet, der erklärte Feind der Stadt. Seine letzten Worte an die Adresse der Richter verpflichteten seinen jungen Sohn zur Rache:

das kindlein in der wiegen leit
das noch kein wort kan sprechen,
seinen vater den muoß es rechen!

Die Fehde war in erster Linie ein Kampf um Rechte, ein letztes Rechtsmittel, wenn eine gütliche Einigung nicht möglich war. Seit dem 15. Jahrhundert stand sie in Verbindung zum adligen Schiedsgericht. König Sigismund schrieb 1424 anläßlich einer Fehde zwischen dem Markgrafen von Baden und dem Pfalzgrafen bei Rhein, daß der nicht Recht haben könne, der das Recht ausschlage und *meinet sein sache mit kriege und gewalt durchzubringen.* Sigismund unterschied also bereits zwischen einer rechtmäßigen und einer unrechtmäßigen Fehde. Der Marschall von Pappenheim definierte Raub 1438 als Angriff auf eine Partei, die bereits ihre Bereitschaft zum Urteil des Schiedsgerichts kundgetan hatte. Wer ein Schiedsgericht ausschlug, brauchte mehr als gute Gründe. Als die schwäbischen Reichsstädte 1441 mehreren Adligen eine schiedsgerichtliche Verhandlung verweigerten, weil es mit Räubern kein Paktieren geben könne, beteuerten sie, daß die Gegner durch die Rechtsgebote nur ihren Raub kaschieren wollten. Prozeß, Schiedsgericht und Fehde gehörten im ausgehenden Mittelalter zusammen.

Obwohl es in den verschiedenen Reichslandfrieden immer wieder Versuche gegeben hatte, die Fehdepraxis des Adels einzudämmen, gelang das endgültige Verbot der Fehde als legitimes Rechtsinstitut erst im »Ewigen Landfrieden« Kaiser Maximilians von 1495 und durch die Reichsexekutionsordnung von 1512/1555. Im Zuge der Herausbildung des modernen Territorialstaates wurde so gleichermaßen die Grundlage für die Entstehung des »Raubrittertums« geschaffen.

Elsässische Raubritter überfallen Kauf.eute auf der Reise zur Frankfurter Messe 1473. (LUZERNER SCHILLING, ANFANG 16. JAHRHUNDERT)

Ferdinand, der habsburgische Statthalter im Herzogtum Württemberg, behauptete in einer Beschwerde über vagabundierende Landsknechte von 1533, daß sich *die zal der selbigen teglich meere*. Die Mordbrenner, so Ferdinand weiter, würden *jetziger ernd in die garben in dem veld auch so, die eingeheimst in die schurn, das feuer bringen und einlegen,* wodurch schon *etlichen stetten und flecken ganz beschwerlich nachteil und scheden ervolgt seien.* Es dürfte sich bei dieser Beschwerde jedoch eher um marodierende ehemalige Landsknechte als um vereinzelte Strolche à la »Räuber Hotzenplotz« gehandelt haben, die wie eine Heuschreckenplage über das Land herfielen. Einem kaiserlichen Mandat von 1551 sowie dem schwäbischen Kreisabschied vom August 1556 zufolge konnten die Untertanen in den Weilern, auf den Höfen und in den Häusern vor dem *umbschwaiffende*[n] *beschwerliche*[n] *volkh* ihres Leibs und Guts nicht sicher sein. Auch Herzog Christoph von Württemberg berichtete 1536 von solch *mordtbrennerischen buben*:

> *Wir befinden taeglichs, das die boesen, mordtbrennerischen bueben [...] understanden, ir boeß, morderisch und verderblich fürnemen in das werck zubringen. Wie dann newlichertagen hin und wider in und ausserhalb unsers fürstenthumbs beschehen [...] fewr eingelegt worden und dasselbige nit on geringen schaden (und hinwegnemung nit allein etlicher heüser und schewren, auch gantzer flecken, dörffer und schloesser, ab, sonder auch (des noch erschroeklicher ist) also eilendts, geschwind und onversehenlich aufgangen, das auch etwas die alten nit entfliehen mögen und sampt den jungen kinden jämmerlich und erbermlich verbrennen und verderben muessen.*

Am gefährlichsten waren nicht die Einzeltäter oder kleineren Räuberbanden, sondern ohne Zweifel die nach Kriegen marodierenden Soldaten, die seit dem Hundertjährigen Krieg als Landplage in Erscheinung traten. Sowie die durch Beute- und Soldregelung zusammengehaltene Heeresdisziplin beendet war, gingen die Söldner auf eigene Faust auf Beutezüge. Diese »Reisbuben« und »laufenden Knechte« waren allerorten gefürchtet. 1365 sollen an die 24.000 englische Söldner ins Elsaß eingefallen sein. Erst Kaiser Karl IV. konnte sie mit einem Heer vertreiben. 1439 wüteten an die 10.000 Armagnaken, französische Söldner, im Elsaß. Die Menschen flohen mit Hab und Gut entlang dem Rhein bis nach Mainz. Die Beute boten die Armagnaken sogar auf eigenen Jahrmärkten an. Als 1499 800 Landsknechte durch Worms marschierten, bewaffneten sich die Bürger, sperrten die Seitengassen mit Ketten ab und brachten Geschütze in Position. Rauflustige Angehörige von Unterschichten bildeten die so genannten »Freiharte« und beteiligten sich genossenschaftlich organisiert an Kriegszügen auf eigene Rechnung. So klagten die Eidgenossen 1476 nach der erfolgreichen Schlacht von Murten gegen die Burgunder, die meiste Beute wäre von *snöden schelmen, friheitsbuben und frömden handwerksknechten* heimgebracht wurden. Doch damit war bald Schluß. 1520/21 mußte ein päpstlicher Legat auf Druck der Eidgenossen auf die Anwerbung von 10.000 dieser freien Knechte verzichten. Herumziehende Söldner und Freiheitsknechte wurden verachtet. In der Vita des heiligen Johannes Montismirabilis wird ein junger Mann kritisiert, der Söldner werden will:

Treibt es dich wirklich in die Reihe dieser Menschen, die von Gott und Mitmenschen verachtet sind? Mußt Du dann nicht nach ihrer Art fluchen und falsch schwören, Würfel spielen, das Spielbrett herumtragen, eine Hure mit herumschleppen und Dich recht oft betrinken.

Trotz aller Kriegsbeute und Plünderungen blieben die meisten Kriegsleute Hungerleider. Der Volksprediger Berthold von Regensburg warnte vor dem Abenteuer des Krieges:

Da reiten die Schildknechte mit zerrissenen Schuhen und dünner Kleidung im kalten Winter, so daß ihnen das Mark in den Gebeinen erfriert. Wo sie die nächste Nacht liegen werden, wissen sie nicht. Warm werden sie nicht gebettet sein und wenig Gutes zu essen haben.

Die Armut der Söldner machte sie zu Verbrechern. Der Nürnberger Dichter Hans Sachs ließ in seinem Fastnachtsspiel einen Landsknecht klagen:

Ich lauff offt etlich hundert meyl,
Eb wann ich find ein herren paldt.
Werd offt kaum halb von im bezahlt.
[...]
Eb mir ein schantz geratet doch,
so hat der lausig krieg ein loch.
Bring etwan zu peut ein lame handt.
Als denn durchlauff ich alle land.
Und auff den pawrn ich denn gart.

Da friß ich ubel und lieg hart
Wie könt ewr einer ermer sein.

Wir sehen wiederum: War ein Krieg beendet, fielen die Landsknechte in ein »Loch« und stopften dieses mit der Beute aus Gewalttaten, da sie in der Regel außer dem Kriegshandwerk keine andere Kunst beherrschten. Hin und wieder ging es ihnen aber auch an den Kragen. So richtete der Henker von Basel 18 Landsknechte nach der Schlacht von Grandson 1476. Manch »arbeitsloser« Reisbube schlug sich als so genannter »Gartknecht« bei den Bauern für ein Mahl durch. Aber welcher Bauer nahm schon gerne einen solch wüsten Gesellen bei sich auf. Oft halfen die Landsknechte etwas nach. Ein abgewiesener Gartknecht zündete auch schon mal eine Scheune an. Und in dem Lied vom »Armen Schwartenhals« wurde der Gartknecht, der sich bei der Frau Wirtin satt gegessen hatte, nachts in eine Scheuer verwiesen. Als er – so das Lied – am nächsten Tag weiterzog, überfiel er einen reichen Kaufmannssohn. Diebstahl galt den Gartknechten als ihr gutes Recht. Die Landsknechte sangen:

Und wenn ir kumt ins bauren haus,
so lebt mit klugen witzen.
Einer gee ein, der ander bleib herauß,
luog, wo die hennen sitzen.

Der Krieg trifft vor allen die Unschuldigen. Nicht umsonst steht am alten Nordertor in Flensburg der kluge Spruch: *Friede ernährt, Unfriede verzehrt*, als stete Mahnung an künftige Generationen.

4

Leben in der Isolation
Aussätzige, Syphilitiker und Pestkranke

KRANKHEIT UND AUSGRENZUNG

Die Menschen des Spätmittelalters versuchten, durch fromme Stiftungen für ihr Seelenheil die Folgen eines plötzlichen Todes abzumildern. Und dazu hatten sie allen Grund. Für unsere Begriffe waren die hygienischen Verhältnisse vor allem in den schnell wachsenden Städten des Spätmittelalters miserabel. Undichte Kloaken führten zu einer schnellen Verbreitung von Infektionen, zur Verjauchung der Umgebung und insbesondere zur schnellen Ausbreitung von Typhus. Die Menschen besaßen keinerlei Erfahrung in der Seuchenabwehr. Ein Merkvers des 13. Jahrhunderts zählt auf, was an Ansteckungskrankheiten allgemein bekannt war: *Febris actua, ptisis, scabies, pedicon, sacer ignis/Anthrax, lippa, lepra nobis contagia praestant. Pestartiges Fieber, Tuberkulose, Krätze, Fallsucht, Milzbrand (Mutterkornbrand), Trachom und Lepra können uns anstecken.* Pocken kamen noch dazu. Die stärker verbreitete Lepra hingegen ging im Hochmittelalter zurück, und die Belegung der Leprosorien nahm im Laufe des 15. Jahrhundert ab. Dafür brachen im Spätmittelalter häufiger Seuchen aus. Frankfurt wurde 1313 von einer Pockenepidemie heimgesucht, 1349/50 traf die Stadt die erste große Pestwelle, 1356/57 und in den nachfolgenden Jahren fanden Prozessionen gegen den »jähen Tod« statt, weitere Pestwellen grassierten im Laufe des 15. Jahrhunderts, und 1496 erreichte die Syphilis die Stadt. Menschen, die an ansteckenden Krankheiten litten, wurden, um eine weitere Ausbreitung von Seuchen zu verhindern, in separat gelegenen Gebäuden vor den Mauern der Stadt isoliert. In Ravensburg etwa gab es zwei Einrichtungen für Leprakranke – die Leprosenhäuser St. Georg und später Heilig Kreuz –, und im städtischen Bruderhaus wurden seit dem beginnenden 16. Jahrhundert die Syphiliskranken behandelt. Die großen Blattern- und Pestwellen des 16. Jahrhunderts führten in Ravensburg zur Errichtung weiterer Isolierstationen, dem 1541 belegten Steinhaus und dem Gesundhaus. Beide Einrichtungen wurden zusammen mit dem Bruderhaus von einem der städtischen Bader betreut. Gesundhaus und Steinhaus verfügten für die Behandlung der Kranken über eigene Badstuben. Die Ravensburger Pestordnung von 1520 bestimmte, daß zur Aufnahme und Pflege der an diesen Seuchen erkrankten Personen ein Haus vor der Stadt einzurichten sei. 1541 sollten aufgrund einer städtischen Verordnung alle Pestkranken zum Baden in das Steinhaus gehen, und Infizierte sollten ihre Kleider dort statt an öffentlichen Brunnen waschen. 1543 finden wir im Steinhaus Pockenkranke. Die Krankenpflege ging 1594 auf den Totengräber über. Mit dem Rückgang der großen Seuchen wohnten im Ravensburger Steinhaus nur noch arme Leute, die von der Seelhauspflege unterstützt wurden. Ferner diente das Gebäude als Sammelstelle für die »Bettelfuhr«, bei der fremde Bettler auf Karren geladen und vom Bettelvogt aus der Stadt in eines der angrenzenden Herrschaftsgebiete gebracht wurden. 1597 kam noch ein Neues Lazarett für die Isolierung von Pestkranken hinzu.

Das mittelalterliche Spitalwesen war also vielfältig; Insassen, Träger und schließlich die Funktionen unterschieden sich zum Teil grundlegend voneinander. Das Hospital diente nicht nur als Isolierstation, sondern auch als Altersheim, d.h. für die Beherbergung von Pfründnern, als Weisenhaus, als Schule wie in Nürnberg, als Geldinstitut oder geselliger Treffpunkt, wie es bei dem Wiener Bürgerspital mit seinen Wein- und Bierkellern der Fall war. Das Pariser Hôtel-Dieu, welches im 14. Jahrhundert bereits über 400 bis 600 Betten verfügte, wurde beispielgebend für viele europäische Spitäler!

LEPRA, LEPRASCHAU UND LEPROSORIUM

Die Lepra

Im Buch Levitikus (hier 13,2–4) wird eine Hautkrankheit beschrieben, die in der lateinischen Übersetzung der Bibel mit der Lepra identifiziert wird:

> *Wenn sich auf der Haut eines Menschen eine Schwellung, ein Ausschlag oder ein heller Fleck bildet, liegt Verdacht auf Hautaussatz vor. Man soll ihn zum Priester ... führen. Der Priester soll das Übel auf der Haut untersuchen. Wenn das Haar an der kranken Stelle weiß wurde und die Stelle tiefer als die*

übrige Haut liegt, ist es Aussatz. Nachdem der Priester das Übel untersucht
hat, soll er den Erkrankten für unrein erklären. Wenn aber auf der Haut ein
weißer Fleck besteht, der nicht merklich tiefer als die übrige Haut liegt und
das Haar weiß geworden ist, soll der Priester den Befallenen für sieben Tage
absondern.

Bei den vom Aussatz Befallenen verbanden sich also im Mittelalter religiöse Vorstellungen über die Krankheit mit einer rationalen Sorge vor Anstek-
kung und hygienischen Vorsichtsmaßnahmen. Nach der Bibel wurden die
vom »Aussatz« Befallenen vor den Priester geführt, der dann die Diagnose
über Krankheit oder Gesundheit fällte. Daß das Verhalten der mittelalterlichen Gesellschaft gegenüber den Leprakranken von Ambivalenz geprägt
war, zeigt die verbreitete Darstellung der Geschichte des Hiob, der vom Aussatz geheilt wurde.

Im Mittelalter bedeutete die Lepra für die Betroffenen in der Regel nicht den
physischen, wohl aber den sozialen Tod. Ihr oft abstoßendes Äußeres,
welches nicht dem vermeintlich göttlichen Ebenbilde entsprach, führte zu
ihrer Ausgrenzung. In Indien dagegen durften sich Leprakranke frei be-
wegen. In dem um 1190 entstandenen Roman »Tristan und Isolde« des bre-
tonischen Dichters Berol heißt es über einen Aussätzigen:

Einen Kranken gab es in Lancien, der hieß Ivein mit Namen; furchtbar war
er entstellt. Er war herbeigelaufen, um sich dieses Gerichtsverfahren anzuse-
hen. Mit ihm waren gut hundert Gefährten gekommen, mit ihren Krücken,
mit ihren Stöcken. Noch nie habt ihr so viel Häßlichkeit, Bucklichkeit und
Entstellung gesehen. Jeder hielt seine Klapper.

Das fratzen- oder löwenhafte Aussehen (*facies leontina*) des Kranken wirkte
auf die mittelalterlichen Menschen nicht nur abstoßend, sondern man
unterstellte den Lepkrakranken aufgrund dieser »Grimasse« auch lüsterne
Züge.

Die Lepra zählt bis heute zu den großen Weltseuchen. Bis Anfang des 20. Jahrhunderts war sie auch in Europa noch endemisch, kommt dort heute jedoch
nur noch sehr selten vor. Verursacher ist das Tuberkelbakterium. Das
Anfangsstadium der Lepra zeichnet sich durch Hautveränderungen aus, wobei die Farbe der Haut verloren geht und die depigmentierten Hautstellen
empfindungslos werden. Später können sich Knoten an der Haut ausbilden.
Ursache ist eine Zerstörung der versorgenden Nerven. Durch die Empfin-

dungslosigkeit breiten sich oft kleine Verletzungen aus, die dann zum Zerfall und zur Fäulnis der gesamten Körperregion führen. Hände und Füße sind besonders gefährdet. Auch können Lähmungen auftreten. 1938 gruben dänische Archäologen Friedhöfe mittelalterlicher Leprosorien aus. Dabei fielen die charakteristischen Knochenveränderungen auf. Die lange Inkubationszeit von vielleicht zehn bis zwanzig Jahren bedeutete für die kurze Lebensspanne eines mittelalterlichen Menschen ohnehin nicht viel. Aussätzige starben im Mittelalter zumeist nicht an der Krankheit selbst, sondern eher an anderen Ursachen wie der Tuberkulose, deren Entstehung durch die mit der Leprainfektion einhergehende Schwächung des Immunsystems begünstigt wurde.

Die indische Lehrsammlung Susruta Samhita aus der Zeit um 600 v. Chr. erwähnt bereits die Lepra. Den Nahen Osten und den Westen erreichte die Krankheit mit den Kriegern Alexanders des Großen. Die Phönizier sollen sie dann im gesamten Mittelmeerraum verbreitet haben. Nach Zentraleuropa gelangte sie mit den römischen Legionen. Die maurischen Einfälle und die aus Palästina zurückkehrenden Kreuzfahrer verbreiteten die Infektionskrankheit ebenfalls. Herkunft und Ausbreitung der Lepra in Europa werden mit Hilfe von zwei Theorien erklärt: der Wandertheorie und der universalen Ursprungstheorie.

Die Wandertheorie nimmt als Heimat der Lepra den Orient an und wird daher auch die Orientalische Ursprungstheorie genannt. Die Lepra ist danach eine Wanderseuche, die sich im Zuge von Völkerwanderungen, Kriegen und Handelsbeziehungen verbreitete. Von Ägypten und Kleinasien soll die Krankheit nach Griechenland und Italien und durch römische Legionen weiter nach Spanien, Gallien und Britannien verschleppt worden sein. Einer Husumer Chronik zufolge werden die Währinger (Voringer), die Leibwache der byzantinischen Kaiser, für die Verbreitung in Jütland verantwortlich gemacht. Sie hätten bei ihrer Rückkehr die Krankheit eingeschleppt. In der älteren Literatur wird noch die Meinung vertreten, die Lepra sei mit der Rückkehr der Kreuzfahrer aus dem Vorderen Orient nach Mitteleuropa übertragen worden. Eine Verbreitung seit dem 5. Jahrhundert n. Chr. ist aber wahrscheinlicher. Die Lebensbeschreibungen der Heiligen und die Schriften Gregors von Tours berichten von zahlreichen Heilungen an Aussätzigen. Konzilien und Provinzialsynoden der Bischöfe im Frankenreich – so in Orleans

511 und 549 sowie in Lyon 583 – beschäftigten sich auch mit der Ausbreitung der Lepra.

Die universale Ursprungstheorie dagegen geht von kleinen endemischen Lepraherden in allen Ländern Europas aus. Schlechte hygienische Verhältnisse, ungesunde und mangelhafte Ernährung unterstützten nach dieser Theorie die Verbreitung der Seuche. Die stetige Zunahme der Bevölkerung und ihre Ansammlung auf engstem Raume in den Städten habe diese Entwicklung gefördert. Die Infektionsanfälligkeit und Abwehrschwäche vieler Menschen in den Städten erleichterte die Verbreitung von Seuchen. Die Lepra trat vor allem in den Elendsquartieren mittelalterlicher Städte auf. Daher hieß die Krankheit im deutschen Sprachraum auch »Miselsucht« (abgeleitet von lat. *misellus* = Elend).

Mittelalterliche Künstler beschäftigten sich mit der Lepra und überlieferten ihr Bild bis heute. Eine der frühesten Darstellungen von Jesus und den Aussätzigen ist eine Reichenauer Buchmalerei aus dem Evangeliar Kaiser Ottos III. aus dem ausgehenden 10. Jahrhundert. Der Leprakranke trägt nur einen Umhang. Seine entzündlichen, gut sichtbaren Hautveränderungen sind als rote Flecken dargestellt. Auch die Fresken in den Kirchen zeigten der Öffentlichkeit das Bild der Aussätzigen, so das berühmte »Trionfo della morte« auf dem Campo Santo in Pisa von 1336. Ein Ausschnitt aus dem »Streit des Karnevals mit dem Fasten« von Pieter Bruegel d. Ä. von 1559 bildet ebenfalls einen Leprosenumzug ab.

Das Leprosorium: Aufbewahrungsanstalt für die »Sondersiechen«

Die von der Lepra Befallenen wurden als »Feldsiechen« oder »Sondersiechen« vor den Toren der Stadt in Leprosorien gesperrt und so weitgehend isoliert. Diese Institutionen heißen in den Quellen »Siech«, »Siechkugel«, »Siechenhäuser«, »Sondersiechenhaus«, »Haus für Sondersieche«, »Feldsiechen«, *armen veltsieche*, »Melatenhaus«, »Gutleutehaus«, *Leprosorium juxta*, »Hospiz für Kranke und Aussätzige« und *domus leprosorum*. Am Mittelrhein und im Moselgebiet fallen die Bezeichnung »Gutleutehaus« und in der westlichen Pfalz sowie im Saarland die Bezeichnung »Kotten« (mittelhochdeutsch *kote* = Kate oder Hütte) auf.

Erste Leprahäuser entstanden um 460 zu St. Oyand (St. Claude), im 6. Jahrhundert in St. Châlon sur Sâone, in der ersten Hälfte des 7. Jahrhunderts zu

Metz, Maastricht und Verdun. Es gab sie in allen mitteleuropäischen Städten. Allein im deutschsprachigen Raum sind über 1.000 solcher Einrichtungen belegt. Flur-, Straßen- oder Hausnamen, Kapellen, Spitäler oder andere Gebäude erinnern bis heute an die Leprosen, Melaten, Sondersiechen, Miselsüchtigen, Aussätzigen oder armen Kinder Gottes. Die ältesten urkundlich bekannten Leprosorien in Deutschland stammen aus dem 11. Jahrhundert. In der Regel lagen sie an belebten Verkehrswegen außerhalb der Stadtmauern, da die Kranken sich durch den Bettel ernähren mußten. Eine ärztliche Behandlung fand in den Leprosorien nicht statt. Im 13. und 14. Jahrhundert stieg die Zahl der Leprosenhäuser in den Städten sprunghaft an und nahm seit dem 16. Jahrhundert wieder ab – kein Wunder, besaß die Krankheit doch im 14. und 15. Jahrhundert ihre größte Ausbreitung. Die Lepra hatte im mittelalterlichen Europa weit weniger dramatische Folgen als die Pest. Ihr Rückgang wird gewöhnlich mit der verbesserten Hygiene erklärt. Im heutigen Bayern finden wir die höchste Verteilungsdichte in Deutschland mit insgesamt 220 nachgewiesenen Leprosenhäusern in 190 Städten. Allein in Würzburg gab es fünf solcher Einrichtungen. Das Melatenhaus in Köln ist seit 1180 belegt. Weitere frühe deutsche Leprosorien werden in Eisenach 1204, in Schlatt 1220, in Trier 1283, in Mainz 1261 und in Speyer 1223 urkundlich genannt. Viele Leprosorien wurden auch entlang der Handelsstraßen und Wasserwege, d.h. an den Hauptverbreitungsadern der Lepra, errichtet. Einige Siechenhäuser lagen in der Nähe einer Hinrichtungsstätte, wie in Babenhausen, Dillenburg, Frankfurt/Main, Hanau, Marburg oder Seligenstadt. Im norddeutschen Raum begegnet uns der Schutzpatron St. Georg am häufigsten, während in den übrigen Gebieten des Alten Reiches die Patrozinien vielfältiger waren. Gründer waren Landesherren, Bischöfe, Kirchengemeinden, wohlhabende Bürger oder die Städte selbst. Die Stiftungsbereitschaft des städtischen Bürgertums führte zu einer reichen Ausstattung der Leprosorien. Der französische König Ludwig VIII. bedachte in seinem Testament 1225 die 2000 Leprosorien in Frankreich mit einer Stiftung. Die Oberaufsicht über die Leprosenhäuser lag in den Händen der Ratsherren, der Provisoren, da die Leprahäuser mit ihrem Landbesitz eine Kapitalanlage für die Stadt in Krisenzeiten bildeten. Ein Leprakranker taucht im 14. Jahrhundert sogar im Stadtsiegel der Stadt Kröpelin in Mecklenburg auf. Aus Testamenten erfahren wir etwas über die Zahl der Insassen:

Köln-Melaten, das größte Leprosenhaus im deutschsprachigen Raum, hatte 1247 ca. 100 Siechen, 1564 dagegen nur noch zwanzig. Die meisten Leprosenhäuser wiesen weniger als 40 Personen auf. Die in der Regel ummauerten Leprosorien verfügten als komplette und autarke Anlagen über eine eigene Kapelle und einen Friedhof. Provisoren vertraten die Leprakranken in allen rechtlichen Angelegenheiten.

Das Leprosenspital Melaten In Köln bestand aus einem bäuerlichen Wirtschaftshof mit Wohnhaus, Scheune, Ställen sowie Backhaus, Brauhaus und Waschhaus. Dazu zählte eine Kapelle mit Friedhof. Das Haupthaus mit den Kammern für Kranke wurde im 16. Jahrhundert in eine Gastwirtschaft umgewandelt. Die Namensbildung rührt vom französischen Wort *malade* für krank oder leidend her. Viele Einrichtungen wurden nach dem Rückgang der Lepra im 16. und 17. Jahrhundert als Armenhäuser weitergenutzt. Das Leprosorium im brandenburgischen Boitzenburg war für zwölf kranke »Arme« ausgestattet. Andere wurden seit dem 17. Jahrhundert in Zucht- und Arbeitshäuser umgewandelt, so jene in Köln-Melaten oder in Münster. Auch begegnen uns ehemalige mittelalterliche Leprosorien in der frühen Neuzeit als Isolieranstalten für andere Krankheiten. In Köln-Riehl oder Münster saßen an Pocken, Pest und Ruhr erkrankte Menschen ein. Viele Siechenhäuser wurden im Laufe der Zeit zu Altenheimen wie in Münster, oder in ihrer unmittelbaren Nähe entstanden Krankenhäuser, so in Aachen, Minden, Soest oder Telgte. Nur noch wenige Einrichtungen wurden auch im 17./18. Jahrhundert als Leprosorien genutzt. Die Leprakranken schlossen sich oft zu Bruderschaften zusammen: in Köln (1553/1494) oder im Herzogtum Kleve (1442), wo eine »Heilig Kreuz Bruderschaft« belegt ist. Die Leprosen in Blomberg, Borgentreich, Brakel, Höxter, Lemgo, Herzfeld, Paderborn (1504) und Bonn (1528) begegnen uns als St. Gertrudis-Bruderschaft.

Lepraschau und Behandlungsmethoden
Zur Diagnose der Lepra gab es die sogenannte Lepraschau, die gerichtlich angeordnet wurde. Farbschattierungen im Mondlicht, ein rotes Gesicht, ein trüber Blick, eine spitz wirkende Nase, dünne und feine Haare, kleine Ohren und Bleischlacke, die auf dem Urin eines Leprosen schwimmt oder mit Essig vermischtes Blut, das trüb erscheint, galten als Symptome der Lepra. Eine ungenaue Lepraschau mit Einweisung konnte Prozesse auslösen, und

ein derartiges Prüfverfahren öffnete der Denunziation Tür und Tor. Der Bürger Conrat Sybott wandte sich 1471 an den Rat der Stadt Freiburg mit der Bitte um Hilfe, da seine Frau und andere Personen ihn beschuldigt hatten, aussätzig zu sein:

> *Ich zweifle nicht daran, daß ihr die Geschehnisse, die sich in meiner Angelegenheit zugetragen haben, ganz genau kennt und nicht vergessen habt, wie ich in Basel und danach in Konstanz untersucht und unschuldig befunden worden bin nach Aussage der Urkunden, in denen es euch und anderen geboten ist, meine Unschuld zu achten und mich zu den Meinen kommen zu lassen etc., wie meine Ehefrau mit Hilfe anderer in unehrlicher und betrügerischer Weise mit mir armen Mann umgegangen ist, was, wie ich hoffe, sich zu seiner Zeit herausstellen und ans Licht gebracht werden wird.*

Die Lepra galt im Mittelalter als unheilbar. Die Behandlungsmethoden muten daher heute abenteuerlich an: häufiges Baden, Verbinden der Wunden, Auftragen aromatischer Salben, Abdecken der Flechten mit zerstoßenen Vipern, Essen von gemästeten Hühnern oder Fröschen. Eine – wenn auch selten praktizierte – Kastration sollte Leprakranke von ihren angeblich unstillbaren Gelüsten heilen.

Nach der Bestätigung der Erkrankung durch die Lepraschau empfing der Priester die Leprakranken im liturgischen Gewand für Trauerfeiern auf dem Vorplatz der Kirche und verkündete den gegen sie ergangenen Spruch. Er begleitete die Todgeweihten in das mit schwarzen Tüchern ausgekleidete Kirchenschiff. Anschließend las er die Totenmesse. Die Leprakranken lagen auf der Erde. Man gab ihnen einen schwarzen Schleier und verabreichte ihnen einige Schaufeln Erde. Durch die auf diese Weise symbolisch vorweggenommene Beerdigung waren sie aus der Gemeinschaft ausgegrenzt. Der Ausschluß aus dem Leben zog den Verlust der bürgerlichen Rechte nach sich, d.h., Leprakranke durften nicht vor Gericht auftreten und kein Testament machen. Die Toten wurden innerhalb der Leprosorien auf eigenen Friedhöfen bestattet. Mitunter war Leprosen aber die Teilnahme an Pilgerfahrten oder das Betteln mit Klapper und Siechenmantel erlaubt – von einer echten Zwangsisolierung konnte also keine Rede sein.

Drei Ärzte bei der Lepraschau: Der erste untersucht den Kopf des
Kranken, der zweite den Urin, der dritte bleibt im Hintergrund, während
links ein Diener den Blutkuchen auswäscht.

(HOLZSCHNITT, ANFANG 16. JAHRHUNDERT)

Leben im Leprosorium

Das Alltagsleben in den Siechenanstalten wurde durch spezielle Leprosenordnungen geregelt. Überliefert sind frühe Ordnungen aus Ulm (1348/1466), Esslingen (1405/1657), Überlingen (1424), Freiburg (1480), Biberach (1491) und Konstanz (1453/1553). Die Insassen mußten oft im Haus, im Garten oder auf den Feldern arbeiten.

Nach der Leprosenordnung des St. Jürgen-Hospitals zu Lübeck war der Erwerb einer Pfründe Voraussetzung für die Aufnahme ins Spital. Dazu kamen regelmäßige Zahlungen von Geldern und die Lieferung von Naturalien. Es gab halbe, ganze und doppelte Pfründen. Nach dem Aufnahmevertrag Johans gen. Halder lag die Aufnahmegebühr bei 600 Mark, die in Raten bezahlt werden konnte. Ferner wurde festgelegt, daß 100 Mark aus dem Nachlaß nach seinem Tod an das Hospital fallen sollten. Als Gegenleistung erhielt Johans eine wöchentliche Rente von einer Mark, Holz und Lebensmittel (Bier, Fleisch, Butter). In Köln waren die Pfründen unterschiedlich teuer: Zwischen 1554 und 1563 hinterlegten zehn Personen Kaufsummen zwischen 80 und 1650 Mark Silber. Neue Siechen mußten ihren eigenen Hausrat mitbringen, für die Kapelle oder den Spitalbediensteten bestimmte Beträge entrichten. Auffällig ist die unterschiedliche soziale Herkunft der Kranken, die aus allen Ständen und Schichten stammten. Für die ärmeren Schichten gab es in Köln Leprosorien, wo man sich ohne Verpfründungsvertrag niederlassen und eine eigene Hütte bauen konnte. Nur allzu oft wurden die Leprosorien auch in »Rentenanstalten« für die Altersvorsorge der Besserverdienenden umgewandelt. So nahm man im Melatenhaus zu Köln 1428 auch gesunde Pfründner auf, die dem Spital dafür ihren ganzen Besitz übertrugen, um als Gegenleistung lebenslang mit einer Rente versorgt zu werden. Die Zahl der Siechen in Melaten lag im 16. und 17. Jahrhundert zwischen 15 bis 25. St. Jürgen in Lübeck hatte im 14. und 15. Jahrhundert bis zu 40 Bewohner. 1472 werden sogar 288 Kranke erwähnt. Der Hildesheimer Rat reduzierte im Spital St. Katharina 1321 die Zahl der Bewohner auf 30.

In der Teuerungszeit des 16. Jahrhunderts reichten die Leistungen vieler Spitäler zur Versorgung der Kranken nicht mehr aus – namentlich für diejenigen, die sich mit einer geringen Pfründe begnügen mußten. Viele Spitalinsassen waren daher auf den Bettel angewiesen. Das Kölner Hospital hatte einen eigenen Schellenknecht, der mit einer Glocke, einer Büchse und einem

Bettelsack durch Köln ging und Almosen – Geld oder Lebensmittel – auf einem festgelegten Weg einsammelte. Als Lohn stand ihm die Hälfte des erhaltenen Brotes zu, welches er teurer weiterverkaufte. Als der Kölner Schellenknecht 1567 selbst an der Lepra erkrankte, erhielt er die Erlaubnis, sich im Hospital niederzulassen und 26 Mark Silber dazu. Die Siechen durften in Köln nur zu bestimmten Zeiten in die Stadt kommen, den sogenannten vier »Hochzeiten« um Gründonnerstag.

Der Kontakt mit der Familie war den Insassen untersagt. Aussätzige durften nicht in Flüssen baden oder barfuß laufen. Oft trugen sie ein Fäßchen bei sich, aus dem nur sie trinken durften. Sie erhielten die Kommunion auf einem Brettchen. Ihre Kinder wurden nicht getauft. In der Öffentlichkeit mußten die Kölner Leprosen eine Klapper tragen, die ihr Kommen schon von weitem ankündigte. Dazu kam eine auffällige Tracht, die aus einer Joppe, einer Kniehose und einem bis zu den Knien reichenden weißen Siechenmantel, weißen Handschuhen und einem großen Hut bestand. Auch hatten die Aussätzigen »Unrein! Unrein!« zu rufen. Dennoch: Die Kölner Siechen umgingen verschiedentlich die Ratsverbote und bettelten auch außerhalb der zugelassenen Tage, denn vor allem arme Siechen waren auf den Bettel angewiesen. 1712 fanden sich noch neun Insassen – acht gesunde und nur ein kranker – im Kölner Melatenhaus, dessen Einkünfte in diesem Jahr an das Kölner Zuchthaus übertragen wurden.

Gut dokumentiert und erhalten ist das sogenannte Kinderhaus wenige Kilometer nördlich der Münsteraner Altstadt, in dem sich heute ein Lepramuseum befindet. Schon die älteste urkundliche Erwähnung des Kinderhauses von 1332 steht in Zusammenhang mit der Funktion als Aufbewahrungsanstalt für Leprakranke: *domus leprosorum dicte tor Kinderhus* – das Haus der Leprosen genannt zu Kinderhaus. Der Münsteraner Bürger Udo von der Tinnen stiftete nach 1326 das Gut Idenbrock nördlich von Münster, auf dessen Grund bis 1333 das Leprosorium erbaut wurde. Bürger der Stadt Münster beteiligten sich durch Almosen, Legate und Stiftungen am Unterhalt der Heiminsassen. Der Wohnbereich des Leprosoriums ist von einer Steinmauer und dem Kinderbach umgeben, die beide als Abgrenzung zur Außenwelt dienten. Auffällig ist, daß sich die Kirche außerhalb des Wohntraktes auf der anderen Straßenseite befindet und die Leprakranken ihren Wohnbereich wegen des Gebetes zweimal täglich verlassen mußten. Zwischen der Kirche

und den kleineren, um 1840 abgerissenen Wirtschaftsgebäuden steht das sogenannte »Lazarushäuschen«, worin sich Steinskulpturen der heiligen Ger-
trud und des Lazarus, der Schutzpatrone der Leprakranken, befinden. Das
Langhaus wurde zwischen 1661 und 1672 errichtet. In einem Auszug aus der
Kinderhausischen Rolle vom 22. August 1661 zu Münster heißt es:

> *Erstens soll keiner, er sei Mann oder Frau, in das Leprosorium aufgenommen*
> *werden, er sei denn zuvor vier Jahre Bürger oder Bürgerin zu Münster*
> *gewesen, und zu Köln für melatisch erkannt und ausgewiesen worden.*
>
> *Ebenso sollen, welche aufgenommen werden, neben notdürftigen Kleidungen*
> *zu ihrem Leibe gehörig, mit sich bringen: ein Bett, Kopfkissen, zwei Schul-*
> *terkissen, vier Paar Laken, Decken, Kissenbezüge ... eine Kanne ... zwei*
> *zinnerne Schüsseln, alles aus gutem Zinn, einen kupfernen Kessel ... dem*
> *Amtmann einen Goldgulden, jedem Armen zwei Schillinge, dem Knecht ...*
> *18 Pfennige ...*
>
> *Ebenso soll keiner mit den anderen und unter sich, viel weniger mit den Ge-*
> *sunden fleischliche Gemeinschaft halten, bei Strafe der Privation [Entlas-*
> *sung].*
>
> *Ebenso soll keiner seines Leibes Notdurft an den Pforten, Zäunen, Gräben*
> *oder Mauern verrichten, viel weniger daselbst ihre Pötte ausstürzen, sondern*
> *ein jeder, sowohl Mann oder Frau, dieses in ihren eigenen heimlichen Gemä-*
> *chern verrichten.*
>
> *Ebenso sollen sie in der Kirche, Küche und im Hause nichts mit ihren Händen*
> *anrühren, das Gesunden zusteht. [...]*
>
> *Ebenso soll keiner den anderen, viel weniger den Gesunden, seines Leibes*
> *Gebrechen zeigen oder sehen lassen. [...]*
>
> *Ebenso sollen sie keine Gäste, noch Verwandte oder Freunde ohne Konsens der*
> *Herren Provisoren oder des Amtmanns zu sich laden, darin Gelächter und*
> *Gesellschaft zu pflegen und wenn ihnen ein Freund oder Gast unversehens*
> *besuche, denselbigen abweisen und vorbeigehen lassen. [...]*
>
> *Ebenso soll keiner etwas zerhacktes oder ungebührliches und zerschnittenes an*
> *Kleidern an seinem Leib tragen, sondern in seiner Kleidung fein, züchtig,*
> *angemessen und sittsam sein, und wie es ihnen als Gottes Armen obliegt und*
> *gebührt, sich verhalten; und wenn sie die Erlaubnis hätten in die Stadt zu*
> *gehen, alsdann sollen sie ein Abzeichen an ihren Kleidern, Klappern, Stock*
> *und Siechenmantel tragen.*

*Ebenso soll keiner in die Stadt gehen, ohne erkennbare Not und Erlaubnis
der Provisoren und des Amtmanns, viel weniger wenn er Urlaub hätte, in die
Stadt gehen, darinnen zu übernachten ... oder sonst mit Gesunden zechen
oder verkehren, sondern mit Schamhaftigkeit den Gesunden entweichen.
Ebenso sollen sie sich allerlei Leichtfertigkeit, tanzen, jauchzen, springen,
geigen, singen oder pfeifen ganz enthalten.
Alles, was ihnen vor und nach von guten Leuten vor die Pforte gegeben wird,
sollen sie getreulich bei ihrem Seelenheil in den Stock werfen, und sich nach-
her gleich unter alle teilen und keiner soll diesen Teil ganz oder zum Teil bei
sich behalten, noch unterschlagen, alles bei dem von ihnen abgelegten Eide und
bei Strafe der Privation.*

Im 13. Jahrhundert wurde vor den Mauern der Stadt Konstanz gegenüber
dem heutigen Standort des einstigen Stifts Kreuzlingen eine Leprosenstation
errichtet mit dem Namen »Die Sondersiechen am Felde«. Das Siechenhaus
unterschied sich von allen Leprosorien im weiten Umkreis dadurch, daß es
das Privileg besaß, sämtliche Aussätzigen oder des Aussatzes Verdächtigen
aus der ganzen Diözese allein hier untersuchen zu lassen. Auch hier durften
nur einheimische Bürger aufgenommen werden, wie die Ratsverordnung
vom 19. März 1437 zeigt:

*Satz von der ußsetzigen siechen wegen. Man sol nu fürohin dehainen ußsetzigen
siechen in das siech hus nehmen noch empfahen, man sie dann vor mit den siechen pflegern überkomen; ußgenomen burger und burgerskind, des haut ain raut
gewalt ze tund, das man darumb nit vor mit den pflegern überkomen muß.*

Aussätzige Frauen sollten nach einer weiteren Verordnung von 1436 außerhalb des Siechenhauses ihren weißen Mantel anziehen:

*Ordnung von der sundersiechen junkfrowen wegen. Ain raut haut geordnet,
das hinfur der sundersiechen junkfrowen kaine mer für ir hofstetten gon sollen, sy hab dann ain wißlinen mantelin ob allem irem gewand an, das ainer
eln lang sy.*

DIE SYPHILIS – DIE »LUSTSEUCHE« DES MITTELALTERS

*Man beobachtet jetzt weniger Pusteln als vor 20 Jahren, dafür mehr
Gummen. Wenn Pusteln erscheinen, dann sind sie trockenerer Art und die
Schmerzen sind stärker. Seit ca. 6 Jahren hat die Krankheit sich wieder*

*weiterentwickelt. Die Pusteln sind seltener geworden, die Schmerzen leichter,
aber sehr viel Gummen sind vorhanden. Die Zähne werden lockerer, die
Haare (am Kopf, an den Augenbrauen) fallen aus. Zuerst dachte man, es sei
vom Merkur, aber doch erschien die Krankheit selbst der Verursacher zu sein.*

So beschreibt der italienische Arzt Girolamo Fracastoro (1478–1553), Sohn
einer Patrizierfamilie aus Verona, in seinem Buch »De morbis contagiosis«,
welches 1546 in Venedig erschien, die Syphilis. 1530 hatte Fracastoro ein
Lehrgedicht mit dem Titel »Syphilidis, sive morbi gallici, libri tres ad Petrum
Bembum« veröffentlicht. Er behandelt darin die Symptome, den Verlauf und
die Therapiemöglichkeiten der von ihm nach Sypilos, dem Sohn der Niobe,
benannten Krankheit. Die Herkunft der Syphilis erklärt er sich durch eine
besondere Konstellation der Sterne. Die Übertragung erfolgte nach Fraca-
staro über die Kleidung, durch verseuchte Materialien oder durch die Luft. Die
Syphilis ist tückisch: Die Krankheit verläuft in mehreren Schüben und bleibt
am Anfang oft unbemerkt. Nach einer Infektion treten im Genitalbereich
zuerst kleine, schmerzlose Geschwüre auf. Erst im zweiten Schub, neun bis
zehn Wochen nach der Ansteckung, wird ein Hautausschlag sichtbar, rote
Flecken bedecken den Körper. Albrecht Dürer zeichnete einen Syphiliskranken mit einem solchen Ausschlag. Doch frühestens nach drei Jahren entfaltet die Krankheit ihre ganze Zerstörungskraft. Der Erreger greift Knochen,
Gelenke und Organe an. Auch kann es zu Lähmungen und Schädigungen
des Gehirns, die oft eine Geisteskrankheit zur Folge haben, kommen.

Über die Entstehung der Syphilis – im Mittelalter als »Franzosenkrankheit«
bezeichnet – gibt es unterschiedliche Ansichten. Seefahrer sollen die durch
Geschlechtsverkehr übertragbare Krankheit nach der Entdeckung Ameri-
kas 1492 nach Europa eingeschleppt haben. Doch diese These ist nicht un-
umstritten. Denn Archäologen entdeckten bei Ausgrabungen im englischen
Riverhall in Essex Skelette aus der Zeit vor Kolumbus, die deutliche Anzei-
chen einer Syphilisinfektion zeigten. Ob die Wikinger die Krankheit schon
früher vom amerikanischen Kontinent einschleppten, ist nicht mehr als eine
Hypothese. Neuere Überlegungen gehen vielmehr davon aus, daß die Erkrankung nur vereinzelt vorkam und die »neue Form« aus Amerika ihren
massenhaften Ausbruch bewirkte. Denn es gibt Hinweise, daß die Syphilis in einer harmloseren Form als Hautkrankheit schon im alten Griechenland existierte. Die Erkrankung hatte nämlich Avicenna in Tunesien schon

im 11. Jahrhundert im »Canon medicine« genau beschrieben. Auch sollen die Chinesen die Syphilis schon 2637 Jahre v. Chr. in medizinischen Büchern analysiert haben. In Indien erschien das Buch »Sucrulas A'yarvedas, id est Medicine systems« um das Jahr 400, welches u. a. die Folgen der Syphilis beschreibt. Hippocrates schließlich schrieb (Œuvres, des épidémies, Liv. III, sect. III, §7-Édit. Littré, t. III, S. 85) zur Syphilis folgendes:

Häufige Anschwellungen auf den Geschlechtsteilen, Geschwürbildungen,
Tumoren am Inneren und am Äußeren, Schwellungen in den Leisten, feuchte,
lange und schmerzhafte Ophthalmien, Excroissance an den Augenlidern, die
die Sicht von vielen Personen verlieren ließen. Viele hatten Aphten und Ulce-
rationen im Mundraum. Es waren andere Wunden und die Geschlechtsteile
auch der Sitz vieler pilzähnlicher Gebilde. Im Sommer erlebt man eine große
Anzahl von Anthrax und anderer Zuneigungen, die man septisch nennt, aus-
gedehnte pustuleuse Ausbrüche, bei vielen große blasigen Ausbrüche.

Während in römischer Zeit die Infektionen der Geschlechtsteile ausgiebig beschrieben wurden, stoßen wir im Mittelalter nur auf wenige Zeugnisse, die zuverlässig über die Syphilis berichten. Eine der genauesten Beschreibungen der Symptome der Syphilis erfolgte durch Valescus de Tarente am Ende des 14. Jahrhunderts. Aus dem Jahr 1488 stammt ein Brief von Pierre Martyr an seinen kranken Freund Aris Barbosa, in dem von den Folgen der Syphilis die Rede ist.

Du schreibst mir, daß Du an einer Krankheit leidest, die unter anderem von
dem spanischen Volk Bubas genannt wird, vom italienischen Volk Galico, von
anderen Medizinern Elephantiasis. Du beschreibst Dein Unglück mit dem
stinkendem Atem, Ulzerbildungen und Gelenkbeschwerden. Lieber Arias,
Du tust mir leid.

Anscheinend kannten Ärzte im ausgehenden 15. Jahrhundert zwar die Erscheinungen der Syphilis, nicht jedoch die Krankheit selbst. Trotz der Erkenntnis über die Verbindung zwischen Organzerstörung und »Erweichung« des Hirns wurde keine Verbindung zur Syphilis hergestellt.

1492 erwähnt Fulgosi die Syphilis in Italien (Mailand) und Frankreich. Im Oktober 1492 – nach der Rückkehr des Kolumbus nach Europa – brachte man die Syphilis mit der neuen Welt in Zusammenhang. 1493 ist die Krankheit in Niedersachsen und Mecklenburg belegt und grassierte in der Auvergne, in ganz Frankreich und in der Lombardei. 1494 begegnet uns die Syphilis in Rom, ebenso in Westfalen, Franken und Bayern sowie in den baltischen Ländern. 1495 wird sie in der Schweiz erwähnt. Ein Jahr später erließ das französische Parlament erste hygienische Maßnahmen gegen die Syphilis (»La grosse vérole«). Im selben Jahr erreichte die Epidemie Mazedonien und Griechenland.

Als sie 1492/93 ihren Höhepunkt erlebte, wurde die Krankheit immer den Fremden in die Schuhe geschoben: Die Italiener nannten sie »Mal francese, mala de Frantzoe«, die Engländer »French pox«, die Deutschen »Frantzosen oder frantzosische Pocken«, die Franzosen »Le mal de Naples«, die Belgier »La vérole espagnole«, die Mauren »Spanische Krankheit«, die Portugiesen »Mal castillan«, die Inder »Portugiesische Krankheit«, die Türken »Christliche Krankheit«, die Polen »Die deutsche Krankheit« und die Russen »Die polnische Krankheit«. Auch gab es christliche Namen, wahrscheinlich in der Hoffnung auf eine baldige Genesung wie »Morbus nonus«, »Morbus Sanctus Nevius«, »Morbus Sanctus Sement« oder »Morbus Sanctus Evagre«. Der deutsche Volksmund sprach von »Franzosenkrankheit«, weil viele Soldaten des französischen Königs Karl VIII. bei der Belagerung Neapels gegen Ende des 16. Jahrhunderts an einer Syphilis-Epidemie starben. In Italien hieß das neue und verheerende Übel daher »französische Krätze« und »Franzosenkrankheit«. Bezeichnend ist, daß die Syphilis vor allem als Krankheit der anderen angesehen wurde. Der von den höheren Ständen Europas gebrauchte Begriff »Lues venerea« verschleierte, daß die Krankheit in Wahrheit auf zum Teil unerlaubte Sexualkontakte zurückzuführen war. Auch wurde die Syphilis mit Schuld und Sühne in Verbindung gebracht. Der abenteuerliche Simplicissimus Teutsch glaubte sich in Paris die »liebe Franzosen« eingefangen zu haben, weil er »über dem ganzen Leib so voller Flecken war, als ein Tiger«. Doch blieb er verschont – es waren nur die Windpocken. Andere hatten weniger Glück. Ulrich von Hutten bemerkte, daß die Syphilis ihre starken Auswirkungen sieben Jahre lang behielt.

Maximilian I. ließ 1495 in Wien ein Spital für Syphilitiker errichten. Noch um 1900 litt etwa ein Drittel der deutschen Psychiatrie-Patienten an Syphilis. Viele von ihnen wurden mit Quecksilberspritzen und -dämpfen behandelt – eine nicht gerade wirkungsvolle Methode, die zudem schwere Nebenwirkungen hatte, da Quecksilber (Merkur) Nieren und Nerven schädigt. Noch Ende des 19. Jahrhunderts, so zeigen historische Krankenhausstatistiken, wurden

Zehntausende Patienten in deutschen Kliniken wegen Syphilis behandelt. Auch der Philosoph Friedrich Nietzsche (1844–1900), der Komponist Franz Schubert (1797–1828) und der Dichter Heinrich Heine (1797–1856) starben an der Syphilis. In der Berliner Charité entdeckten der Arzt Erich Hoffmann (1868–1959) und der Zoologe Fritz Schaudinn (1871–1906) 1905 den Erreger, das Bakterium »Spirochaeta pallida«, heute »Treponema pallidum« genannt.

Therapien gegen die Syphilis waren lange Zeit vergeblich. Um 1500 sollten Diäten, Aderlässe, Bäder, Umschläge, Schwitzkuren oder Viperatee die Symptome der gefährlichen Sexualkrankheit bekämpfen. Im arabischen Raum wandten die Ärzte Merkur unter anderem gegen Läuse, Krätze oder Impetigo an. Da nach damaliger Auffassung diese Krankheit nur über eine ordentliche Speichelproduktion zu besiegen war, wurde Merkur mittels Umschlägen, Waschungen oder Dampfkuren angewendet – zuerst in einer schwachen Tinktur, in schweren Fällen aber in einer solch hohen Dosierung, daß viele Patienten starben oder sich ihr Zustand drastisch verschlechterte. Deshalb suchten die Ärzte nach neuen Heilmitteln. Um 1517 kam Guajak, auch bekannt als Franzosen- oder Heiligenbaum, in Gebrauch. Der Humanist Ulrich von Hutten erprobte ein Schwitzbad mit Guajak und beschrieb dessen Wirkung in seinem 1519 erschienenen Werk »De guajaci medicina et morbo gallico liber unus«. Der Arzt Fracastoro verschrieb Gold und Salze. Jod, Silber, Platin, Arsen und Zinn wurden ebenfalls angewandt. Kinder wurden im 19. Jahrhundert über die Muttermilch oder mit Ziegen- und Eselsmilch behandelt. Paul Ehrlich entwickelte 1909 das Salvarsan, eine Arsenverbindung, als erstes Mittel gegen die Syphilis. Seit 1940 bekämpft man die Krankheit auch mit Penicillin.

Die Syphilis traf alle ohne Unterschied: Soldaten und Troßhuren, Studenten, Adlige, Bauern und Bürger, Frauen und Kinder. Mit der Verbreitung der »Franzosenkrankheit«, die nach der Koelhoffschen Chronik 1496 auch in Deutschland, nämlich in Köln und am Niederrhein belegt ist, wurden wiederum Menschen aus den Städten ausgewiesen und auf die Straße getrieben, galten doch Syphiliskranke als unkeusch. Insbesondere dann, wenn sich der Ausschlag im Hals oder am After zeigte, standen sie zunehmend im Verdacht, von der sogenannten »Missionarsstellung« abweichende und unter Strafe stehende Sexualpraktiken angewandt zu haben. Auf Sodomie, d.h. auf von der Kirche verfemte Sexualpraktiken, stand die Todesstrafe.

Der Schwarze Tod

Schweigen wollen wir davon, daß ein Bürger dem anderen aus dem Wege ging
und daß sich schier niemand um seinen Nachbarn kümmerte, aber diese
Heimsuchung hatte in den Herzen der Männer und Frauen einen solchen
Schauder erregt, daß ein Bruder den anderen verließ oder der Oheim den
Neffen und die Schwester den Bruder und oft die Frau ihren Gatten; und,
was gewichtiger und schier unglaublich ist, sogar die Väter und die Mütter
scheuten sich, nach ihren Kindern zu sehen und sie zu pflegen, als ob sie Frem-
de geworden wären. Nicht wenige waren es, die bei Tag oder bei Nacht auf öf-
fentlicher Straße verschieden, und bei vielen, die in ihren Häusern gestorben,
erfuhren die Nachbarn erst durch den Gestank ihrer verwesenden Körper, daß
sie tot waren; und sie zogen die Leichname entweder allein oder, wenn sie
Träger haben konnten, mit deren Hilfe aus den Häusern und legten sie vor die
Türen, so daß jeder der Vorübergehenden ganze Reihen derselben antreffen
konnte. Gewöhnlich wurden drei und vier zusammengelegt, und es geschah des
öfteren, daß Frau und Mann, zwei oder drei Brüder oder Vater und Sohn
beieinander lagen [...] Da für die große Menge der Leichen, die täglich, ja bei-
nah stündlich zu allen Kirchen gebracht wurden, die geweihte Erde der Fried-
höfe nicht ausreichte, wurden große Gruben gemacht und die neu Hinzukom-
menden zu Hunderten hineingelegt; dort wurden sie, wie Kaufmannswaren
in Schiffen, schichtweise übereinander gelegt und mit wenig Erde bedeckt, bis
die Grube zum Rand voll war.

So beschreibt der Florentiner Giovanni Boccaccio in seiner Novellensamm-
lung *Decamerone* die Auswirkungen der Pest. Die Pest war die gefürchtetste
Seuche des Mittelalters; Pestkranke wurden, wann immer möglich, gemie-
den.

Die Pest tritt in zwei unterschiedlichen Krankheitsformen auf: als Beulen-
und als Lungenpest. Bei der Beulenpest wächst nach dem Flohstich der Ei-
terherd zu harten Beulen aus. Die Überlebensrate liegt zwischen zwanzig
und vierzig Prozent. Die Beulenpest wird durch Flöhe, die auf Ratten leben,
übertragen und tritt deswegen fast nur im Sommer auf, wenn Lufttrocken-
heit und Temperaturen den Flöhen ideale Lebensbedingungen schaffen. Die
gefährlichere Form der Lungenpest endet nach kurzem Krankheitsverlauf

meist tödlich und wird durch Tröpfcheninfektion von Mensch zu Mensch übertragen. Entschieden werden kann hier nicht die neuerdings von Medizinhistorikern aufgeworfene Frage, ob es sich beim Schwarzen Tod von 1348 tatsächlich um die Pest oder um ein Ebola ähnliches Fieber gehandelt hat. Von all dem wußte die abendländische Medizin im Mittelalter nichts. Vielmehr machten unter den Zeitgenossen Gerüchte über den Ursprung der Pest die Runde: Im fernsten China habe die Erde sich geöffnet, Blut sei vom Himmel geregnet, Schlangen, Kröten, Ratten in ungeheurer Zahl hätten die Menschen aus den Häusern getrieben, Heuschrecken ihre Felder kahl gefressen, und aus dem Hexensabbat steige todbringender Nebel. Der Wind wehe den Nebel der Pestilenz hinüber zu den Ländern Europas, getragen von den Engeln des Herrn, den Racheengeln. Denn Gott habe die Pest als Strafe für die Sünden der Menschen verhängt. Lange hielt sich das von Gabriele de Mussis 1348 in die Welt gesetzte Gerücht, daß die Krimtataren bei der Belagerung der christlichen Stadt Kaffa die Leichen von Pesttoten in die Stadt geschleudert hätten – wohl nicht mehr als eine Schuldzuweisung eines Christen an Ketzer und Barbaren.

Die Folgen der Pest

Der schwarze Tod trat im Mittelalter immer wieder in Wellen auf, erfaßte große Teile Europas und kostete Millionen Menschen das Leben. Die Folgen waren dramatisch. Die erste große Pestwelle begann 541, wurde vermutlich aus dem Vorderen Orient eingeschleppt und beschränkte sich vorwiegend auf den Mittelmeerraum. Völlig unvorbereitet wurde Europa 1349/50 von der zweiten großen Pestwelle getroffen. Genueser Kaufleute hatten sich 1347 bei den Krimtataren infiziert und brachten die Pest nach Europa mit. 1349 erreichte die Krankheit Deutschland. In Kürze verbreitete sich die Nachricht von dem Drama in Genua und von den vergeblichen Vorbeugungsmaßnahmen in Marseille in ganz Europa. Die Pest traf die Städte und das Umland härter als abgelegene Landstriche. Verlauf und Auswirkung der Pest können hier nur generalisierend dargestellt werden. Die Sterblichkeitsquote war starken lokalen Schwankungen unterworfen. Die Mortalitätsziffern reichten von 25 zu 70 Prozent. In einer Zangenbewegung rückte die Pest in die deutschen Länder vor: von Oberitalien über Kärnten, die Steiermark und Wien nach Regensburg, ferner westwärts über das Rhônetal in die Schweiz, nach Konstanz, den Rhein abwärts. Die Städte an den großen Flüssen und am Meer wurden besonders rasch erreicht. Ostern 1349 grassierte die Pest in Frankfurt/Main, wo sie innerhalb von 72 Tagen mehr als 2000 Einwohner tötete. In Köln, Mainz und Limburg starben zeitweise über 100 Menschen am Tag, Hannover zählte 3000, Münster 11 000, Erfurt 12 000 Tote. In Hamburg wurden beispielsweise 1350 16 Ratsmitglieder von 21 dahingerafft, in Lübeck 11 von 30 und in Lüneburg 4 von 12. In Tirol soll nach den Angaben des Chronisten Goswien von Marienberg nur der sechste Teil der Bevölkerung überlebt haben, während in Limburg von 4000 Einwohnern nach dem Bericht von Tilman Elhen täglich 20 bis 30 Menschen starben. In Lübeck könnte ein Drittel der Bevölkerung, d.h. 6000 bis 7000 Menschen, der Seuche zum Opfer gefallen sein. Die Gesamtzahl der Opfer der großen Pestwelle von 1347–1351 läßt sich nicht beziffern. Jüngst gehen einige Historiker sogar von 25 bis 50 Millionen Toten aus – Zahlen, die angesichts der damaligen Gesamtbevölkerung Europas stark überhöht sein dürften. Bis 1350 nahm die Bevölkerung in Europa angeblich um 25 Prozent und bis 1380 um 40 Prozent ab. Neuere Forschungen zeigen aber auch, daß Europa im beginnenden 14. Jahrhundert angesichts der damaligen Ernährungsmöglichkeiten überbevölkert war.

Die Pestzüge des Spätmittelalters führten in der Forschung zur demographischen Begründung des Krisencharakters dieser Epoche. Die Auswirkungen der Pest waren vielfältig: Sie ging immer einher mit einer Landflucht. Während die erste Pestwelle 1348 als eine Katastrophe aufgefaßt wurde, scheinen die späteren Pestwellen nur noch als persönlicher Schicksalsschlag empfunden worden zu sein. In Norddeutschland wütete die Lungenpest 1375/76 und 1387/88. Nürnberg wurde im 15. Jahrhundert siebenmal von der Beulenpest heimgesucht, darunter 1462 und 1474 mit verheerenden Auswirkungen.

Ratlose und verzweifelte Menschen

Zeitgenössische Ratsverordnungen lassen erkennen, wie man sich in den Städten vor der Pest schützen wollte. Die Bürger wurden angehalten, die Straßen zu reinigen und die Schweine von den Plätzen zu treiben. Es wurden öffentliche Bäder eingerichtet, Amtsärzte, Hebammen und Krankenschwestern eingestellt. Behausungen verstorbener Pestkranker wurden aus-

Geißler vor den Toren Berns: Sie schlugen sich öffentlich selbst mit
Ruten, da sie die Pestepidemie von 1348/49 als Strafe Gottes ansahen und
für ihre Vergehen büßen wollten, um Gottes Vergebung zu erlangen.
(SPIEZER SCHILLING, ANFANG 16. JAHRHUNDERT)

geräuchert, ihre Kleider und Betten verbrannt, die Toten umgehend vor den Toren der Stadt begraben. Man zündete Räucherstäbchen an, legte Weihrauch, Myrrhe, Sandelholz auf Kohlebecken und entfachte in Krankenstuben stark rauchende Feuer. Ekelerregende Mixturen – Medizin muß nach dem Volksglauben bitter schmecken – aus Hühnermist, Krötenlaich, Spinneneiern und Urin wurden verabreicht. Die Schulmedizin war ratlos. Ärzte suchten sich durch eine Haube mit wohlriechenden Essenzen vor dem giftigen »Pesthauch« zu schützen. Sterndeuter hatten Hochkonjunktur.

Dürers apokalyptische Reiter, die Krieg, Hunger, Tod und Pest brachten, zogen unaufhaltsam voran. Die erste Pestkatastrophe löste verschiedene religiöse Handlungen und Strömungen aus. Neben Gottesdiensten und Prozessionen wurde der Totentanz verbreitet. Menschen, die in der Pest eine Strafe Gottes sahen, pilgerten in Scharen nach Rom, um den verkündeten Sündenablaß des Jubeljahres 1350 – Öffnung der vermauerten Pforte Petri – zu erlangen. Die Heiligen aber, zu denen sie flehten, stellten sich taub und blind. Die Amtskirche konnte nicht helfen. Und in den vollen Gottesdiensten konnte man sich leicht anstecken. Zudem erhielten einige häretische Bewegungen neuen Zulauf, darunter die der »Luziferianer« (eigentlich Waldenser) im 14. Jahrhundert im Piemont. Auf der anderen Seite suchten viele durch Tanz, Wollust und Völlerei das Leben noch einmal in vollen Zügen zu genießen. Wo Ärzte und Priester nicht mehr helfen konnten, blieb nur noch ein verzweifelter Akt der Selbsthilfe. Die von der Amtskirche mißachteten Geißler oder Flagellanten suchten die Leiden Christi nachzuvollziehen. Auch wenn diese schon vorher auftraten, wurden sie erst durch die erste Pestwelle zu einer Massenerscheinung. Eine Bußfahrt sollte dreiunddreißigeinhalb Jahre dauern, entsprechend den Lebensjahren Jesu. Die Geißler, die in größeren Gruppen von über fünfzig Personen über das Land zogen, geißelten sich mit Ruten und erflehten Almosen. Das Waschen war ihnen untersagt, und sie mußten sich zur Keuschheit verpflichten. Angetan mit schwarzem Büßermantel, auf dessen Rücken ein Kreuz flammte, barfuß, die Geißel in der rechten Hand, beteten sie und sangen im monotonen Singsang:

Nun hebet auf eure Hände, daß Gott das große Sterben wende! Nun hebet auf eure Arme, daß Gott sich über uns erbarme! Jesus, durch deine Namen drei, mach, Herre, uns von Sünden frei! Jesus, durch deine Wunden rot, behüt uns vor dem jähen Tod!

Sie geißelten sich öffentlich und legten sich nach der Magdeburger Schöffenchronik so hin, daß man daran die Art der Sünden erkennen konnte. Mörder lagen auf dem Rücken, Meineidige auf der Seite mit drei gereckten Fingern, Ehebrecher legten sich auf den Bauch. Der Meister verlaß nach dem Geißeln die Predigt und warnte die Zuhörer vor dem Zorn Jesu. Häufig wurden die Geißler nach ihrem Auftritt in die Häuser eingeladen und versorgt. Die Tücher, mit denen man ihr Blut abwischte, galten als heilig. Die Geißlerbrüder entstammten zumeist den unteren Gesellschaftsschichten. Pest, Tod und Gesellschaftskritik gehörten zusammen. Im Würzburger Totentanz, der vermutlich um 1350 von Dominikanern geschrieben wurde, heißt es:

Der Papst jammert:
Ich was ein heiliger Papst genant
dieweil ich lebt, on forcht bekant.
Nun wird ich gefürt frevelich
zu dem tod. Ich wer mich üppiglich.

Der Tod, ungerührt:
Her Papst, merkt auf der pfeiffen ton,
ir sullet darnach springen schon [schön].
es hilft dafür kein dispensieren,
der tod will euch den tanz hofieren.

Befremdet, ja beleidigt meint der Kaiser:
Ich kund das reich in hoher eren
mit streit und fechten wol gemeren,
nun hat der tod überwunden mich,
das ich bin weder keiser noch menschen glich.

Der Tod, wie man ein Kind belehrt:
Her Kaiser, euch hilft nit das schwert,
zepter und krone sind hie unwert.
Ich han euch an die hand genomen,
ir müst an meinen reien komen.

Voller Bitternis klagt die Kaiserin:
Wollust hett mein stolzer leib,
do ich lebt als eines keisers weib.
Nun hat der tod zu schanden bracht,
das mir kein freud ist mer erdacht.

Der Tod, voller Spott:
Ich tanze euch vor, frau kaiserin,
springt mir nach, der rei ist min.
Die sperbecher sind von euch gewichen,
der tod hat euch allein erschlichen.

5

Es gab nicht nur Till Eulenspiegel
Von Schalksnarren und Geisteskranken

DER TANZ AUF DEM VULKAN: SCHALKSNARREN

Der Narr am Hofe

Als nun Eulenspiegel getauft war und sie das Kind wieder nach Kneidingen tragen wollten, da wollte die Taufpatin, die das Kind trug, eilig über einen Steg gehen, der zwischen Kneidingen und Ampleben über einen Bach führt. Und sie hatten nach der Kindtaufe zu viel Bier getrunken (denn dort herrscht die Gewohnheit, daß man die Kinder nach der Taufe in das Bierhaus trägt, sie vertrinkt und fröhlich ist; das mag dann der Vater des Kindes bezahlen). Also fiel die Patin des Kindes von dem Steg in die Lache und besudelte sich und das Kind so jämmerlich, daß das Kind fast erstickt wäre. Da halfen die anderen Frauen der Badmuhme mit dem Kind wieder heraus, gingen heim in ihr Dorf, wuschen das Kind in einem Kessel und machten es wieder sauber und schön. So wurde Eulenspiegel an einem Tage dreimal getauft: einmal in der Taufe, einmal in der schmutzigen Lache und einmal im Kessel mit warmem Wasser.

So steht es am Anfang des Schwankes über den berühmtesten aller Narren, Till Eulenspiegel, zu lesen. Dieser mittelalterliche Schalksnarr, der Titelheld der um 1510 in Straßburg gedruckten Ausgabe von »Ein kurtzweilig Lesen von Dyl Ulenspiegel, geboren uß dem land zu Brunßwick, wie er sein leben volbracht hat ...«, soll um 1300 in Kneitlingen am Elm im Braunschweiger Land geboren und 1350 in Mölln gestorben sein. Aber obwohl ihn jedes Kind zu kennen vermeint – gelebt hat er nicht. Zentrum dieser Schwänke ist das Braunschweiger Land. Aber Eulenspiegel begegnet uns auch in Berlin, Ulm, Nürnberg, Prag und Rom. In dem genannten Buch beginnt er mit seiner dreimaligen Taufe das Leben eines Schalks. Durch sein Wörtlichnehmen von Anweisungen läßt ihn der unbekannte Autor, bei dem es sich eventuell um den Braunschweiger Zollschreiber Hermann Bote handeln könnte, die Unzulänglichkeiten und Laster seiner Mitmenschen bloßstellen und Mißstände seiner Zeit aufdecken. Der mittelalterliche Narr ist weitaus mehr als ein reiner Tor, mitunter sogar eine hoch geachtete Persönlichkeit, die ihren Mitmenschen den Spiegel vorhält, sie belehrt und unterhält.

Am Haus »Zum goldenen Dachl« in Innsbruck hat Niklaus Türing um 1500 den Prunkerker mit Skulpturen geschmückt und Kaiser Maximilian zur Rechten, der besseren Seite, seinen Hofnarren und zur Linken seinen Kanzler beigegeben: der unvernünftige Tor als geachtetes Mitglied des Hofstaates! Der Narr von Türing trägt seine Berufskleidung: eine schellenbehangene Tracht mit einer Eselsohrenkappe – Till Eulenspiegel läßt grüßen. Im Gegensatz zum Kanzler, der am Mund des Kaisers hängt, wendet sich der Narr demonstrativ ab. Und gerade darin liegt seine Torheit. Kanzler und Narr, zwei Antipoden also in einer Welt der Gegensätze, die gern in Schwarz-Weiß-Kategorien dachte. Wir erkennen aber auch das ins Bild gesetzte Wort des Propheten Jesaja 19,11, der berichtet, daß im alten Ägypten den *sapientes consilarii*, den weisen Beratern des Pharaos, ein närrischer Rat (*consilium insipiens*) beigegeben war.

In der Narrentracht drückte sich die Verachtung durch die Gesellschaft aus. Der um 1430 belegte Narrenkolben versinnbildlicht die eitle Selbstbezogenheit des Toren als Antityp des christlichen Prototyps. Die Narrenkappe ist das Pendant zur Königskrone und zeigt die Nähe zu Ketzer- und Schandhauben. Der Hahnenkamm steht für menschliche Überheblichkeit und Geilheit. Die Eselsohren symbolisieren geistige Trägheit und Dummheit. Der Affe als häufiges Attribut verkörpert ungezügeltes Benehmen und kindliches Imitationsverhalten in Form des »Nachäffens.« Die Kröte steht für die Nichtigkeit und das Böse. Die Narrenschellen sind ein Symbol für Menschen ohne Liebe (1 Kor 13). Die ab 1350 belegten Schnabelschuhe verkörpern das Übertreten der bürgerlichen Kleidungs- und Normvorschriften und die damit einhergehende und anmaßende Hoffart. Das buntgefleckte oder geteilte Gewand soll die Lust des Narren an der Mißachtung aller gesellschaftlichen Vorschriften und Ordnungen versinnbildlichen. Der Narrenorden war eine Parodie auf königliche Auszeichnungen und das auf die Stirn gebrannte Narrenmal das Zeichen der Schmach. Der Narr galt als Gottesleugner getreu Psalm 52: *Dixit inspiens in corde suo: non et deus* (»Der Tor sprach in seinem Herzen: Es gibt keinen Gott«). Und genau dieser Satz machte ihn zum Außenseiter, zum eitlen, selbstbezogenen Toren. Der Narr erschien als

Antitypus zum weisen und gerechten König. Narren sollten den Herrscher aber auch auf ihr sittliches Handeln hinweisen, auf Weisheit und Demut. Spaßmacher waren sie ursprünglich weit weniger. Der Tor wurde zum Symbol für die sündhafte Alltagswelt, wie auch in den Totentänzen der Marienkirche in Lübeck und der Nikolaikirche in Reval zum Ausdruck kommt:

Der Tod zum Toren:

Hinz Sichelfaust von Jeckeshaus. Du lebst schon lange in Saus und Braus. Du handelst töricht und läßt nicht davon ab. Und bleibst ein Narr bis in das Grab. Tanze weiter. Ich will dir vorsingen. Du mußt nun nach meiner Pfeife springen.

Der Tor oder Geck:

Alles was ich kenne, sind die fetten Happen. Dorthin gehe ich, um Kuchen zu schnappen. Ich esse und trinke mit den Herren. Ein anderer bezahlt. Ich helfe verzehren. Mit fröhlichem Sinn bediene ich Trommel und Pfeifen. Nun kommt der Tod und will mich ergreifen.

Die Ursprünge des Hofnarrentums sind bislang nicht eindeutig geklärt. Die frühesten mittelalterlichen Zeugnisse stammen aus dem 12. Jahrhundert. Das Hofnarrenwesen hielt sich im Reich bis zum 18. Jahrhundert. Sein Höhepunkt lag allerdings im 16. und 17. Jahrhundert, in der Zeit der Prachtentfaltung der Renaissance- und Barock-Höfe. Seit dieser Zeit kennt man ihre Namen und mit dem Einsetzen der adligen Chroniken auch ihre Späße. Mitunter ist aber nicht klar zu erkennen, ob es sich um echte Narreteien oder nur um erfundene Schwänke wie bei Till Eulenspiegel handelt. Einige Narren brachten es zu Berühmtheit, so der »Zwerg Perkeo« Karls III. Philipp von der Pfalz, oder Gonella von Ferrara, der populärste Narr Italiens. So erschienen im 16. und 17. Jahrhundert allein vier gedruckte Sammlungen der angeblichen Schwänke Gonellas. Kunz von der Rosen, der Lieblingshofnarr Kaiser Maximilians I., brachte es ebenfalls zu großer Berühmtheit. Geboren im schwäbischen Kaufbeuren, hatte er das Kriegshandwerk erlernt und war in habsburgische Dienste getreten: kein Tölpel, der aufgrund seines Erscheinungsbildes irgendeinen Anlaß zum Spott gegeben hätte, sondern eine stattliche Erscheinung, ausgestattet mit großer Schlagfertigkeit und Mut und ein geschätzter Berater bei Hofe. Im Triumphzug Maximilians wurden daher auch zwei Wagen mit Narren mitgeführt: der Wagen der Schalksnarren und jener der »natürlichen« Narren. Der kaiserliche Sekretär Marx Treitzsaurwein hat sie 1512 beschrieben:

Ich hab mit guotem Vleis gedicht
SchalksNarren auch dahin gericht,
aufs allerschimpflichst, so ich west,
darin gethan furwar das besst,
die Kaiserliche Maijestat,
vil kurtzweil davon genomen hat /

Ein ander Gesindt hernahet bey,
kumbt auch gefahren an dem Rey,
Nattürlich Narren ist es genant,
ans Kaisers hof gar wol bekandt,
sy haben manche kurtzweil gemacht,
so artlich das man Ir hat gelacht /

Claus von Rannstedt – auch Claus Narr genannt – hingegen war, wenn wir dem Portrait von Hans Sebald Lautensack Glauben schenken dürfen, ein offenbar gestörter, stiernackiger und schielender Mann mit einem schiefen Mund und einer weit nach oben geschobenen Unterlippe. Aus armen Verhältnissen stammend, fand er unter den sächsischen Kurfürsten Ernst und Albrecht um 1500 sein Auskommen. Danach finden wir ihn im Dienste des Erzbischofs von Magdeburg. Claus Narr kannte jeder. Der Nürnberger Dichter Hans Sachs schrieb sogar einen eigenen Schwank über ihn, der mit der Realität aber herzlich wenig zu tun hat, war doch Claus Narr in Wahrheit ein in sich gekehrter Mensch. 1572 erschien dennoch ein Volksbuch über Claus Narr, das vom Magister Wolfgang Büttner herausgegeben wurde. Die darin überlieferten 627 (!) Geschichten zeugen jedoch eher von der Phantasie des Autors als von der des Hofnarren.

Das Hausbuch der Truchsessen von Waldburg-Wolfegg-Waldsee aus der zweiten Hälfte des 15. Jahrhunderts zeigt, daß der Narr selbst beim Turnier nicht wegzudenken war. In der bekannten Holzschnittfolge »Der Triumph Maximilians« Hans Burgkmairs von 1516–19 begegnet uns das Narrenwesen am kaiserlichen Hof in seiner ganzen Breite. Der Künstler unterscheidet darin zwischen den »Schalksnarren« und den »natürlichen Narren« – eine Einteilung, die vielleicht bis ins 12. Jahrhundert zurückreicht. Die Schalksnarren verdrängten in der Renaissance zunehmend ihre geisteskranken Kollegen. Während in den Holzschnitten Burgkmairs die Schalksnarren in einem von

Eva im Narrenschiff. (HOLZSCHNITT, UM 1500)

Pferden gezogenen Prachtwagen sitzen und hinter dem Lieblingsnarr des Kaisers, Kunz von der Rosen, im Triumphzug folgen, hocken die »natürlichen Narren« in einem einfachen Holzkarren, der von Eseln gezogen wird.

Der Hofnarr erscheint aber auch als lebender Beweis für die Vergänglichkeit. In Hans Holbeins d. J. Zyklus »Bilder des Todes« von 1526 greift sich ein Tod in Narrengestalt die Königin. Der Sklave, der im Triumphwagen hinter dem römischen Kaiser stand und diesen an seine Vergänglichkeit erinnerte, wird in der Ikonologie des Mittelalters zum Narren, so im Holzschnitt von Hans Vintler »Die Pluemen der Tugent«.

Dazu kam das Motiv vom »Warner Narr«, wie es Hans Sachs 1543 in einem Spruchgedicht formulierte:

Ihr Herren, schaut auf, es ist hohe Zeit, weil ihr geschändet worden seid. Der geschmierte Haufen ist hell und glatt, der euch lange Zeit zum Narren gehalten hat.

Doch dies geschah alles in einem geistlichen Schein, so daß ihr ihm gehorsam sein und alles glauben mußtet, was sie lehren. Damit vermehrten sie ihre Schätze. [...]

Deshalb wacht auf und laßt euch dürsten nach der reinen Lehre der Heiligen Schrift.

Flieht Menschenlehre als herbes Gift. So werdet ihr fromme und rechte Christen, behaltet Land, Leute und Reichtum und entgeht ihren Stricken und Garnen. Ich, Hänsel Narr, warne euch treulich, wie man denn schon seit alten Tagen sagt: Kinder und Narren sagen die Wahrheit.

So manche Mahnung von Hofnarren war nicht von der Hand zu weisen. Herzog Leopold I. soll bekanntlich nicht auf seinen Hofnarren Kuony von Stocken gehört haben, der ihn mehrfach vor dem Kriegszug gegen die Eidgenossen warnte und am Ende Recht behielt, wie die Schlacht am Morgaten 1315 zeigte. Noch Diebold Schilling hat in seiner Schweizerischen Chronik auf der Zeichnung zur Schlacht am Morgaten den Mahner Kuony als lachende Figur ins Bild gesetzt: Schadenfreude ist die schönste Freude! Das Beispiel zeigt auch: Hofnarren lebten gefährlich. Denn genau die Grenze zwischen Scherz und Ernst war fließend. Manch ein Herrscher hielt sich nicht an das bekannte Sprichwort von Hans Sachs: »Kinder und Narren sagen die Wahrheit.« Denn trotz aller Wertschätzung waren Hofnarren in der Realität der Willkür ihrer Herren ausgeliefert, die auch ihren Schabernack mit ihnen trieben. Sie hatten es nicht leicht. Die Lübecker Detmar-Chronik berichtet, daß 1315 ein Adliger ein Geflügelbein nach seinem Narren warf, dieser aber verfehlte und statt dessen einem Grafen ein Auge ausschlug. Die Chronik der Grafen von Zimmern aus dem 16. Jahrhundert erzählt, wie die adlige Gesellschaft ihren Spott mit dem Narren Gabriel Magenbuech trieb. Einmal gab man ihm mit Nägeln durchsiebte Hühner zum Aufschneiden bei Tisch und schließlich zum Essen:

> Als sie nun in den Pfarrhof kamen und Gabriel in die kuchin gienge, ersahe er etliche gebrattne Hüner noch am spiß, darab er als ain hungeriger ain solche frwede empfieng, das er wider begüetiget und den zorn fallen lassen. Hierauf herr Johann Wernher haimlichen die selbigen hüner voller eisner negel bestekken lassen. Ob disch hat Gabriel nit essen wellen, sonder uf die gebratne hüner sich gespart; wie aber die zu disch gebracht, hat er die außer bevelich herr Johannsen Wernhers zerlegen sollen, welches im aber nit meglich; zu dem verderbte er etliche messer. Er nam ain ander hun, dann das drit, dann das viert und versucht alle mittel, die fürzulegen. Letzlich, wie er die eisnen negel ersicht, würt er so zornig, das er die hüner, die messer und alles brattes mit der blaten hünder die thür würft, dess iederman wol lachen mögte, sonderlichen aber, als im der zorn wider vergangen, der hüner ainsthails wider ufheb und, unangesehen das sie ganz unsauber, doch hungers halber essen muestte.

Doch Gabriel drehte auch den Spieß um und begegnet uns als aktiver Übeltäter. So beschimpfte und unterbrach er den Pfarrer von Meßkirch Adrian Dornfogl während der Predigt und legte ihm wenig später aus »Bosheit« und Rache ein Pferdekummet auf die Kanzel:

> Begab sich uf ain zeit, als der pfarrer uf ain hoch fest zu S. Martin predigen soll und sich dess nit versehen, het im Gabriel zu ainer bossheit und das er in unrüebig machte in seiner predig, die dann er, Gabriel vermainte, mehr außer hoffart, dann außer dem gaist Gottes beschehe, des morgens, ehe man zu der kirchen leutet, ain alt rosskommat uf die canzel gelegt.

Doch Magenbuech erscheint auch als unbeholfener Tropf. In einem anderen Fall schlug er auf seinen *penitenzer* ein, als es mit einer Dirne nicht klappte:

> Wie sie nun frölich waren, kamen und geselleten sich zwuo gueter dirnen zu inen, die ain die hieß der Keffer, die ander der Hujus. Also wie der welt brauch, so wardt auch dem gueten Gabriel der Keffer zugetailt. Er zog mit ir spazieren und wellt nun, wie er [all] ainig war, auch ain mal guet gesell sein.

So wolt ihm aber solchs nit von statten geen, er nettiget sich gleich, wie vil und
so hoch er welt und das er alle vortail gebraucht, so wolt es doch nit geraten.
Das bewegt und erzürnt in so hoch, das er den penitenzer uf ainen block legt
und den in ainer ungedult mit feusten schlecht. Des mögte die guet dirn wol
lachen. Also ungeschafft name der Gabriel utrumque ein spottlichen, heni-
schen abzug, war fro, das er darvon war.

Ferner entlarvte Magenbuech einen falschen Junker als Schwindler oder half
bei der Rechtsprechung aus. Als er seine Sünden nicht beichten wollte, wurde er um ein Haar von einem Kaplan und einem Pfarrer erwürgt. Gabriel
beschimpfte aber auch den Amtmann von Oberndorf und wurde dafür vor
Gericht gezerrt. Das alles und vieles mehr geschah im Zeichen der »Narrenfreiheit«, die aber auch ihre Grenzen hatte. Ein anderes Beispiel aus der
Chronik der Grafen von Zimmern ist das des wohl »natürlichen« und umherziehenden Toren Wolf Scherer, dem man den Namen Peter Letzkopf gab,
und der sommers wie winters ohne Hosen ging:

Herr Johanns Wernher het noch ain solchen dorechten man, war auser
Oberndorf bürtig; man hieße das geschlecht nun die Scherer, ietzundt werden
sie die Gengle genannt. Er hieß Wolf Scherer, aber von wegen das er so
dorecht und ain so wunderbarlicher, verkehrter mentsch, ward er nit Wolf,
sonder Peter Letzkopf gehaißen. Er gien sommer und winter ohne hosen
und schue, und wiewol er gelt sovil, das er sich het mit klaider und geschüch
beschleufen mügen, ime auch hin und wider vil geschenkt wardt, so trueg er
doch die schuech an der gürtel, und ward ain solcher landfarer, das er an
kainem ort blib.

Der Graf von Mansfeld steckte zwei seiner Narren in einen Käfig und ließ sie
zu seiner Kurzweil gegeneinander kämpfen, wie die Zimmerische Chronik
zu berichten weiß:

Bei unsren zeiten hat graf Hoyer von Mansfeldt vil narren und nerrin erhal-
ten und, so er ain sondere kurzweil, hat er die in der dürnitz in eim erker
zusamen beschlossen und verspert, darvor ein eisin getter gewesen. Alsdann
haben die narren ainandern gerauft und ain wilde wais gehapt; denen het er
mit höchsten frewden zugesehen.

Wie gesagt, das alles war legitim – galten Narren doch als Außenseiter, die
keinen festen Platz in der Ständeordnung der Gesellschaft hatten, da sie
nach Überzeugung der mittelalterlichen Gesellschaft ein Leben lang mit

Torheit geschlagen blieben. Für ihre Späße ernteten sie aber auch Beifall und fanden immerhin ein einigermaßen sicheres Auskommen, so lange sie es nicht zu bunt trieben. Dazu unterhielten sie ihre Herren mitunter auch durch Musik. So finden wir Trommler, Geiger, Sackpfeifer oder Lautenspieler unter ihnen, wie beispielsweise die Darstellung der Spiezer Bilderchronik des Diebold Schilling von der Schlacht am Morgaten zeigt.

Narren in der Volkskultur

Narren gab es aber nicht nur in der höfischen Kultur. Am Vorabend der Neuzeit erscheinen sie als Dreingabe einer Gesellschaft, die mit Sebastian Brant meint, im »Narrenschiff« zu sitzen. In quälender Zukunftsangst und in Erwartung des Weltenendes und des Jüngsten Gerichts führte man die Krisen des Spätmittelalters auf die allgemeine Torheit zurück. So wurde der Narr im ausgehenden 15. Jahrhundert zu der Symbolfigur menschlicher Unzulänglichkeit und Lasterhaftigkeit. Seit Sebastian Brants bekannter und weit verbreiteter Schrift von 1494 war die Narretei zum kulturellen Gemeingut geworden. In dem auf dem Titelblatt abgebildeten Schiff saßen Vertreter aller möglichen Torheiten. Viele Leser erkannten mit Schrecken sich selbst. Dabei war die ganze Schrift eschatologisch, d.h. auf das Weltende ausgerichtet, wie im 103. Kapitel zum Ausdruck kommt. Bei Brant aber ist es ein falscher Erlöser, der die Toren anlockt, während die Gottesfürchtigen vom heiligen Petrus mit dem Schlüssel vor dieser Narretei bewahrt werden. Narrheit und Erbsünde wurden miteinander verbunden. Der flämische Humanist Josse Bade aus Gent setzte Adam und Eva samt dem Baum der Erkenntnis und der Schlange mit dem Kopf Evas mitten in das Narrenschiff. So erscheint Eva als Narrenmuter, gewissermaßen als Gegenstück zu Maria: der Sündenfall als Anfang der Narrheit. Dazu kam der Narr als Symbol irdischer Vergänglichkeit, als Vorbote des Todes. Der berühmte Großbaseler Totentanz aus dem 15. Jahrhundert zeigt bildhaft die Begegnung zwischen Narr und Tod: der Tod im Narrengewand. Hans Sebald Beham hat in einem Stich den Tod als Narrengestalt gezeichnet, der eine junge Frau umfaßt.

Auch der Narr der Fastnacht durfte einmal im Verlauf des christlichen Festzyklus die Welt auf den Kopf stellen und unter der Maske des Narren andere Rollen annehmen, die ihm ansonsten nicht zustanden – mithin ein Ausbruch aus den gesellschaftlichen Normen. Der »närrische Mensch« der Predigten galt als gottlos und sündhaft, als Symbolfigur für menschliche Unzulänglichkeit, Sündhaftigkeit, Überhebung und Sterblichkeit – auf der anderen Seite war er ein Zeichen für die sprichwörtliche Narrenfreiheit. Narren wirkten am »Schembartlauf« in der Nürnberger Fastnacht mit, wie aus den Schembartbüchern des 15. und 16. Jahrhunderts für 1449 bzw. 1524 und 1539 hervorgeht. Bei diesem traditionellen Umzug der ansässigen Patrizierfamilien zogen jedes Jahr 24 junge Männer in bemalten Kostümen durch die Stadt, die seit 1475 einen Umzugswagen mit sich führten. Einige Schembartbücher stellen Turniere dar, die von Narren begleitet werden. Die Narren sind mit Schellenkappen, Keulen und Herrschaftswappen ausgerüstet. Umstritten ist, ob die Beigabe von Narren zu einer Abwertung des Turniers führte. Warum aber sollte das Patriziat, welches sich ja gerade erst das adlige Privileg der Teilnahme an den Kampfspielen erstritten hatte, daran ein Interesse haben? Die Beteiligung von Narren in Nürnberg ist für 1446 und 1560 im Rahmen von patrizischen Gesellenstechen und somit unabhängig von der Fastnacht bezeugt. Narren mit Knüppeln sind die Grieswärtel. Die Existenz der Narren verweist ebenso wie die Verwendung von Holzgerüsten, hohen Stühlen, Rädern oder gar Fässern auf Kufen an Stelle von Turnierpferden auf die Absicht der Aktion, die »Ritter« des Stechens als »Mitglieder einer Gegenwelt« zu deklarieren.

Auf Narren stößt man aber nicht nur in Literatur und bildender Kunst. Mitten auf den Marktplatz im badischen Ettlingen setzten die Bürger 1549 einen Narrenbrunnen mit der Inschrift:

LAS MICH VNFERACT /
BEDENCK DER WELT WYSHEYT VND BRACHT /
IST VOR GOT EIN DORHEIT GEDACHT.

KRANKE AN KÖRPER UND GEIST

Das göttliche Ebenbild

Die mittelalterliche Gesellschaft neigte dazu, Krankheiten und Gebrechen psychischer und physischer Art zu moralisieren. Geistig und körperlich Behinderte sah man als außerhalb der Normalität stehend an, da sie nicht dem vermeintlich göttlichen Ebenbild gemäß Gen 1,27 entsprachen. Sie waren irreguläre Objekte innerhalb der wohlgestalteten göttlichen Schöpfung. Diese Menschen galten als Beweis für die Mahnung Gottes, sich vor Unzucht und Sünden zu hüten.

Sie waren in der Regel nicht völlig schutz-, ehr- und rechtlos, blieben aber ausgeschlossen von wirksamer Mitverantwortung und Mitsprache und konnten im Extremfall auch zu Opfern einer Hexenverfolgung werden. Beispielsweise unterschied man nicht zwischen echten Geisteskranken – den »Stocknarren« – und »künstlichen« Hofnarren – den »Schalksnarren« –, wie zwei Gedichte von Hans Sachs zeigen:

Der Stocknarr
Ein natürlich Stocknarr bin ich /
Denn ich hab weder Witz noch Sinn /
Hab ein groben verstand / der massen /
Kan weder hengen noch nachlassen /
Ich fahr herauß mit wort und that
Toelpischer weiß / folg keinem rath /
Verschon niemand / drumb man mich zelt /
Fuer ein groben Stocknarren helt.

Der Schalcksnarr
Ich brauch mancherley Narren weiß /
Darmit ich verdien Tranck und Speiß /
Doch weiß ich durch ein zaun mein Mann /
Mit meinem fatzwerck zu greiffen an.

Denn Narren, geistig und körperlich behinderte Menschen hatten in der mittelalterlichen Sichtweise etwas gemeinsam: einen Defekt! Denn auch vom Teufel glaubte man zu wissen, daß er hinkt. Das 1568 gemalte Bild »Die Krüppel« von Pieter Bruegel verdeutlicht diese allgemein verbreitete Einstellung. Der auf den Gewändern abgebildete Fuchsschwanz bildete in Frankreich und Holland in der frühen Neuzeit einen festen Bestandteil der Narrentracht und hat bis heute als Schmuck für die Autoantennen von Mantafahrern überlebt. Zwar wurden bereits im Mittelalter Geisteskrankheiten als Störungen der Vernunft und Erkrankungen des Gehirns angesehen, ihre Ursachen jedoch in Anlehnung an antike Überzeugungen zum Beispiel in somatischen Verschiebungen und wechselseitigen Beeinträchtigungen der Körpersäfte vermutet. Hippokrates von Kos hatte ausgehend von der Trias der Elemente Luft,

Schleim und Galle geschlossen, daß diese wiederum den Lauf und die Wirkung der Körpersäfte beeinflussen. Galenos (129–199 n. Chr.) ging von vier Körpersäften aus: Blut, Phlegma, Galle und schwarze Galle. In Störungen des rechten Verhältnisses dieser Flüssigkeiten zueinander sah Galenos die Hauptursache aller seelischen Krankheiten (»Melancholia«). Die Epilepsie wurde nach dem Galenschen Verständnis zu den Gehirnkrankheiten gerechnet und somatisch gedeutet als gefährliche Stauung der Kardinalsäfte Schleim und schwarze Galle, welche die Gehirnfunktionen beeinträchtigt. Constantinus Africanus führte in seiner um 1080 entstandenen Abhandlung »De melancolia« die erste mittelalterliche Systematik seelischer Störungen auf: Die Hypochondrie wurde mit den Symptomen Niedergeschlagenheit, Todesangst, Mißtrauen beschrieben, die Kephalose als Erkrankung der Hirnsubstanz betrachtet, für die Schlaflosigkeit, Migräne, Augenflimmern und Neurosen als symptomatisch angesehen wurden. Diese Gedanken übernahmen die wichtigsten mittelalterlichen Heilkundler und entwickelten sie weiter, so Petrus Hispanus, John of Gaddesden und Arnald von Villanova. »Besessenheit« wurde in der mittelalterlichen Medizin als somatische Erkrankung aufgefasst und weniger als religiös-dämonologischer Vorgang erklärt. Als typische Erscheinungsformen der dämonischen Besessenheit galten: Sprechen in fremden Zungen, Schreien, Herumwälzen, Umsichschlagen, Aggressionen gegen kirchliche Rituale und Symbole, Lästerung Gottes und der Priester, Kenntnis von Teufels- und Dämonennamen oder gotteslästerliches Schwören.

Wen wundert es beim Stand der abendländischen Medizin noch, daß mittelalterliche Chirurgen, Barbiere und Kurpfuscher versuchten, Kranken den »Stein der Verrücktheit« mit Hilfe von Taschenspielertricks aus dem Kopf zu schneiden.

Geisteskranke zwischen Mitleid, Absonderung und Belustigung

Da man im Mittelalter die Narretei außerhalb der engen Grenzen des vermeintlichen göttlichen Ebenbildes ausmachte, fielen viele Menschen darunter: Geisteskranke ebenso wie körperlich behinderte Menschen. Ihnen blieb je nach Grad der Behinderung ein Leben zwischen Gänsehüten und Narrenhaus – für einige wenige auch ein Auskommen an einem adligen Hof, wie das Beispiel der »Zwerge« zeigt, die von einer vergnügungssüchtigen Hofgesellschaft angegafft wurden.

Geisteskranke waren auch in der mittelalterlichen Rechtssprechung nicht für ihre Handlungen verantwortlich, wie die entsprechenden Bestimmungen im Sachsenspiegel aus dem 13. Jahrhundert zeigen. Sie waren aber durchaus rechts-, wenn auch nicht geschäftsfähig. So bestimmte ein entsprechender Passus im Landrecht (I/48), daß »Lahme« nicht grundsätzlich vom Zweikampf auszuschließen seien, wenn sie sich einen solchen zutrauten und einen rechten Vormund fänden. Nach einer anderen Bestimmung (III/3) wurden Geistesschwache vollständig vom Gericht ausgenommen, und ihre Vormunde sollten nötigenfalls die anfallenden Bußzahlungen leisten. Weiter bestimmte der Sachsenspiegel (Ldr I/41, daß *altvile* (Blödsinnige oder Zwitter), *getwerge* (Zwerge) und *kropele* (Krüppel) grundsätzlich von der Lehensfähigkeit ausgeschlossen sind, wenn sie diese Eigenschaften von Geburt an tragen – nicht aber, wenn sie diese erst nach der Lehensvergabe durch äußere Einflüsse, etwa durch Unfälle oder Kampf, empfangen haben.

Die Trennung der Geisteskranken von der Gemeinschaft erfolgte auf vielfältige Art: Geisteskranke wurden von der eigenen Familie versorgt. Die Obrigkeit steckte sie hin und wieder in Narrenkleider, sperrte sie in bestimmte Türme der Stadtmauer, in Tollkisten (*dordenkisten*) vor den Mauern, so 1386 in Hamburg und noch 1550 in Düsseldorf, wohl seltener in Spitäler. Geistig behinderte Menschen dienten auch als Objekt der Volksbelustigung. Während in den Torenkisten – enge, mit kleinen Fenstern versehene Holzkisten im Bereich der Befestigungen oder vor der Stadt – eher Arme eingepfercht wurden, waren die ausbruchssicheren Stadttürme Angehörigen wohlhabender Schichten vorbehalten. Die Ausweisung von Geisteskranken kam ebenfalls vor. Spitäler lösten erst im Spätmittelalter die gebräuchlichen Kisten und Stadttürme als Aufenthaltsorte geistig behinderter Menschen ab. 1462 stiftete Johann Rincks über 1000 Gulden in Köln, womit die Provisoren (Aufseher) des Krankenspitals St. Revilien einen unbewohnten Beginenkonvent hinter ihrem Hospital umbauten und dort Kammern wohl für Geisteskranke einrichteten. In den nächsten Jahren erhielt das Spital weitere Stiftungen. Die Aufnahme von Irren in diesen »Hundehäuschen« erfolgte aufgrund entsprechender Gesuche durch den Rat, wie aus dem Beschluß vom 22. Januar 1524 hervorgeht. Die Kammern waren mit Stroh gefüllt, das nur viermal jährlich erneuert wurde. Hin und wieder wurden die Bewohner vom Bartscherer gesäubert und geschoren unter Beteiligung der Gerichtsdiener. Als Eßgeschirr dienten eiserne Pfannen.

Demgegenüber war die islamische Welt weitaus fortgeschrittener. Der Koran sieht den Unterhalt und die Pflege von Geisteskranken vor. Bereits im 9. Jahrhundert entstand das erste Irrenhaus in Bagdad mit modernen Behandlungsmethoden wie Musik, Tanz, Theater, Vorträgen, Schach, Wasseranwendungen und Spielen. Namentlich auf der Iberischen Halbinsel konnte die höher entwickelte islamische Kultur im Bereich der Medizin und der Naturwissenschaften Fuß fassen. 1410 stiftete der Mönch Jofré die *casa de Orates* in Valencia, die 1410 durch König Martin I. von Aragon privilegiert wurde. 1410 entstand ein Spital für Geisteskranke in Padua.

Mitunter wurden die Räumlichkeiten aufgelassener Leprosorien zu »Irrenanstalten« umgebaut, so St. Lazare in Paris (frühes 17. Jh.), Stuttgart (1589), Lüneburg (1576), Frankfurt (1572) und Lübeck (1602). In Paris entstanden private Pensionen für wohlhabende Geisteskranke, und das Hôtel-Dieu bot verschiedene Therapien an, während das Hôpital général für alle übrigen Besessenen offen stand.

Die Heilbehandlungen

Im Mittelalter unterschied man nur sehr grob zwischen geistigen Erkrankungen und Besessenheit. Religiöse und magische Therapien gingen Hand in Hand. Als Ursache für eine geistige Behinderung galt der Einfluß des bösen Geistes und des Teufels. Heilchancen sah man in verschiedenen kirchlichen Mitteln, so in Gebeten, in der Bannung böser Geister und in Wallfahrten, beispielsweise nach St. Hubert in den Ardennen. Dort begegnen uns 1455 Tollwutkranke. Die Reichsabtei Kornelimünster reichte »Cornelinusbrot« und gesegnetes Wasser für die Behandlung von Epileptikern. In St. Valentin bei Rufach im Elsaß erhoffte man sich bei der Behandlung der Epilepsie Heilung vom Hauptpatron. Der heilige Vitus-Veit wurde angerufen im Falle des sogenannten Veits-Tanzes. Primär medizinische Behandlungsformen waren Aderlässe durch das Schröpfen mit Blutegeln, Räucherungen, Betäubungen oder die Schädeltrepanation (Gehirnöffnung). Die »Annales Fuldenses« berichten, daß Karl III. der Dicke nach einem akuten Krankheitsschub im Elsaß einer Gehirnöffnung unterzogen wurde, woran er starb. Mixturen aller Art – von Sekreten aus Blut bis hin zu Innereien – wurden verabreicht. Hildegard von Bingen riet, Befallenen, d.h. an Epilepsie Erkrankten, einen Smaragd in den Mund zu legen und sie neun Tage lang hintereinander beten zu lassen.

6

Der Bader und sein Gesind gern Huren und Buben sind ...
Verachtete Berufe

UNEHRLICHE LEUTE

Unehrliche Berufe, die sogenannten »gehrenden Leute«, waren im Mittelalter gesellschaftlich geächtete Berufe. Unehrlich bedeutete nicht betrügerisch, sondern Verzicht auf gesellschaftliches Ansehen und Ehre. Manche Berufe galten als unehrlich, weil mit ihnen besonders unangenehme Arbeiten verbunden waren, z. B. die Kloakenreinigung oder die Tierkörperverwertung, andere, weil sie als unmoralisch galten, zum Beispiel die Prostitution oder das Gewerbe der Bader und Barbiere. Die Angehörigen von unehrlichen Berufen standen in der Ständegesellschaft unterhalb der Geistlichkeit, des Adels, der Bauern und Bürger. Dazu kam: Diese Menschen wurden im täglichen Leben geächtet und diffamiert. Sie durften kein städtisches Amt ausüben, keinen Grund erwerben und wurden nicht in Zünfte aufgenommen. Ferner waren sie nur beschränkt geschäftsfähig. Diese soziale Position wurde auch auf die Kinder übertragen, somit vererbte sich die Diffamierung von einer Generation zur nächsten. Kinder, deren Eltern einen unehrlichen Beruf hatten, konnten auch nur einen solchen ergreifen und nur in solche Familien einheiraten.

Die Henker und Abdecker standen ganz unten in der gesellschaftlichen Rangordnung. Die Angehörigen unehrlicher Berufe bildeten eine gesellschaftliche Randgruppe, die oft abgesondert lebte. Scharfrichter wohnten oft außerhalb der Stadtmauern. Zu den unehrlichen Berufen gehörte im Mittelalter eine Reihe von Gewerben mit allerdings regional unterschiedlicher Zuordnung: Bader und Barbiere, Büttel (Gendarmen und Gerichtsdiener), Müller, Schäfer, Töpfer, Turmhüter (Türmer, Nachtwächter), Weber und Zöllner. Dazu kam die große Gruppe des fahrenden Volkes, die wir in einem gesonderten Kapitel behandeln: Bettler, Hausierer, Höker und Marketender, Musikanten und Moritatensänger, Schauspieler, Tänzer,

Taschenspieler und andere Schausteller. Als besonders verachtete und unmoralische Tätigkeiten galten die Gewerbe der Abdecker, Prostituierten, Scharfrichter und Totengräber. Im Folgenden wollen wir einige dieser unehrlichen Berufe vorstellen.

BADEN, SCHWITZEN UND ZUR ADER LASSEN: BADER UND BARBIERE

Die mittelalterliche Badstube – Ort der Geselligkeit, Heilung und Lust
Noch in den spätmittelalterlichen Städten verfügten nur die besseren Häuser über ein eigenes Bad. Dafür gab es öffentliche Badstuben, die von Badern betrieben wurden und sich allgemeiner Beliebtheit erfreuten. Wien hatte im Spätmittelalter 21, Paris 26 und Frankfurt/Main 15 solcher Einrichtungen. Vergessen wir nicht: Das Baden in öffentlichen Einrichtungen geht auf eine lange Tradition zurück. Reste der römischen Badekultur hatten sich im Mittelalter erhalten.

Das Baden besaß einen hohen Stellenwert. Die mittelalterliche Badstube war daher in dreierlei Hinsicht in das gesellschaftliche Leben eingebunden: als Ort des gesellschaftlichen Vergnügens und der Kommunikation, als Ort der Körperpflege und Heilung sowie mitunter auch als Ort der Lust. Der im Volk verbreitete Augsburger Kalender von Johannes Blaubirer aus dem Jahr 1481 beschreibt mit Hilfe von einfachen Holzschnitten verschiedene Tätigkeiten in der Badstube. Reiche Bürger stifteten als Werk der Barmherzigkeit armen Leuten sogenannten Seelbäder wie 1393 in Hannover. Der Regensburger Rat erteilte einer 1369 straffällig gewordenen Bürgerin für ein Jahr Hausarrest mit dem Zusatz, daß sie ihre Wohnstatt nur verlassen durfte *zur Beichte, zu Gottes Leichnam und nach ihrer Notdurft ins Bad.* Die Veldenz-Zweibrücker-Copialbücher legten in der Verordnung über die Steinmetze von 1555 einen Badetag in vier Wochen fest. Die städtischen Angestellten erhielten in Rottweil bis in die Mitte des 16. Jahrhunderts ein Badegeld, und in Frankfurt am Main bekam der Bürgermeister jeden Samstag einen Badheller. Die Badepreise waren oft sozial gestaffelt und betrugen nur wenige Pfennige. Baden war auch Teil der Festkultur. Man nahm als »Badegesellschaft« gemeinsam ein Bad. Dies war üblich bei Hochzeiten und Gesellenfeiern. Die Badhäuser lagen zumeist an Flüssen und aufgrund der Feuergefährlichkeit am Stadtrand oder in der Nähe der Tore. Die städtischen Badstuben boten – an den Standards des Mittelalters gemessen – immerhin etwas Komfort. Es gab Glasfenster, Bodenkacheln und fließendes Wasser über eine Röhrenleitung. Konrad Kieser hat um 1405 zwei Typen von Badstuben beschrieben: das Wasser- und Kräuterheilbad und das Dampfbad. Auch Heinrich Wittenwiler traf in seinem um 1410 verfaßten Werk »Der Ring« diese Unterscheidung:

> *Hie so scholt du mercken pey,*
> *Daz man da vindet zwayerlay,*
> *peder nach der gmeinen sag,*
> *Swaysspad und auch wasserpad.*
> *Swaysspad daz sey dir beräyt,*
> *Hast du uberflüssichait*
> *Zwüschen flaysch und auch der haut.*
> *Wasserpad mit edelm chrawt,*
> *Daz lawich sey und nicht ze hayss,*
> *Macht dich schön und dar zuo fäyss.*

Das Wasserbad diente ursprünglich eher der »vergnüglichen« Beschäftigung, während das Dampfbad zu Heilzwecken betreten wurde. Ergänzt durch den Aderlaß sollten die Menschen ihre »überflüssigen Säfte« loswerden. Schwitzbäder wurden zur Linderung von Hautkrankheiten einschließlich der Lepra verordnet. Eine weitere Aufgabe kommt hinzu. In kalten Wintern konnte man sich in einer gut geheizten Badstube durchwärmen. Knechte und Gesellen erhielten daher oft ein Badegeld. Im Spätmittelalter verdrängten die Wannenbäder die Schwitzbäder nahezu völlig. Der Arbeits- und Materialaufwand, d.h. der Holzverbrauch war für ein Wasserbad sehr viel größer und der Badepreis für ein Wannenbad in Bamberg daher zwölfmal so hoch wie der für ein Schwitzbad. Wasserbäder sollten bei Lähmung, Fieber, Koliken, Epilepsie, Katarrh, Schwindsucht, Nierenleiden oder Sterilität helfen. Manche Ärzte verordneten sogar Badeaufenthalte von mehr als 100 Stunden. Der Augsburger Kaufmann Lucas Rem, der an schwerem Rheuma litt, unternahm 1511 eine dreiwöchige Kur im schweizerischen Pfäfers, worüber er gewissenhaft Protokoll führte. Er verweilte täglich bis zu 11, durchschnittlich 7 bis 8 Stunden im Wasser, bis sich am 19. Tag der ebenso unvermeidliche wie angestrebte Badeausschlag einstellte. Insgesamt gesehen kam er auf 127 Stunden im Bade, wobei er das harte Baderegiment ohne Frauen und Vergnügungen betonte. Pfäfers war jedoch ein bekanntes Kurbad und läßt sich daher nicht mit einer einfachen städtischen Badstube vergleichen.

Oft kündigte ein Knecht in den Straßen durch lautes Schlagen eines Beckens die Öffnung des Bades an. Der Bader empfing den Besucher am Eingang der Badstube. Eine fälschlicherweise Seifried Helbling zugeschriebene Wiener Quelle aus dem 13. Jahrhundert beschreibt den Aufenthalt in einer Badstube. Der Erzähler berichtet darin, daß er von einem als Umkleideraum genutzten Vorraum in die eigentliche Badstube gelangte. In diesem Raum, in dem Dielen und Bänke mit Wasser begossen und gescheuert waren, spielten sich die unterschiedlichen Phasen des Schwitz- und Badevorganges ab. In einem Nebenraum legte er sich dann zur Ruhe. Der bekannte Lyriker und Dramatiker Hans Sachs beschrieb 1553 eine Badeszene als Mischform von Dampf- und Wannenbad:

Wolher ins Bad Reich vnde Arm,
Das ist jetzund geheizet warm,
mit wolschmacker Laug man euch wescht,
dann auf die Oberbanck euch setzt,
Erschwitzt, denn werdt jr zwagen und gribn,
Mit Lassen das vbrig Blut außtriebn,
Denn mit dem Wannenbad erfreuwt,
Darnach geschorn und abgeflebt.

Derselbe Dichter zählt 1544 die ins Bad mitzubringenden Utensilien auf:

Wen man den in das pad will gan,
Ein krueg mit lawgen mues man han
Padmantl, padhuet und Hauptuech
Peck, puersten, kamb, schwamen und pruech.

Die Badegäste hatten also in Badekleidung im Bad zu erscheinen. Die Männer trugen einen »Badeschurz«, die Frauen eine »Badeehr«, d.h. ein dünnes rechteckiges Tuch, welches von Trägern gehalten wird.

Die Bader und ihre Knechte und Mägde nahmen umfangreiche und verschiedene Dienstleistungen vor: die Bereitung der Wannen- und Schwitzbäder, das Haareschneiden und Bartscheren, das Aderlassen und Setzen von Schröpfköpfen mit Blutegeln sowie die Wundbehandlung. Der Bader regte durch Massieren die Hautdurchblutung an, beseitigte durch Klistiere Verstopfungen, suchte durch Schweißbäder Haut- und Gelenkkrankheiten zu heilen, verwandte Harze, Kräuterextrakte, Alaun, Schwefel und Kochsalz gegen Krampfadern. Zum Aderlaß schrieb Hildegard von Bingen:

Sind bei einem Menschen die Gefäße mit Blut gefüllt, so müssen sie von dem schädlichen Schleim und dem durch die Verdauung gelieferten Saft durch einen Einschnitt gereinigt werden. Wird bei einem Menschen ein Gefäß angeschnitten, so erleidet das Blut, wie durch einen plötzlichen Schrecken, eine Erschütterung, und was dann zuerst zu Tage kommt, ist Blut; das faulige und zersetzte Blut fließt aber gleichzeitig ab. Daher kommt es, daß das, was jetzt ausfließt, verschieden gefärbt ist, weil es aus Fäulnis und Blut besteht. Sobald nun die Fäulnis mit dem Blut ausgeflossen ist, folgt reines Blut, und dann muß man mit der Blutentziehung aufhören.

Der Barbier scherte nicht nur den Bart, sondern behandelte auch offene Wunden, die »Franzosenkrankheit« (Syphilis) und führte Operationen wie Amputationen oder das Stechen des Grauen Stars durch. Hans Sachs hat 1568 für einen Holzschnitt von Jost Ammans Barbierstube diese Tätigkeiten beschrieben:

Ich bin beruffen allenthalben /
Kann machen viel heilsamer Salbn /
Frisch wunden zu heiln mit Gnaden /
Dergleich Beinbruech und alte Schaden /
Franzosen heyln / den Staren stecōn /
Den Brandt leschen und Zeen außbrechn /
Dergleich Balbiern /
Zwagen und Schern /
Auch Aderlassen thu ich gern.

Das Kopfwaschen sollte auch der Stärkung des Gehörs dienen und einer beginnenden Lepra abhelfen. Der Scherer setzte dafür sein scharfes Rasiermesser, auch Scharsach genannt, ein. Im Unterschied zum akademisch gebildeten Medicus war die medizinische Kunst des Barbiers praktisch und am menschlichen Körper mit all seinen Ausdünstungen und Flüssigkeiten orientiert. Das Badergewerbe entfaltete sich zwischen Körperpflegehandwerk und Arztberuf. Zwischen Badern und Barbieren kam es aufgrund ähnlicher Tätigkeiten immer wieder zu Streitigkeiten.

Die Zeitgenossen rückten Bader und Barbiere aufgrund ihrer Berührung mit eitrigen und blutigen Teilen des Leibes in die Nähe von Henkern und Abdeckern, die ebenfalls zu den beruflichen Randgruppen zählten. Das Gewerbe galt als unehrenhaft und unehrlich. Oft hatten auch Leprakranke Zutritt zur Badstube. Pictorius warf ihnen vor, mit dem Leiden von Menschen Geschäfte zu machen und mehr als sechzehn Schröpfköpfe an Patienten anzubringen, bis diese wie Igel aussähen. Offensichtlich wurden die Bader nach der Anzahl der gesetzten Schröpfgefäße entlohnt:

Und so by den bedern daz schräpffen so gar in grossen Gebrauch, und auch
darin sträfflicher miszbruch gehalten wirt, wie ich dann zu Oberbaden man-
chem im freien bad einem ygel gleich gesehen hab, von meng wegen der hörlin,
dann sy etwan bisz in die sechzehene und mee ansetzen.

Obwohl die Badstube eine anerkannte städtische Institution war, galt sie oft als heimliches Bordell. Die Badstube wurde zum Thema der erotischen Dichtung, wie in der Fortsetzung des »Rosenromans« von Jean de Meun, wo im ausgehenden 13. Jahrhundert zu lesen ist:

Dort werden ihnen Vergnügungen geboten,
Tänze und Springereien,
Trommeln und Fiedeln,
und neue Lieder mit Kehrreim,
Würfelspiele, Schach und Tricktrack
und unmäßig schmackhafte Gerichte;
dorthin gehen junge Mädchen und Frauen,
die von alten Kupplerinnen zusammengetan wurden,
die die Wiesen, Gärten und Haine
vergnügter als Papageien durchstreifen;
und dann gehen sie zusammen in die Badekammern
und baden zusammen in den Wannen,
die in den Stuben für sie bereit stehen,
wobei sie Blumenkränze auf den Häuptern tragen.

Gleichwohl wurde nicht aus jeder Badstube auch ein Badebordell. Dennoch sah sich die Obrigkeit seit dem 14. Jahrhundert gezwungen, dem »freizügigen Treiben« in den Badstuben ein Ende zu setzen, indem für Frauen und Männer verschiedene Badezeiten festgelegt wurden oder aber eine räumliche Trennung der Badstuben in Frauen- und Männerabteilungen erfolgte.

Noch Luther sah keinen Unterschied zwischen einer Bademagd und einer Hure. Viele bildliche Quellen setzen zudem die vorherrschende Überzeugung vom unmoralischen Treiben in den Badstuben um. Auch das anonyme Gedicht »Des Teufels Netz« aus der zweiten Hälfte des 15. Jahrhunderts bezeichnet die Bader und ihr Gesinde als Huren und Spitzbuben:

Der Bader und sein Gesind

Gern Huren und Buben sind.

Daß sich wohl gleich einfinden,

Dieb, Lügner und Kuppler,

Und wissen alle fremden Märchen.

Auch können sie wohl schaffen

Mit Laien und mit Pfaffen,

Die sich wollen vergnügen,

Und können die Fräulein zu

Ihnen schieben.

Zeitgenössische Schriften machten den Badern zudem den übermäßigen Genuß von Alkohol zum Vorwurf.

Obwohl sich schon seit dem 12. Jahrhundert Badstuben urkundlich belegen lassen, wie etwa in Fulda, erfolgte die Organisation des Bader- und Barbierhandwerks in Zünften erst relativ spät – auch ein Zeichen für die Diskriminierung dieses Gewerbes. Die Scherer organisierten sich noch später als die Bader in eigenen Zünften, so in Hamburg erst 1452. Die anderen Zünfte verweigerten den Badern lange Zeit die Aufnahme. Im 14. Jahrhundert finden wir sie dann zusammen mit Angehörigen anderer Gewerbe, etwa den Schmieden, Kannengießern, Glöcknern oder Garnwirkern in einer Zunft vereinigt. In Zweibrücken begegnet uns 1480 eine Zunftordnung der *Schnyder, Duchscherer und bartscherer*. 1375 ist die *Hamburger Badstöver* als bislang älteste Bader-Zunft mit eigener Satzung belegt:

Disz ist die Satzunge der Badstöver, 1375

1. Welcher Badstöver sein eigen werden will, der soll Briefe hohlen, dasz er ein ehrlicher Knecht sey und wohlgethan hat, oder aus der Stadt, da er aus geboren ist, die mit ihm sitzen in der Morgensprache. [...]

5. Ferner soll man das Baden also halten, dasz die Frauen sollen baden alle Werkeltage von des Morgens bis zu zwey Uhren des Tages sonder Mann und nicht länger. Von zwey Uhr Zeit Tages sollen die Männer badenm, bis man zu

dem Thumb Vesper läutet. Von Vesperzeit sollen die Frauens baden bis des
Abends sonder Mann. Aber des Sonnabends sollen die Frauen nicht mehr ba-
den denn von des Morgens zwey Uhr Tages und nicht länger. Und dann sollen
die Männer den ganzen Tag fortbaden. [...]

7. Welcher Badstöver der hieran bricht, also dasz er Männer baden läszt,
wann die Frauen baden sollen, oder Männer und Frauen zusammenbaden
läszt, der soll dies bessern mit 10 Schillingen dem Rath und 6 Pfennigen dem
Ambte. Und disz soll man ihm nicht kaszen, also oft als er das thut oder
bricht.

8. Und wäre es, dasz etliche Bader vorsetzlich hieran brüchig wurden in eini-
ge Jahre, der soll Jahr und Tag aus dem Ampte seyn, oder es wäre dann, dasz
ihm der Rath begnaden wollte.

Aus den erhaltenen Zunftordnungen geht hervor, daß Männer und Frauen
Bader werden konnten. Bader sollen Bürger werden, bevor sie sich selb-
ständig niederlassen. Badestube und Wasser sind sauber zu halten. Die Zahl
der Badetage je Woche wird festgelegt. An Sonntagen und hohen Festtagen
werden die Stuben nirgends geheizt. Männer und Frauen dürfen nur zu ge-
trennten Zeiten oder an verschiedenen Tagen baden. Aussätzige und Vaganten (Bettler) haben nach der Pariser Ordnung keinen Zugang zu den Badstuben. Vielerorts müssen Juden und Christen in verschiedenen Stuben
baden. Die Ordnungen deuten an, daß die Fluktuation der Arbeitskräfte
groß war. Das Baderhandwerk war wohl kein wirklicher Lehrberuf. Viele
Bader und ihre Angestellten waren beruflich gescheitert, ein Aufstieg nur in
Ausnahmefällen möglich. Wie problematisch die Aufrechterhaltung eines
moralischen Anspruchs war, zeigen die weit verbreiteten Anordnungen über
die Beschränkung des Glücksspiels in den Badstuben, ferner die Bestimmung in Köln, daß nach elf Uhr kein Trinkgelage mehr stattfinden dürfe,
oder auch die Straßburger Ordnung, daß Bademägde keine Dirnen sein sollten.

In vielen Städten hingen am Betrieb der Badstube noch andere Aufgaben. In
Regensburg, Nürnberg, Görlitz, München und Würzburg waren seit dem
13./14. Jahrhundert die Bader samt ihren Knechten und Mägden verpflich-
tet, im Brandfalle mit Wassereimern Hilfe zu leisten. Die Ulmer Bader mußten nach einer städtischen Ordnung von 1379 Leichen waschen: eine zwar
wichtige, aber wiederum verachtete Tätigkeit. In Klosterneuburg betätigten

Darstellung Unheil verkündender Vorzeichen, darunter ein Kind mit
einem Wasserkopf: Über körperlich behinderte Menschen machte man
sich im Mittelalter lustig oder sah ihre Behinderung als Strafe Gottes an.

(LUZERNER SCHILLING, ANFANG 16. JAHRHUNDERT)

_____

I

Krüppel wurden durch ihre körperliche Versehrtheit zu Außenseitern der mittelalterlichen Gesellschaft. (PIETER BRUEGEL: DIE KRÜPPEL)

Pilger werden auf einer Wallfahrt überfallen: Selbst das geweihte Pilger-
zeichen schützte oft nicht vor Überfällen.

(SPIEZER SCHILLING, ANFANG 16. JAHRHUNDERT)

Szenen aus dem Wirken von Jesus: Die Miniatur zeigt Aussätzige vor ihrer Heilung. (DAS GOLDENE EVANGELIENBUCH VON ECHTERNACH, UM 1030)

_____

Narren gehörten ebenfalls zu den Außenseitern der mittelalterlichen Gesellschaft. (HIERONYMUS BOSCH: DAS NARRENSCHIFF)

Zu den Praktiken der fahrenden Quacksalber gehörte auch das Heraus-
schneiden des angeblichen »Steins der Verrücktheit«.

(HIERONYMUS BOSCH: DAS STEINSCHNEIDEN)

VI

Vier Frauen, eventuell Hebammen, stehen einer Gebärenden bei.

(MINIATUR, 13. JAHRHUNDERT)

Der Besuch eines Badehauses war im Mittelalter auch gesellschaftliches Vergnügen für beiderlei Geschlechter, was häufig mit dem Vorwurf der Prostitution und der Unzucht verbunden war. Die Profession des Baders zählte zu den verachteten Berufen. (UM 1470)

Drei chirurgische Eingriffe: Hämorrhoidenentfernung, Nasenpolypen-
operation und Starstich. (MINIATUR, 11. JAHRHUNDERT)

Hinrichtung von Verbrechern: Der Scharfrichter bricht dem Verurteilten die Gliedmaßen, bevor er ihn aufs Rad flicht. Wegen ihrer Tätigkeit gehörten die Henker zu den Angehörigen der verachteten Berufe.

Spielleute treten im Gasthaus auf. (PIETER BRUEGEL: BAUERNHOCHZEIT)

Ein Gaukler führt seinem Publikum das Hütchenspiel vor.

(HIERONYMUS BOSCH: DER GAUKLER)

Eine ledige Mutter versucht, ihr Kind in einem Fluß zu ertränken.
Uneheliche Kinder galten im Mittelalter als Ausgestoßene, ihre Mütter als
Dirnen. (LUZERNER SCHILLING, ANFANG 16. JAHRHUNDERT)

_____

XIII

Geistliche, Mädchen, Frauen und Juden standen als besonders Schwache unter dem Königsfrieden. (LINKS, MINIATUR, UM 1350)

Darstellung eines Ritualmords von Juden an einem christlichen Jungen.

(OBEN, SPIEZER SCHILLING, ANFANG 16. JAHRHUNDERT)

Ein Ketzer auf dem Scheiterhaufen: Ihren abweichenden Glauben mußten
Menschen im Mittelalter immer wieder mit dem Tod bezahlen.

(SPIEZER SCHILLING, ANFANG 16. JAHRHUNDERT)

sie sich Anfang des 15. Jahrhunderts auch als Ofensetzer und -reiniger, in Bamberg und Altenburg 1488 bzw. 1490 als Schornsteinfeger.

Könige und Landesfürsten versuchten wiederholt, dem Badergewerbe zu mehr Anerkennung zu verhelfen, doch oft vergebens. So verlieh Kaiser Wenzel bereits 1406 den Badern ein eigenes Zunftwappen. Die Reichspolizeiordnungen von 1548 und 1577 betonten die »Ehrlichkeit« der Bader.

Den Rückgang des Badewesens in der frühen Neuzeit erklärt die Forschung mit der Zunahme der Syphilis, dem Einzug der Reformation, der Verknappung und Verteuerung des Brennholzes, neuen medizinischen Vorstellungen und einem veränderten Scham- und Anstandsgefühl. Puder und Schminke verdrängten Wasser und Seife. Der Prediger Geiler von Kaisersberg betrachtete die Badstube 1518 gar als »politischen Unruheherd«: *Dort sitzen sie im padstübl und reden keczerich wider gott und kaisser.* In Frankfurt/Main etwa ging die Anzahl der Badstuben von fünfzehn im Jahre 1500 auf zwei im Jahre 1555 zurück.

Bader und Barbiere als Heilkünstler

Den Universitäten oblag im Mittelalter die theoretische Ausbildung des *medicus*. Theoretisch wußten die Mediziner viel, praktisch jedoch nichts. Für die unmittelbare Behandlung des leidenden Körpers waren die Bader und Barbiere, Feldscherer und Quacksalber zuständig. Dies waren reine Lehrberufe mit eigenen Abschlußprüfungen. Die tägliche Praxis ist weitgehend unbekannt. Kunstfehler, Mißstände und Schlampereien waren nicht außergewöhnlich. Dazu mischten sie Medikamente zusammen, deren Zusammensetzung heute abenteuerlich anmutet.

Als gegen Ende des 15. Jahrhunderts der *morbus gallicus*, die Franzosenkrankheit, auftrat und sich schnell verbreitete, wurde dem frivolen Treiben in Badstuben und Frauenhäusern ein jähes Ende bereitet. Dazu kamen die Predigten protestantisch gesinnter Pfarrer, die dem letzten Rest mittelalterlicher Lebens- und Liebesfreude den Garaus machten. Baden – mit Ausnahme der Wasserkuren in sogenannten Wildbädern – entwickelte sich zunehmend zum privaten Vergnügen.

Der Kontakt mit Dirnen glich während der Ausbreitung der Syphilis seit dem Ende des 15. Jahrhunderts einem gefährlichen Spiel zwischen Lust und Angst. Das lange und ausführliche Verhör des Baders Diederich von Wylich vor den Kölner Turmmeistern aus dem Jahr 1600 zeigt, wie man die Syphilis therapierte. Diederich hatte neben seiner Badstube eine schäbige Kammer eingerichtet, in der er angeblich durchaus erfolgreich mit einem Sud aus *saltzparillen* – vermutlich Chinarinde mit kristallinen Salzen – Syphiliskranke behandelte. Den Tod eines offensichtlich an Windpocken erkrankten Schuhmachergesellen mußte Diederich einräumen, beteuerte jedoch seine Unschuld. Ein an einer Geschlechtskrankheit leidender Mann hatte trotz der Behandlung durch den Bader seine Frau angesteckt. Diederich rechtfertigte sich im Verhör damit, daß er ihm keine Garantie für seine Behandlung gegeben habe. Bei der operativen Entfernung eines Stirnhöhlenkatarrhs, die mit der Erblindung des Patienten endete, stritt der Bader jeden Kunstfehler ab. All dies reichte den Turmmeistern noch nicht für eine Verurteilung Diederichs. Also konzentrierte man sich auf die Syphiliskranken. Ludwig Weilandt, der Neffe Badersgattin, hatte seine Magd, die offensichtlich die *boisen dinger* auch im Hals hatte, zu Diederich in die Behandlung gegeben. Ludwig hütete sich, Cunnilingus und Fellatio mit seiner Magd zuzugeben, wußte er doch genau, daß derartige Sexualpraktiken von der Obrigkeit bestraft wurden. Für die Richter reichte aber der Augenscheinbeweis. Diederich wurde der Stadt verwiesen. Ludwig mußte ein Bußgeld zahlen und verlor seine Stellung als Eisenkrämer.

Hebammen

Die Geburtshilfe war viele Jahrhunderte lang allein die Angelegenheit von Frauen – erst erfahrenen Frauen, dann den Hebammen, auch Amme, Wehmutter, Bademome, Kindermome, Kindtfraw, Weise Mutter, Hebe-Mutter, Verordnete Frau oder Geschworene Frau genannt. Männliche Ärzte waren bei der Geburt in der Regel nicht zugegen, es sei denn es gab schwerwiegende Komplikationen, die den Einsatz »künstlicher Geburtshilfen« erforderten. In Ulm erschien 1495 das »Frauenbüchlein« von Ortolff von Bayerland, und in Straßburg brachte der Arzt Eucharius Rößlin 1513 ein erstes fundamentales Lehrbuch mit dem Titel »Der swangeren Frauwen und Hebammen Rosegarten« heraus.
Die seit dem 15. Jahrhundert belegten Hebammenordnungen und -eide sollten diese Berufsgruppe reglementieren und kontrollieren. So legt die »Hebammen und Geschworner Frawen Ordnung der Stadt Heilbronn« in 30 Ar-

tikeln fest, was den Hebammen erlaubt und verboten ist. Diese sollten ein Lehrzeugnis von erfahrenen Hebammen besitzen, in ihrem äußeren Erscheinungsbilde von *natur wol gestallt* sein, sich aller *schwäzhafftigkeit, Trunckenheit, Zanckhafftigkeit, grobe Zoten, Fluchen, insbesondere alle aberglaubische Wort werk vnd geberden* und *segensprechen* enthalten, im Falle von Komplikationen andere Hebammen oder den *Medicus* hinzuziehen, *verdachtige Weibs Personen auch vneliche frühzeitige geburten* bei der Obrigkeit anzeigen, keiner Schwangeren *geringstes purgans eingeben oder Clystir, Bäder, aderlaß xc. rathen*, sich aller medizinischen Kunst enthalten, auch kein für tot gehaltenes Kind *in Leib zerglidern ohne eines medici vorwißen*, den Frauen *keine wolrichende wasser, balsam vberschäge gebrauchen*, Missgeburten oder sonsten *vngewohnliches sich erzeigete vnverzüglich einem Medico vorweisen, die außziehung todter oder lebendiger geburt* ohne Beisein eines *Medici* nicht vornehmen, *keine frühzeitige geburt oder abortum* bestatten, bei neugeborenen Kindern ohne Beisein eines *Medici das Zungen lößen*, die Kinder nach der Geburt zu baden, die Säuglinge zur Taufe bringen, die Nottaufe nur im Falle des Fehlens *einer ehrlichen Manßperson* vollziehen, sich weiter fortbilden, sich *mitt gehorigen arzneyen vnd werkzeug wol versehen* und jedes Jahr *zur bestimmten inquisition sich einfünden* und dabei eigene oder fremde Fehler anzeigen. Viele dieser Bestimmungen zeigen: Man versuchte alles, um heimliche Abtreibungen, die man gern den Hebammen anhängte, zu unterbinden. Bei einer abnormalen Lage des Kindes im Mutterleib etwa mußte die Hebamme das Kind zurück in den Mutterleib drücken. Ein zuvor mit einer »Taufspritze« in der Gebärmutter getauftes totes Kind durfte sie nur unter ärztlicher Aufsicht durch bestimmte Medikamente, die den Abort hervorriefen, wie Bibergeil, Myrrhe und Raute, oder mit Hilfe eines Speculums und zweier Haken oder krallenartiger Instrumente »stückchenweise« herausholen. Uneheliche Kinder waren der Obrigkeit anzuzeigen und gesunde Kinder zur Taufe zu bringen. Jeder Verstoß gegen die zu beschwörende Ordnung war ein Fall für die Inquisition. Der Sendzeugeneid der »Weißfrauen« der Stadt Aachen schrieb 1537 vor, daß diese alle *heimlichen Kinder* den (geistlichen) Sendgerichten anzeigen, nach festgelegtem Reglement Nottaufen an sterbenden Kindern vornehmen und den Frauen im Kindbett *getreulich beistehen* sollten. Die gedruckte ausführliche Regensburger Hebammenordnung von 1555 enthält ähnliche Bestimmungen. Nach der zeitgleichen Konstanzer Hebammenordnung bekamen die Hebammen für jedes zur Welt gebrachte Kind einen Schilling und sechs Pfennig. In Regensburg zahlte das Almosenamt für die armen Wöchnerinnen.

Mit dem Ruf der Hebammen stand es nicht zum Besten, wie einzelne Passagen der Hebammenordnungen widerspiegeln. Hebammen galten als schwatzhaft und trunksüchtig. Der Berufsstand der Hebammen war weder rechtlos noch unehrlich, trotzdem wurden die Hebammen im Spätmittelalter teilweise zu Opfern der einsetzenden Hexenverfolgung. Denn die Geburt und alles damit Zusammenhängende galt als göttlicher Schöpfungsakt. Nach dem allgemeinen Aberglauben praktizierten Hebammen Abwehr- und Schutzzauber oder nahmen astrologische Deutungen und Zukunftsvoraussagen für das Neugeborene vor. Theologische Theorien über die Unreinheit der Geburt und der Wöchnerin kamen hinzu. Kardinal Lotario, der spätere Papst Innozenz III., behauptete: *die Frau empfängt also mit Schmutz und Gestank und gebiert unter Tränen und Schmerzen*. Die Wöchnerin galt als zeitweilig unrein. Demnach trug der Umgang der Hebammen mit den Gebärenden zu ihrer eigenen Stigmatisierung bei. Ferner wirkte sich das Wissen der Hebammen um Verhütungsmittel verhängnisvoll aus. Die stereotypen Vorwürfe gegen die Hebammen bezogen sich denn auch größtenteils auf ihren Beruf, so der Vorwurf des Dilettantismus und der medizinischen Unkenntnis, durch die akademisch gebildete männliche Ärzteschaft, die Beschuldigung des Kindsmordes durch illegale Abtreibungen oder die Herbeiführung von Totgeburten, die Umdeutung von Heilzaubern zu Schadenszaubern, der Vorwurf der Teufelsbuhlschaft, Zauberei und Ketzerei. Auch Mißgeburten wurden den Hebammen angelastet. Die diffamierenden Vorwürfe des »Malleus Maleficarum«, des »Hexenhammers« der Inquisitoren Heinrich Institoris und Jakob Sprenger von 1487, heizten die Stimmung zusätzlich an. In Köln wurden zwischen 1627 und 1630 nahezu alle Hebammen als Hexen verbrannt. In den durch Folter erzwungenen Geständnissen fand die Öffentlichkeit ihr Zerrbild der Hebammen bestätigt. Die Bulle Papst Innozenz' VIII. von 1484 verrät, um was es der Kirche in Wahrheit ging, nämlich um Empfängnisverhütung, Geburtenkontrolle und die Verhinderung von Abtreibungen:

... daß die Hebammen mit ihren Bezauberungen, Liedern und Beschwehrungen, und anderen abscheulichen Aberglauben und zauberischen Übertretungen ... die Geburten der Weiber ... mit grausamen sowohl innerlichen als äu-

ßerlichen Schmerzen und Plagen belegen und peinigen, und eben dieselbe Men-
schen, daß sie nicht zeugen, und die Frauen, daß sie nicht empfangen, und die
Männer, daß sie denen Weibern, und die Weiber, daß sie denen Männern, die
eheliche Werke nicht leisten können.

HENKER UND ABDECKER

Gewalt und Erbarmen

Gewalt war im Mittelalter an der Tagesordnung. Zwischen 1371 und 1460 gab es in Lübeck 411 Hinrichtungen, 252 zwischen 1461 und 1582 , in dem kleineren Stralsund zwischen 1310 und 1472 sogar 684. In Berlin wurden zwischen 1399 und 1448 101 Hinrichtungen vollzogen, in Basel zwischen 1450 und 1510 etwa 250 und in Breslau zwischen 1456 und 1529 sogar 454. Die tatsächliche Zahl der Gewalttaten, die mit der Todesstrafe geahndet wurden, dürfte weitaus größer gewesen sein, konnten sich doch Adlige vom Galgen freikaufen, wenn sie sich mit der Verwandtschaft des Getöteten einigten. In Breslau etwa baten sich zwischen 1456 und 1529 immerhin 70 Personen vom Galgen frei. Bekannt ist auch die Zahl der Morde in der Stadt: 1368 waren es 20, 1370 12, 1372 13 und 1373 29. In Basel fanden zwischen 1361 und 1365 mehr als 300 Kapitalverbrechen statt, davon jährlich sieben Totschläge und große Friedensbrüche und 37 Fälle schwerster Körperverletzung.

Im 14. Jahrhundert stieg die Kriminalität an. Das Wachstum der Städte, die engen Wohnverhältnisse und das Bevölkerungswachstum gepaart mit einer Verelendung breiter Schichten schufen dafür die Voraussetzungen. Obwohl die Leibes- und Todesstrafen grausam waren, schreckten sie doch nicht ab, und so blieb die Kriminalität immer hoch.

Der vom Teufel verführte Verbrecher als »armer Sünder«

Folter und Hinrichtungen waren ein öffentliches Spektakel: Grausamkeit als Abwechslung vom alltäglichen Allerlei, ein Fest, zu dem man in der frühen Neuzeit auch die Kinder mitnahm. Der Reformator Johannes Agricola (1494–1566) formulierte:

Darumb muß man reder haben, galgen, rabensteyn, thurn, gefencknuß, henker
und stockmeister, damit man den bösen buben were.

Das Quälen und die Hinrichtung des Delinquenten war Teil mittelalterlicher Strafjustiz. Jedoch überwog das Mitleid und noch nicht die Schaulust. Der Missetäter selbst, der mit seiner Tat gegen Gottes Ordnung verstoßen hatte, galt als »armer Sünder«, der mit seiner Bestrafung sein Verbrechen sühnte. Man erinnerte sich sehr wohl daran, daß neben Christus auch zwei Verbrecher am Kreuz hingen. Auch die Nürnberger Halsgerichtsordnung von 1526 spricht von den »armen Menschen«. Grausamkeit und Mitleid gehörten zusammen, wie aus einem Bericht über die Hinrichtung eines Nürnberger Mörders von 1453 hervorgeht:

> *Zu dieser Zeit war gebräuchlich, solche Übeltäter auf eine Schleifen ... zu legen, daß ihnen der Kopf aufs Pflaster gehangen, und also bis zur Richtstatt auszuschleifen, und haben sich bisweilen Leut gefunden, die aus Mitleid ihnen den Kopf getragen. Diesem Mörder aber hat niemand den Kopf tragen wollen.*

Man sieht: In diesem Fall wurde das Mitleid mit dem Missetäter durch die Empörung über seine Tat verdrängt. Zum Erbarmen mit dem armen Sünder gehörte auch die Henkersmahlzeit als eine von der Gesellschaft gewährte letzte Gunst. Auf seinem letzten Gang zur Hinrichtungsstätte läutete die Armesünderglocke. In manchen Bürgertestamenten wurde darüber hinaus den verurteilten Delinquenten noch eine weitere Gunst zuteil, etwa die Teilnahme an einer letzten Messe. Daß dem zum Tode Verurteilten die letzte Beichte abgenommen wurde, war ohnehin selbstverständlich.

Zur mittelalterlichen Rechtssprechung gehörte auch die Gnade. Aus Gnade konnten Körperstrafen umgewandelt, Todesarten wie das Rädern oder Vierteilen durch mildere Formen der Hinrichtung ersetzt werden. Adlige besaßen ebenfalls das Vorrecht des schmerzloseren Enthauptens. Das qualvolle Hängen war dem gemeinen Mann vorbehalten. Eine Fürbitte des Volkes, insbesondere von Frauen und Dirnen, konnte einen zum Tode Verurteilten vom Gericht frei bitten: Das Volk als Souverän! Im Umlauf waren auch die Geschichten von Heiligen, die zum Tode Verurteilte retteten. Der heilige Jakobus soll einen zu Unrecht wegen Diebstahls erhenkten Pilger wieder zum Leben erweckt, der heilige Nikolaus einen Gehenkten vom Galgen befreit haben. Erst in der frühen Neuzeit rissen die Landesherren in einem langwierigen Prozeß den Akt der Gnade an sich.

Einem Henker, der sein Handwerk nicht verstand, konnte es schlecht ergehen. Schmährufe ertönten und Steine flogen. Das Mißlingen einer Hinrichtung galt als Anlaß für eine Begnadigung. Gott hatte gesprochen. Die frühe Neuzeit änderte auch dies. Mißlungene Hinrichtungen wurden auf technische Defekte oder ein Versagen des Henkers zurückgeführt und wiederholt.

Doch gab es auch Grenzen der Gnade: Sie galt nicht für Juden. Ein straffällig gewordener Jude wurde grundsätzlich gehenkt, begleitet von schimpflichen Zeremonien. 1363 richteten die Nürnberger einen Juden »außerhalb des Galgens an einem Balken«. Anderswo hängte man Juden an den Füßen auf oder hängte neben sie zwei Hunde, die sich im Todeskampf im Delinquenten verbissen.

Der Henker

Aus Heinrich Heines Memoiren stammt der Satz, mit dem er die alte Gesellschaft geißelt:

> *Ja, trotz dem Richtschwert, womit schon hundert arme Schelme geköpft worden, und trotz der Infamia, womit jede Berührung des unehrlichen Geschlechts jeden behaftet, küßte ich die schöne Scharfrichterstochter. [...] Ich küßte sie nicht bloß aus zärtlicher Neigung, sondern auch aus Hohn gegen die alte Gesellschaft und all ihre dunklen Vorurteile.*

Lange Zeit war der Scharf- oder Nachrichter ein Mensch, der das Töten nicht gelernt hatte. In den frühmittelalterlichen germanischen Stammesrechten wie der Lex Salica von 507 sollte ein Verwandter des Opfers die Hinrichtung vollziehen oder konnte die Tötung eines Menschen noch durch die Zahlung eines Wehrgeldes gesühnt oder abgegolten werden. Mit der Einführung der verschiedenen Landfrieden seit dem 13. Jahrhundert traten berufsmäßige Henker auf. Aus dem Hochmittelalter ist überliefert, daß ein Übeltäter mit einer Begnadigung rechnen konnte, wenn er seine Mitgefangenen hinrichtete. 1404 wurde der Appenzeller Dieb Ulrich Styvater unter der Bedingung, in Zukunft als Nachrichter zu dienen, freigelassen. Der Sachsenspiegel des 13. Jahrhunderts nennt den Fronboten, also ein Mitglied des Gerichts, als Vollstrecker der peinlichen Strafen. In der Realität aber war es zumeist nicht er selbst, sondern seine Knechte, die Hand an das Opfer legten. Im übrigen kennt Eike von Repgow, der Autor des Sachsenspiegels, den Beruf des Henkers nicht. Zuweilen kam es vor, daß der jüngste Ratsherr oder der jüngste Schöffe als Nachrichter fungierte. Häufig trat im Früh- und Hochmittelalter auch ein Verwandter des Geschädigten oder der Geschädigte selbst als Henker auf. So mußte ein Breslauer Bürger, der 1475 in einer polnischen Stadt bestohlen worden war, den Dieb selbst aufknüpfen. Erstmals erwähnt das Augsburger Stadtrecht 1276 einen Henker. Im 14. Jahrhundert ist er dann als Organ der Rechtspflege fast überall zu finden.

Henker war ein Ausbildungsberuf. Der angehende Freimann mußte beispielsweise lernen, mit einem Schwerthieb den Kopf eines Delinquenten vom Rumpf zu trennen, die Gliedmaßen mit dem Rad sachgemäß zu brechen und den Verbrecher so zu hängen, daß der Tod möglichst rasch eintrat. Grundkenntnisse der menschlichen Anatomie waren also unumgänglich. Wer sein Handwerk nicht verstand, hatte mit der Rache des Volkes zu rechnen. So geschah es dem Scharfrichter von Chur 1575, dem es wegen Trunkenheit nicht gelang, einen Dieb zu köpfen. Bei der Hinrichtung der zwei vorangegangenen Missetäter hatte er ebenfalls versagt und sie nur einige Male am Oberkörper getroffen. Als der Freimann wiederum versagte, war das empörte Volk nicht mehr zu halten. Es steinigte den Scharfrichter. 1501 wurde ein Wiener Henker von den erbitterten Bürgern erschlagen, weil es zur Enthauptung des Delinquenten eines zweiten Streiches bedurfte. Der Scharfrichter Andre Pänhaupt, der einem Dieb, den er eigentlich hängen sollte, die Gurgel mit dem Messer durchschnitt, nachdem dieser vom Galgen gefallen war, wurde 1694 mit drei Tagen in Eisen auf dem Rathaus und dreißig Stockhieben bestraft. Als sich darüber hinaus die Anschuldigungen häuften, er hätte seine Frau zu Tode geprügelt, wurde der Freimann entlassen.

Eine der merkwürdigsten fehlgeschlagenen Hinrichtungen in Tirol verursachte der Haller Scharfrichter Othmar Krieger im Jahre 1663. Der Verbrecher Thomas Hanns wurde wegen mehrfachen Mordes zum Tod durch das Rad verurteilt und die Exekution auf den 27. Juli 1663 festgesetzt. Der Freimann entkleidete den Mörder bis aufs Hemd, band ihn auf einen Rost und begann sein Werk, indem er ihm zwei Stöße auf den Brustkorb versetzte. Obwohl der Scharfrichter offenbar unter dessen Herz einen großen eisernen Nagel gelegt hatte, um einen schnellen Tod herbeizuführen, schaffte er es nicht durchzudringen. Auch als der Sohn des Henkers den Vater unterstützte, prallte das Rad jedes Mal vom Körper ab, ohne größere Verletzungen zu hinterlassen. Weitere Bemühungen, dem Verurteilten das Leben zu nehmen, scheiterten. Das bei der Hinrichtung anwesende Volk sah darin ein

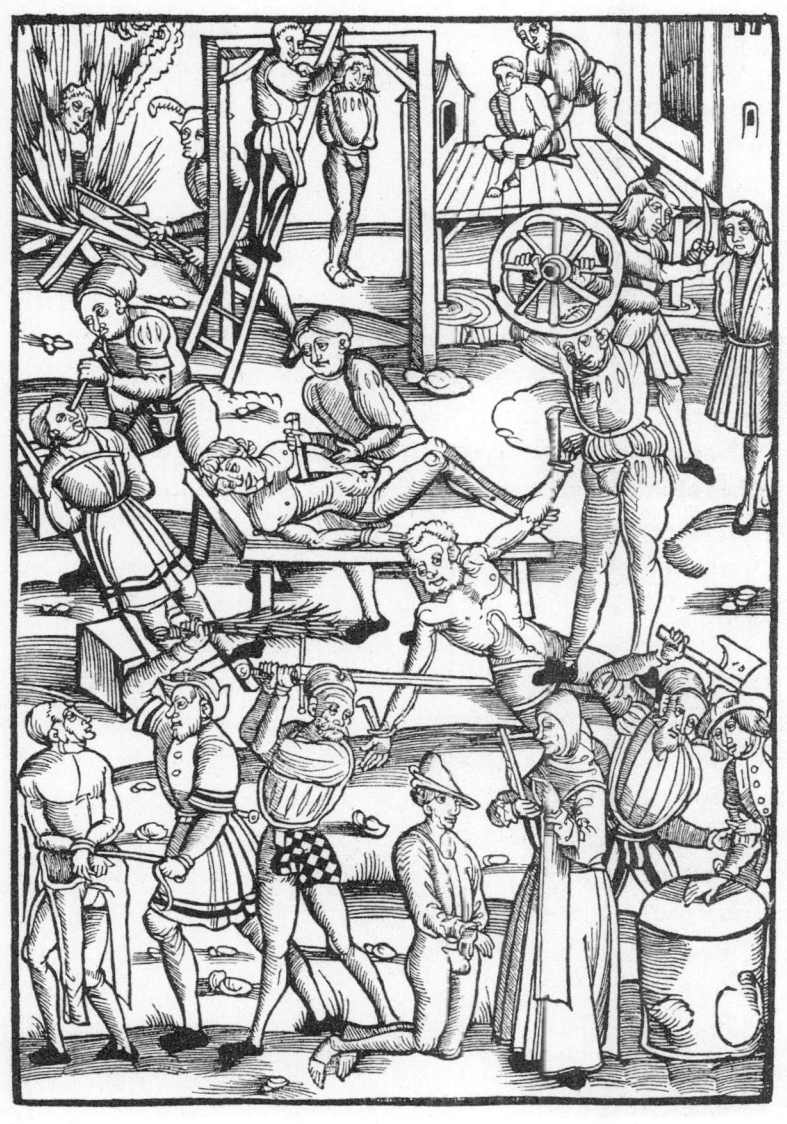

Verschiedene mittelalterliche Strafen: Verbrennen, Hängen, Brennen,
Ausweiden, Blenden, Rädern, Auspeitschen, Enthaupten und Hand-
abschlagen. (HOLZSCHNITT, ANFANG 16. JAHRHUNDERT)

Wunder. Die Regierung in Innsbruck rang sich nach einer Unterredung mit Othmar Krieger und der Bitte der Heimatstadt des Missetäters sogar zu einer Begnadigung durch.

Zum Hinrichten kam das Foltern, eine Kunst, bei der es darauf ankam, den Delinquenten nicht zu töten. Bei Verstümmelungsstrafen hatte der Henker dafür zu sorgen, daß die Wunde nach Vollstreckung des Urteils verbunden wurde. Henker wurde also nicht jeder. Im Gegenteil! Als sich Hanns Pöltl 1698 als Nachfolger seines Vaters Kaspar bewarb, bei dem er in der Lehre war, wurde ihm das angestrebte Amt aufgrund seines Lebenswandels verwehrt. Über die Tauglichkeit des Bewerbers entschieden seine Ausbildung und das Meisterstück. Der Sohn des Scharfrichters Johann Jakob Abrell aus Halle mußte, um eine Meisterstelle in Meran zu erhalten, sein Meisterstück bei drei Probehinrichtungen in Innsbruck und Bozen erbringen.

Die Unehrlichkeit des Henkers

Der Scharfrichter galt zwar als unehrlich, doch erst in der frühen Neuzeit wurde daraus ein wirklich verachteter Beruf, auch wenn erste Tendenzen im Mittelalter nicht zu übersehen sind. Aber er war noch nicht vollständig stigmatisiert und aus der Gesellschaft ausgeschlossen, allenfalls an den Rand gedrängt. Beispielsweise schenkte der Nürnberger Rat dem Henkermeister Jörg 1497 sogar das Bürgerrecht. Anders sah es mit den Zünften aus – die Scharfrichter fanden keine Aufnahme in eine »ehrbare« Zunft.

Im Alltag war der Henker jedoch unentbehrlich. Neben den Hinrichtungen fielen ihm noch weitere Aufgaben zu: die Folter, das Säubern der Kloaken, das Zurschaustellen von Verurteilten auf dem Pranger und die Aufsicht über die Prostituierten. Da ihm der Schindanger unterstand, wo das verendete Vieh vergraben wurde, konnte man bei ihm Häute kaufen – aber nicht nur das, sondern in der abergläubischen Welt des Mittelalters auch allerlei Andenken, die im Zusammenhang mit der Hinrichtung standen. Bis ins 19. Jahrhundert hinein schrieb man dem Blut von Enthaupteten Heilkräfte zu. Blutgetränkte Tücher Enthaupteter wurden verkauft. Splitter vom Galgen oder Richtschwert galten als Glücksbringer, ebenso das unter dem Galgen wachsende »Schelmkraut«, welches zu den Eisenwurzeln zählt, oder die »Schelmbeine«, Knöchelchen des Erhenkten. Der medizinischen Kunst des Henkers, der ja augenscheinlich über anatomische Grundkenntnisse verfügte, brachte man Vertrauen entgegen. Weil jedoch die Berührung des Galgens ehrlos machte, weigerten sich sogar die Handwerker oft, die notwendigen Arbeiten zu seiner Errichtung auszuführen.

Seit dem ausgehenden 15. Jahrhundert erhielt der Scharfrichter in den größeren Städten einen festen Sold, in Nürnberg immerhin 55 Pfund Heller. Gegen eine Bürgschaft von 50 Pfund Heller verliehen die Nürnberger ihren Henker an die Nachbarstädte. Die feste Anstellung ist aber auch ein Zeichen für die Verfestigung des Scharfrichteramtes. Die anrüchigen Nebentätigkeiten bis auf die Abdeckerei fielen im Laufe der Zeit fort. Neben dem festen Lohn erhielt der Henker die sogenannten Sporteln, mit denen seine speziellen Tätigkeiten entlohnt wurden, so etwa 1382 in Nürnberg zwei Gulden für das einfache Erhängen – mehr als der Monatslohn eines Zimmermanns! Hinrichtungen mit dem Rad oder dem Feuer wurden noch höher bezahlt. Meister Augustin, der Henker des Brandenburger Grafens Kasimir, brachte es 1525 immerhin auf ein Vermögen von 114 Gulden und galt als reicher Mann. Körperstrafen, wie das Abschneiden von Ohren, wurden ebenfalls entlohnt, wenn auch erheblich geringer. Zwischen fünf und dreißig Schillingen verdiente ein Scharfrichter mit diesem blutigen Geschäft in einer Zeit, in welcher der durchschnittliche Tageslohn in Nürnberg bei fünfzehn Pfennigen lag.

Aber vergessen wir nicht: Seit dem 15. Jahrhundert verschlechterte sich das Ansehen des Berufsstandes. Der Henker wohnte oft außerhalb der Stadt und durfte diese nur mit einer Sondergenehmigung betreten. Innerhalb der Stadt mußte er alle »ehrlichen« Leute mit einer Glocke vor sich warnen. Wer ihn berührte, galt selbst als entehrt. Scharfrichter hatten in der Öffentlichkeit auffällige Kleidung anzuziehen. Die Kapuze, die der Henker bei der Ausübung seiner Tätigkeit trug, galt nicht der Wahrung der Anonymität, sondern als Schutz vor einem Fluch oder dem bösen Blick des Delinquenten. Ein Wirtshaus durfte ein Henker nur betreten, wenn keiner der Anwesenden etwas dagegen hatte. Dort besaß er einen eigenen Platz und einen eigenen Krug. In der Kirche saß er ganz hinten, geschieden von den anderen Einwohnern. Starb ein Henker, fand sich kaum jemand, der bereit war, ihn zum Friedhof zu tragen. Häufig verweigerte ihm der Priester die Kommunion. Aufgrund all dieser Benachteiligungen waren nur wenige bereit, diesen Beruf auszuüben. Daher vererbte er sich vom Vater auf den Sohn. Kinder von

Henkern konnten ihrerseits auch nur Henker werden, andere Berufe standen ihnen nicht offen. Durch das Heiraten der Henkerfamilien untereinander entstanden regelrechte Henkerdynastien, darunter die Deibl in Deutschland, die berühmten Sanson in Frankreich, die auch König Ludwig XVI. und Marie Antoinette köpften und die Grosholz und Vollmar in der Schweiz.

Leib- und Körperstrafen

Im Mittelalter gab es viele verschiedene Leib- und Körperstrafen. Auf Getreide- und Viehdiebstahl sowie Diebstähle in Kirchen, Schmieden und Mühlen stand in der Regel der Tod durch Erhängen, ebenso auf Fälschung von Münzen, Gewichten, Urkunden, Maßen und Raub. Sittlichkeitsdelikte wie Vergewaltigung, Blutschande, Bigamie und Sodomie, wurden mit Enthauptung geahndet. Verbrannt wurden Gotteslästerer, Ketzer und Hexer. Landesverrat wurde mit Erhängen, Rädern, Vierteilen, Pfählen und Ertränken bestraft, Verschwörung und Aufruhr (Majestätsbeleidigung) mit Enthauptung. Es gab also viel zu tun für den versierten Scharfrichter.

Doch waren vor dem mittelalterlichen Gericht nicht alle gleich. Vor allem die Armen waren von der Strafjustiz bedroht: »Kleine Diebe hängt man, große läßt man laufen.« Ein Adliger wurde enthauptet, ein armer Mann dagegen qualvoll erhängt. Kinder waren im Strafrecht geschützt. So schrieb der Schwabenspiegel ein Mindestalter von vierzehn Jahren für die Todesstrafe vor. Da zumindest vor dem Einsetzen der Kirchenbücher das Geburtsdatum aber in den seltensten Fällen bekannt war, hielt man – so berichtet noch eine Novelle von Kleist – Kindern ein Geldstück und einen Apfel hin. Wer das Geldstück nahm, galt als volljährig und voll straffähig. Frauen wurden selten hingerichtet. Moralische Skrupel vor allem im Zusammenhang mit der Zurschaustellung des weiblichen Körpers mögen dahinter gestanden haben. Die Hinrichtungsarten waren vielfältig, der Phantasie – so scheint es – keine Grenzen gesetzt.

Beim Rädern von mehrfachen Mördern und Straßenräubern wurden dem Verurteilten mit einem schweren Wagenrad zuerst die Arm- und Beinknochen gebrochen, bevor man ihn nackt auf ein Wagenrad flocht. Dann wurde das Rad mit einem Pfahl aufgerichtet und der Delinquent unter großen Qualen Wind, Wetter und den Raben, den Totenvögeln des Mittelalters, ausgesetzt. Erst nach vollständiger Verwesung des Leichnams nahm man das

Rad ab. Gnädige Henker ließen das Wagenrad auf die Herzgegend ihres Opfers fallen oder versetzten dem Verurteilten einen Stoß vor den Hals, um ihnen weiteres Leiden zu ersparen. Das Rädern war die klassische Strafe bei Mord oder Raub und wurde in Deutschland letztmalig im Jahre 1823 angewandt.

Zerstückeln von Missetätern kam seltener vor. Doch ist diese Strafe noch in der »Peinlichen Gerichtsordnung« Karls V. von 1532 erwähnt:

> Es wird dem Delinquenten von des Scharfrichters Knechten erstlich mit einem großen, dazu bereiteten Messer ... die Brust gleich herunter von vorn aufgeschnitten, die Rippen herumgebrochen und herumgelegt, sodann das Eingeweide samt dem Herzen, Lunge und Leber, auch alles, was im Leibe ist, herausgenommen und in die Erde verscharret, anbei wohl dem armen Sünder vorhero aufs Maul geschmissen.
>
> Nach diesem wird derselbe auf einem Tisch, Bank oder Klotz gelegt, und ihm mit einem besonderem Beil erslich der Kopf abgehauen, nach diesem aber der Leib durch sohanes Beil in vier Teile zerhauen, welche sämtlich, neben dem Kopfe ... an den Straßen aufgenagelt werden.

Hängen war besonders qualvoll. Es kam mitunter vor, daß ein Gehängter nach der Abnahme vom Galgen wieder zum Leben erwachte. 1705 hing in England ein Mann bereits seit fünfzehn Minuten am Galgen, als ein Bote mit seinem Begnadigungsschreiben eintraf. Man schnitt ihn hastig ab und ließ ihn zur Ader. Er kam wieder zu Bewußtsein und erholte sich vollständig. Eine 1650 in Oxford gehängte Kindsmörderin, die man nach einer halben Stunde abnahm, um sie zu sezieren, erwachte ebenfalls wieder. Die Erhängten ließ man meist so lange am Galgen baumeln, bis die Raben sie aufgefressen hatten. Eine besondere Variante des Hängens war jene, bei der man dem Verurteilten ein Seil um den Knöchel band und ihn mit dem Kopf nach unten aufzuknüpfte. Die Chronik von Schaffhausen berichtet von einem Mann, der 1585 drei Tage so an einem Galgen hing und dabei mit Frau und Kind sprach. Der Galgenplatz lag vor den Toren der Stadt zur Abschreckung für jedermann. Da hingen die »Galgenvögel«, die »mit des Henkers Tochter Hochzeit machten«, so ein mittelalterliches Sprichwort.

Der Adel hatte oft das Vorrecht, geköpft zu werden – eine Strafe, die nicht als ehrenrührig galt. Das Enthaupten verlangte erhebliches Können. Dem Henker gestand man nur einen einzigen Hieb mit dem großen Richtschwert zu.

Im Falle der Maria Stuart mußte der Henker mit dem Beil dreimal zuschlagen, bis die schottische Königin am 8. Februar 1598 starb. Mit den Worten »Es lebe die Königin« hob der Henker das abgeschlagene Haupt an den Haaren empor, um es der Menge zu zeigen. Doch es fiel mit Gepolter zu Boden, denn die Königin trug eine Perücke.

Das Vierteilen war im späten Mittelalter hauptsächlich für Verräter bestimmt. Der Todeskandidat wurde mit den Gliedmaßen an vier Pferde gebunden und von diesen in Stücke gerissen. Auch bei dieser grausamen Hinrichtungsart waren »Pannen« möglich. Robert F. Damiens, der Ludwig XV. durch einen Messerstich leicht verletzt hatte und 1757 zum Tode durch Vierteilen verurteilt wurde, starb nicht, weil es den Pferden nicht gelang, ihm die Gliedmaßen auszureißen. Schließlich mußte der Scharfrichter ihm Arme und Beine mit dem Messer abtrennen. Für seine Unfähigkeit ging der Henker ins Gefängnis.

Falschspieler und Sittlichkeitsverbrecher steckte man gefesselt in einen Sack und warf diesen ins Wasser. Im Spätmittelalter war das Ertränken eine typische Frauenstrafe. Die Augsburger Baderstochter Agnes Bernauer, Ehefrau Herzog Albrechts III. von Bayern München, wurde 1435 als Hexe ertränkt, da ihr landesherrlicher Schwiegervater sie aufgrund der nicht standesgemäßen Heirat seines Sohnes loswerden wollte.

Als weitere typische Frauenstrafe galt das lebendig Begraben. In Ulm wurde noch 1549 eine Frau auf diese Art hingerichtet, da sie ihren Mann ermordet hatte. Zuvor rammte man ihr einen Pfahl durch das Herz:

... da hat sy zu aim yeden str.ych den man uff den pfal hat geschlagen ain lautten schray gethon und schetzt man das sy hat wol 50 schray gethon biß sy gestorben ist.

Hexen und Häretiker wurden verbrannt. Denn Feuer galt als starkes Läuterungsmittel, dem kein Zauber oder unheilvolle Kraft gewachsen war. Zur Vollstreckung wurde der oder die Verurteilte an einen Pfahl gebunden, dann wurde um das Opfer herum Holz, Stroh und Reisig aufgeschichtet und in Brand gesteckt. Der Tod auf dem Scheiterhaufen galt als besonders qualvoll. Manche Henker erstachen oder erdrosselten vorher ihr Opfer, wovon das Volk freilich nichts merken durfte. Das prominenteste Opfer auf dem Scheiterhaufen war Jeanne d' Arc, die am 30. Mai 1431 auf dem Scheiterhaufen starb. Ihre Asche wurde in der Seine verstreut. Der tschechische Reformator Jan Hus war 1415 vom Konstanzer Konzil ebenfalls zum Tod auf dem Scheiterhaufen verurteilt worden. Auch Sodomiter, vor allem Homosexuelle verbrannte man.

Während die Hinrichtungen auf dem Galgenberg stattfanden, vollzog der Henker die Körperstrafen innerhalb der Stadt. Das Abhauen der Hände, Abschneiden der Ohren oder Zungen und das Ausstechen der Augen überdauerte als Strafe für Diebe und Betrüger das Mittelalter, ohne daß von ihnen je eine abschreckende Wirkung ausgegangen wäre. Geblendete Menschen waren auf den Bettel angewiesen. Überlebt haben die meisten nicht – schreckliche Konsequenz einer Justiz der sogenannten Spiegelstrafen, in der die Art der Strafe das Vergehen widerspiegeln sollte.

Abdecker

Die Verwertung von Tierkadavern oblag im Mittelalter den Wasenmeistern, auch Abdecker, Schinder, Halbmeister, Fallmeister, Feldmeister oder Kleemeister genannt. Auch die Abdecker mußten aufgrund ihrer sozialen Außenseiterstellung untereinander heiraten und waren daher vielfältig miteinander verwandt und versippt. Die Verwendung des Fleisches verendeter Tiere wurde unter Strafe gestellt, als Zusammenhänge mit schweren Erkrankungen festgestellt wurden. Als Besitzer oder Pächter von Abdeckereien traten oft Henker auf. Der Scharfrichtermeister stand sozial höher als der reine Abdecker. So erließ die Markgräflich Badische Regierung noch 1742/43 folgende Verordnung:

> § 1 *Schinders- und Henkersknechte sollen in den Wirtsstuben an einem separaten Tisch besonders gesetzt und aus besonderen für sie allein zu haltenden Geschirren bewirtet werden.*
>
> § 2 *Dieses soll aber nicht von Scharfrichtern verstanden, sondern solche gleich anderen Gästen bewirtet werden.*

Abdecker mußten außerhalb der Stadt wohnen. Um ihre Behausung lag oft abgehäutetes, verwesendes Vieh, das scheußlich stank und Fliegen und Raben anzog. Der Weg zu einem solchen Quartier hieß im Volksmund Rabengasse. Bis weit in die Neuzeit wurde jedoch eine Vielzahl verendeter Tiere nicht beim Abdecker abgeliefert, sondern sie verwesten an Ort und Stelle. Auch ließen die meisten »Schinder« nach Entfernung des Fettes, der wertvollsten Knochen und Sehnen den Rest der Tierkörper einfach auf dem »Wa-

senplatz« liegen. Eine Besserung dieser Zustände brachten erst die Abdek-
kereiprivilegien im 17. Jahrhundert, nach denen den Abdeckern alles Vieh
zur Abholung bekannt gemacht werden mußte.

SCHNEIDER, MÜLLER, LEINEWEBER

Schneider, Schneider meck meck meck …
Der Volksmund brachte den Schneider in Verbindung mit dem Geißbock,
worauf noch Wilhelm Busch in »Max und Moritz« anspielt, wo die bösen
Buben einen Schneider dergestalt verspotten. Aber auch in den Märchen
und Schwänken werden wir fündig. So heißt es zu Beginn des Schwankes
»Der Schneider im Himmel«:

> *Ein hinkender schneider starb und kam für den himel, were gern hinein gewe-*
> *sen, Petrus aber wolt in nit herein lassen, darum das er so unbillich in seinem*
> *leben den leuten das tuch gestolen het.*

Trotz ihrer negativen Pauschalisierung durch den Volksmund zählten die
Schneider in der mittelalterlichen Welt nicht überall und ständig zu den Außenseitern. Auch der Eintritt in die Zünfte war ihnen nicht verwehrt. Zu Reichtum
und politischer Macht brachten es jedoch die Schneiderzünfte nicht.

Es klappert die Mühle am rauschenden Bach …
»Es klappert die Mühle am rauschenden Bach …« – wer kennt nicht dieses
romantische Volkslied. Doch in der Geschichte der Berufe zählte der Müller
im Mittelalter an vielen Orten zu den unehrlichen Leuten. Denn Müller und
Mühlen spielten in der Volkskultur eine besondere Rolle. Die abseits von
Siedlungen gelegene Mühle galt als ein Ort »dämonischer Umtriebe«. Die
Müller standen im Verdacht, in die eigene Tasche zu wirtschaften, mit
zweierlei Maß zu messen, das Mehl zu strecken und die Kleie zu behalten.
Der Mahlzwang schrieb vor, welche Mühle die Bauern nutzen sollten. Die
Einhaltung des Mahlzwanges wurde durch Kerbhölzer überwacht, Holz-
scheite, die in der Mitte gespalten wurden. Davon bekam die eine Hälfte der
Mahlgast, die andere der Müller. Brachte der Bauer sein Getreide zur Müh-
le, so wurden für jeden Scheffel über beide Hälften Kerben geschnitten. Die
Redensart »etwas auf dem Kerbholz haben« hat sich seither erhalten. Der
Lohn des Müllers war die »Metze«, der sechzehnte Teil des Getreides. Der

Mahlzwang wurde seit jeher von den Bauern als zu hart empfunden und in Preußen erst 1810 aufgehoben. In einigen Gegenden des mittelalterlichen Europas gehörten die Müller daher zu den »unehrlichen« Berufen, so zwischen Elbe und Oder. Ihre Kinder wurden nicht in andere Zünfte aufgenommen. Schwänke und Märchen, aber auch Spottverse haben uns das negative Bild des Müllers überliefert:

Der Baur schnell in die Mühlen schreit:
»Müller, hast mir das Mehl bereit?
Du hasts mirs halb gestohlen!`
»Du leugst, du leugst, du grober Baur,
Es ist in der Mühlen verstorben`.

Der Baur wohl aus der Mühlen trat,
das Annelein ihm die Wahrheit sagt:
»Du hast der Kleien vergessen«.
»Ach nein, ach nein, liebs Annelein,
des Müllers Schwein habens gessen«.

Die Müller haben die beste Schwein,
die inn den ganzen Lande sein,
sie mästen aus der bauren säcken.

Die Anwendung von Mahlmethoden, die zur Verringerung der an die Bauern abzuleistenden Mehlmenge führten, und der Diebstahl der zum Mästen der Schweine verwendeten Kleie galten als gängige betrügerische Praktiken. Die Mißachtung der Feiertagsheiligung kam hinzu, wie das Märchen »Der diebische Müller in Schleswig« zeigt. Den Inhabern von Wassermühlen unterstellte man gerne, alle Wasser auf die eigene Mühle zu leiten, wie Thomas Murner in seiner 1515 gedruckten Satire »Die Mühle von Schwindelsheim« behauptete. *Ich und Du, Müllers Esel der bist Du!* Dieser alte Abzählreim nimmt auf den Esel Bezug, der bei Thomas Murner im kaiserlichen Ornat dargestellt ist – eine Allegorie auf die Mühle als Ort menschlicher Überheblichkeit. Beliebt war ebenfalls die Darstellung der Liebes- und Lastermühle, wie sie auch das Moulin Rouge in Paris ziert. Wen wundert es da noch, wenn die städtischen Polizeiordnungen die Müller einer strengen Kontrolle unterwarfen und die Tierhaltung einschränkten oder ganz verboten. Im märkischen Beeskow schloß man bereits 1353 Müller, Leineweber, Geächtete, Spielleute und Uneheliche von den Handwerkerzünften aus, und die Stadt Wilster wies noch im Gezeugnisbuch von 1638 darauf hin, daß dieses nur die Namen ehrlicher Handwerker enthalte, nicht aber Personen, die *von Rechts wegen vom »gemeinen Mann« verachtet werden, wie die Pfeifer und Spielleute, die Lotterbuben und Schäfer, die Bader, Zöllner, Müller, Leineweber, Topfhändler und Kesselflicker*. Noch im 13. Jahrhundert hatte der Müller als ein geachteter Berufsstand gegolten und Eike von Repgow die Mühle im Sachsenspiegel zu den befriedeten Bezirken, die besonderem Schutz unterlagen, gezählt. Aber gerade hierin, in der Sonderstellung dieses Gewerbes, lag wohl die tiefere Ursache für die Geschichten und Legenden, die sich um den Müller und seine Mühle rankten.

Leineweber

Noch 1725 sang ein Lübecker Tischlergeselle ein Spottlied auf die Leineweber:

Potz Lumpen, potz Leber,
Bald wäre ich geworden ein Leineweber!
Ein Weber ich schier geworden wär,
Doch fürcht' ich des bösen Geruchs so sehr.

Anderswo mußten die Leineweber nach altem Herkommen den Galgen tragen und standen damit in enger Verbindung zu dem als unehrlich gebrandmarkten Henker. Der berühmte Zisterzienserabt Bernhard von Clairvaux rückte in seinen Predigten unter anderem auch die Weber in die Nähe von Ketzern: *Nichttonsurierte, bärtige Geistliche und Priester, die ihre Gemeinden und Kirchen verlassen haben, werden in unserer Gegend häufig bei Webern und Weberinnen angetroffen*. Und der Chronist von St. Andreas aus Cambrai, der 1135 den Ketzer Rahmirdus anklagte, bemerkte, daß es in den Kleinstädten noch viele seiner Anhänger gäbe und daß sich mit seinem Namen Leute bezeichneten, die das Gewerbe von Webern ausübten. In der ketzerischen Sekte der Katharer meinte die Amtskirche besonders viele Weber zu finden. So warf die Synode von Reims 1157 den Webern pauschalisierend vor, von Frauen begleitet im Sinne des katharischen Glaubens zu missionieren. Auch die Humilaten, die Armen von Lyon, sowie die Beginen und Begarden betätigten sich oft im Rahmen der Leinwandproduktion. Herausgegriffen seien hier nur die Beginen, fromme Frauen aller Gesellschaftsschichten, die zusammenlebten, ohne aber einer Klausur unterworfen zu sein. Diese Wohngemeinschaften erregten Argwohn bei der Amtskirche und Neid bei den textilverarbeitenden Zünften. So wurden 1457 drei vor sechs Webstühlen des Kölner Beginenhauses, dem Schelenkonvent, von aufgebrachten »anständigen« Bürgern umgeworfen.

Wie paßt die Diskriminierung dieses Gewerbes zusammen mit der Tatsache, daß seit dem 14. Jahrhundert die Leineweber in Ratsgremien vertreten waren und in Augsburg, Ulm, Danzig und anderen Städten zu den angesehensten Zünften gehörten? Der Widerspruch ist nicht leicht aufzulösen, zeigt er doch die Ambivalenz der mittelalterlichen Welt. Die Diskriminierung des Leinewebergewerbes spielte sich eher in Nord- und Mitteldeutschland ab. Seit dem beginnenden 14. Jahrhundert wurde den Leineweberkindern in einigen Städten dieser Regionen der Zutritt zu den Zünften verboten, so in Bremen um 1300, in Braunschweig 1320, in Beeskow 1353 und in Hildesheim 1388 – frühe Belege für einen nicht aufzuhaltenden Prozeß, der das Handwerk in die Ecke der Unehrlichkeit drängte.

Die Mißachtung der Leineweberei hat in Europa eine alte Tradition. Bereits in fränkischer Zeit wurde die Arbeit von in Häusern eingesperrten Frauen verrichtet, wie etwa das »Capitulare de villis« Karls des Großen anordnete. Das Weben zählte daher zu den *opera servilia*, d.h. zu den »knechtischen Arbeiten«. Dirnen mußten in den spätmittelalterlichen Frauenhäusern oft noch spinnen und weben. Dazu kam der sich seit dem 13. Jahrhundert verschärfende Gegensatz zwischen Stadt und Land. In dem Maße, wie die städtische Weberei sich zünftig organisieren konnte, ging diese alte Nebenbeschäftigung der bäuerlichen Welt zurück. Seit 1259 durfte außerhalb Regensburgs nicht mehr gewebt werden. Die flämischen Städte erkämpften sich 1342 das Privileg, das die Weberei in den urbanen Bannmeilen verbot. Die in die Städte geflohenen Bauern und ihre Frauen fanden teilweise Arbeitsmöglichkeiten in den städtischen Webereien. Auf den Bauern und seine Arbeit schaute aber die städtische Welt oft genug mit Verachtung herab. Innerhalb der hochspezialisierten städtischen Gewerbe galt die Leineweberei als vergleichsweise einfache Tätigkeit. Gefärbt wurde die durch Bleichen aufgehellte Leinwand in der Regel nicht. Auch der Webstuhl veränderte sich über die Jahrhunderte hinweg kaum. Gegenüber Seide und Wolle sowie Barchent blieb Leinwand immer das einfachere Produkt. Die städtische Leinwandschau, für St. Gallen bereits 1350 und für Konstanz 1376 belegt, war eine Reaktion der Obrigkeit auf die angeblich betrügerischen Praktiken der Weber, denen man gerne unterstellte, mit falschen Maßen zu arbeiten. Das satirische Lehrgedicht »Des Teufels Netz« umschreibt die Tätigkeit des Webers folgendermaßen:

Er tut – mag er es auch verhel'n,
Spulen, Abbruch, Knäule stehlen.

Die Weber waren abhängig vom Vertrieb ihrer Erzeugnisse durch die großen Handelsgesellschaften. So traf die große Teuerung im Augsburg der Jahre 1570/71 zuerst die Weber, wie Barnabas Holzmann, Maler und Bürger zu Augsburg, in seinen dramatischen Versen beschrieb. Damit standen die Weber immer am Rande der Verarmung. Und gerade das machte sie nur allzu oft zu potentiellen Opfern des Armutsspotts. Hans Wilhelm Kirchhof berichtet in seinem »Wendunmuth« von einem aufschneiderischen Weber, der mit seinem großen Haus prahlte. Was für den Schneider der Geißbock war, war für den Weber der Igel, im Mittelalter als stinkendes und unreines Geschöpf mit doppeltem After dargestellt. Noch heute nennen wir die langfüßigen Spinnen Weberknechte.

7

Spielleute und Gaukler, Kurpfuscher und Quacksalber
Vagabundierende Unterhalter und Heilkünstler

DAS FAHRENDE VOLK

Im Mittelalter begegnete man auf den Landstraßen und in den Städten und Dörfern einer bunten umherziehenden Schar, die durch allerlei Darbietungen ihren Lebensunterhalt verdiente. Dazu gehörten Spielleute, Sprecher, Tänzer und Tänzerinnen, Seilriesen und Bärenführer, Gaukler und Fechter, Lotterpfaffen und fahrende Schüler, fromme Pilger und betrügerische Landfahrer, »fahrende Fräulein«, Hausierer, Wanderärzte und Theriakhändler. Die Straßburger Stadtordnung von 1405 nennt Herolde, Trompeter, Pfeifer, Orgelspieler, Geiger, Sprecher und Sänger. Fahrende wurden im Mittelalter als Müßiggänger angesehen und stigmatisiert. Weitaus die meisten von ihnen waren arm und oft schutzlos. Der Spielmann wurde zum Sammelbegriff für Leute, die vom Unterhaltungsbedürfnis der Menschen lebten: Lautenspieler, Sackpfeifer, Schellenträger und Fiedler, aber auch der blinde Musiker, der bucklige Zwerg oder der gesuchte Tanzbodenmusiker, ferner fahrende Sänger, Schuhflicker, Leineweber, Bader, Bauarbeiter, Söldner und Gaukler. Das fahrende Volk bildete keine homogene Gruppe. Mittelalterliche Quellen nehmen keine soziale Klassifikation vor, weil die Geschichte des Menschen noch nicht zur Gesellschaftsgeschichte geworden war.

Wovon lebten fahrende Leute und was nutzten sie der Gesellschaft? Ihr gemeinsames Merkmal war der Bettel oder die Bezahlung für irgendeine Kunst oder was man dafür hielt. Einige fahrende Leute befriedigten Unterhaltungsbedürfnisse: Bärenführer, Pfeifer, Nachrichtenübermittler. Andere verfügten über besondere Fertigkeiten, derer man dringend bedurfte: Rattenfänger und Kesselflicker zählten dazu. Fahrende übten häufig mehr als einen Erwerbszweig aus: Rattenfänger traten auch als Spielleute auf, Kaminfeger als Hausierer.

Da mittelalterliche Quellen vor allem rechtlicher Natur sind, kommen Fahrende in ihnen meist nicht vor. Die höfisch-adlige und die städtisch-obrigkeitliche Herrschaft verachtete den gemeinen Mann. Das Ravensburger Stadtrecht führt zwischen 1361 und 1365 die sogenannten »Stirnenstössel« an, womit Buben, Vaganten und Landstreicher gemeint sind. Michel Behaim bezeichnete mit diesem Begriff um 1450 betrügerische Reliquienhändler. Sebastian Brant nannte letztere »Stationierer«. Geiler von Kaisersberg sagte 1498 in einer Predigt über die fahrenden Schüler:

> *Diese ziehen nachmals (wann sie der füllerey gewohnet haben) inn dem land herumb, der eine wirdt ein Gaukler, oder spilman, der ander ein thellerschlekker, der dritt ein Theryackskramer, der viert ein bader, der fünfft ein Henselin oder sonst ein lotterbub.*

Um zu überleben, organisierte sich das fahrende Volk in Bruderschaften. Zu den ältesten dieser Korporationen zählen die Possenreißer und Theaterspieler, Akrobaten und Zauberkünstler, die man insgesamt Gaukler nannte. Die alte Reichsstadt Breisach wurde von den Fahrenden gern aufgesucht, da sie ihnen neben sicherem Aufenthalt als Knotenpunkt an Handelswegen und Wasserstraße auch gute Einnahmen bot. Besonders bei den jeweils dreitägigen Jahrmärkten, bei denen Kaufleute aus unter anderem Basel, Colmar und Straßburg ihre Waren feilboten, strömten die Landleute in Scharen herbei. Beim Empfang von Kaisern, Königen und Fürsten waren die Gaukler und Pfeifer hochwillkommen, so im Februar 1283, als anläßlich des Besuches von Kaiser Rudolf von Habsburg eine fröhliche *Vasinaht* gefeiert wurde. *Gaukler, Pfyffer, Trumpter* und das ganze fahrende Volk des Oberrheingebietes erfreuten die Hofgesellschaft. Auch unter den Nachfolgern Kaiser Rudolfs kamen die Spaßmacher immer wieder nach Breisach, um Adel und begüterte Bürgerschaft zu ergötzen. Noch heute erinnert der Brunnen am Kupfertor mit seinem Seiltänzer an den Gauklertag des Jahres 1283.

Gaukler und Schausteller

Im Mittelalter zogen Gaukler und Schausteller von Stadt zu Stadt und lockten auf Straßen und Marktplätzen mit Taschenspieler-Tricks und Verwandlungskünsten Schaulustige an. Sie »zersägten« Jungfrauen und enthaupteten Tiere, um sie dann auf wundersame Weise wieder zum Leben zu erwecken. Auch das bereits in der Antike bekannte Becherspiel, bei dem unter drei leeren Bechern nach und nach zunächst drei Kugeln und dann auch andere Gegenstände erscheinen, gehörte zum Repertoire eines echten Taschenspielers. Neben ihren Kunststücken betrieben die Gaukler oftmals auch noch den Verkauf von Wundertinkturen. Die Vorführung adliger »Sportarten« wie Ringen, Steinewerfen, Laufen und Schwimmen war ihnen untersagt. Das »Gaukelspiel« wurde aber mit List und Täuschung gleichgesetzt – genau jenen Eigenschaften, die man den Schaustellern zugeschrieb. Am Portal der um 1200 vollendeten romanischen Schottenkirche St. Jakob in Regensburg ist eine ganze mittelalterliche Gauklertruppe verewigt. Umherziehende Tänzer gab es seit dem frühen Mittelalter: Unterhaltung für klingende Münze in einer Welt mit wenig Freizeit und Zerstreuung außerhalb des Alltags. Sie wurden als *pantomini* beschimpft. Das *Lippiflorium*, ein Ruhmgedicht aus staufischer Zeit, macht sich über die Tänzer lustig:

Dieser tanzet und müht die Glieder durch wechselnde Wendung,

Beugt sich nach vorn und zurück, rücklings und vorwärts zugleich.

Gehen lehrt er die Hände und in die Höhe streckt er die Füße,

Richtet zur Erde das Haupt: eine Chimära fürwahr!

Seltsam anmutende Akrobatik statt höfischer Schreittanz – das war genau das, was die mittelalterlichen Tänzer und Tänzerinnen boten und wofür man sie liebte, zugleich aber auch verachtete. Schändliche Sprünge und gauklerhafte Gesten wichen nach mittelalterlicher Vorstellung vom Idealbild des Körpers ab, welcher dann einer »Chimäre« glich. Zu einiger Berühmtheit brachten es im 15. und 16. Jahrhundert die »welschen Springer« wie Angelo Tuccano, der als erster den Salto mortale rückwärts gedreht haben soll. Dazu kamen die Seilakrobaten, in den Quellen als *rippelreyer*, als Seilriesen, bezeichnet. Auch Till Eulenspiegel narrt in einem Schwank das Publikum mit der Ankündigung eines spektakulären Seiltanzes. Nach Danzig gelangte 1512 *ein seltsam gaukler oder ein tumeler ... der auf einem seil gingk mit gewicht und ohne gewicht auf eyern, auf prallen, auf krikken, stelczen und schermessern.* Schließlich rutschte er auf dem vom Rathausturm bis zum Marktbrunnen gespannten Seil aus und stürzte in die Tiefe, vor dem Aufprall zwei Zuschauer umreißend. 1588 balancierte Heinrich Layn aus St. Gallen vor den staunenden Frankfurtern auf einem Seil vom Turm der Bartholomäuskirche hinab. 1446 führte ein Italiener in Nürnberg mit einem dünnen Schwert Fechtparaden durch und machte mit zwei auf den Hals gerichteten Degen einen Salto rückwärts von einem Faß. Aus den berufsmäßigen Fechtern, die man im Rahmen der Rechtsprechung mieten konnte (»Gottesurteil«), gingen die Schaufechter hervor. Als ehrlos und rechtlos galten die

Zweikämpfer seit dem Hochmittelalter. Erst als Fechtlehrer in eigenen Fecht-schulen oder als Schaukämpfer gewannen sie Achtung. Schaukämpfer traten gegeneinander an oder forderten wohl hier und da auch ihr Publikum zum Zweikampf auf, ähnlich den heutzutage fast ausgestorbenen Boxständen auf Jahrmärkten. So soll nach Hans Wilhelm Kirchhof im beginnenden 15. Jahr-hundert ein Jude als Fechtmeister aufgetreten sein, der gegen jedermann *umb gelt, das er dahin warff oder umb ein gut par streich, trocken oder naß, zu fechten* bereit war. Dazu kamen Bärenführer. Bären gab es in den lichter gewordenen spät-mittelalterlichen Wäldern im Reich schon lange nicht mehr. Das seltene Un-getüm wurde begafft, wenn der Dompteur mit dem Bären Schaukämpfe oder Kunststücke vorführte. Man nannte sie auch »Katzenritter«, wenn sie zum Schein mit der Bestie kämpften. Ungarn und Polen waren es meist, die in West-europa als Bärenführer auftraten.

Spielleute

Es hatte ein Mann einen Esel, der schon lange Jahre die Säcke unverdrossen zur Mühle getragen hatte, dessen Kräfte aber nun zu Ende gingen, so daß er zur Arbeit immer untauglicher war. Da dachte der Herr daran, ihn aus dem Futter zu schaffen, aber der Esel merkte, daß kein guter Wind wehte, lief fort und machte sich auf den Weg nach Bremen: dort meinte er, könnte er ja Stadtmusikant werden.

So beginnt das Märchen der Gebrüder Grimm von den Bremer Stadtmusi-kanten. Esel, Hund, Katze und Hahn stehen für alte, arme Teufel, die sich in der Stadt eine gesicherte Existenz als Stadtmusiker erhofften, um ihrem un-steten Leben auf der Landstraße eine Ende zu machen.

Der Spielmann wurde zum Sammelbegriff für Unterhaltungskünstler. Er geht auf die Helden- und Mythensänger der Germanen zurück und ist der Nachfahre des Schauspielers im spätantiken Theater. Spielleute entstamm-ten im 12. und 13. Jahrhundert dem verarmten Niederadel, der bürgerlichen Bevölkerung und dem niederen Klerus. Bereits der frühchristliche Kirchen-vater Tertullian (um 160–220) behauptete in seinem »Liber de spectaculis«:

Was ferner die Schauspiele betrifft, so beeinflussen die Dämonen von Anfang an den Einfallsreichtum der Künste und versorgen die Zuschauer unter ande-rem auch mit dem Schutz der Gottlosigkeit, um diese von Gott abzubringen und sie ihrem Ruhm zu verpflichten.

Ein blinder Musikant: Fahrende Spielleute wurden im Mittelalter
verachtet, aber auch als Unterhalter geschätzt.
(BERNER SCHILLING, ENDE 15. JAHRHUNDERT)

Und der berühmte Missionar Bonifatius (um 672/73–754) schrieb 742 in seinen »Epistulae«:

Die sündigen und ungebildeten Menschen aus den Stämmen der Alemannen, Bayern und Franken hätten in der Nähe der Stadt Rom gesehen, daß, wenn das neue Jahr kommt, bei Tag und bei Nacht nach heidnischer Sitte auf den Plätzen getanzt wird und nach Heidenart Zurufe und gotteslästerliche Lieder ertönen, und würden diese Dinge nun nachahmen.

Das »Chronicon Montis Sereni« (Die Chronik vom Petersberg) berichtet vom Tod des Magdeburger Erzbischofs Wichmann im Jahre 1192: Wichmann, der sonst gerne Spielleute um sich gehabt hätte, sei eines Tages beim Anblick eines Spielmanns heftig erschrocken und habe diesen aus dem Saal gewiesen. Der Spielmann habe an einen Scherz geglaubt und sei lächelnd näher getreten. Wichmann aber habe ihn mit vorgestreckten Händen abgewehrt und mit lauter Stimme dessen Entfernung befohlen, was alle Anwesenden verwundert habe. Fünf Monate nach diesem Vorfall sei Wichmann gestorben. Der Spielmann habe die unehrenhafte Aufgabe zugewiesen bekommen, bei der Leichenöffnung die Eingeweide herauszunehmen, denn er galt als Vorbote des nahen Todes.

Der Franziskaner Berthold von Regensburg (um 1210–1272) verdammte den Spielmann auf der Grundlage des Bibelwortes Mt 13,44–52. Er vergleicht den Aufbau des Himmels mit der Christenheit auf der Erde: Der Himmel bestehe aus zehn Engelchören, einer sei jedoch von Gott abgefallen und bilde die Schar der Teufel. Auf der Erde existierten zehn Gruppen von Menschen, wobei die Geiger und Tamburer sich dem Teufel verschrieben hätten. Berthold bezeichnete die Spielleute mit den verschiedenen Namen der Teufel.

Thomas von Aquin (um 1225–1274) gibt demgegenüber in seiner »Summa Theologiae« eine differenzierende Darstellung und markiert damit eine gewisse Wende in der Beurteilung mittelalterlicher Spielleute. Thomas räumt dem Spiel immerhin einen notwendigen Platz im Leben ein. Die Spielleute übten ihre Tätigkeiten zum Trost der Menschen aus. Ihr Spiel sei an sich nicht unerlaubt. Sie selbst stünden nicht unbedingt im Stand der Sünde, sofern sie sich keiner verbotenen Ausdrücke und Handlungen bei ihren Auftritten bedienten, oder zu ungebührlichen Zeiten, etwa in der Fastenzeit, aufträten. Auch gewisse Tugenden und eine ernsthafte Lebensweise seien den Spielleuten zu eigen: Sie glaubten an Gott, beteten und gäben den Armen Almosen. Damit begingen diejenigen, welche die Dienste der Spielleute in Anspruch nähmen, keine Sünde, es sei denn, sie unterstützten Spielleute, die Verbotenes machten.

Thomas von Chobham teilte um 1215 in seiner »Summa confessorum« die Spielleute in drei Klassen ein: in die Artisten und Tänzer, d.h. solche, die ihren Körper in schändlicher Weise darböten, ihn entblößten oder gräßliche Masken trügen. Diese alle seien zu verdammen, sofern sie ihren Beruf nicht aufgäben; in die *scuri vagi*: fahrende Spielleute, welche keinen festen Wohnsitz hätten, zu den Höfen der Großen zögen und dort Schmähungen und Unwahrheiten über Abwesende verbreiteten – diese seien ebenfalls verdammungswürdig; und in die Musikanten, welche wiederum in zwei Klassen geteilt seien: zum einen solche, die bei öffentlichen Trinkgelagen und bei zweifelhaften Festen laszive Lieder aufführten und die Zuhörer zur Unkeuschheit anstifteten, zum anderen jene, die von den Taten der Könige und vom Leben der Heiligen sängen und den Menschen Trost spendeten. Nur die letzteren hätten eine Errettung vor der Verdammnis zu erwarten.

Eike von Repgow zählte die Spielleute in seinem aus der ersten Hälfte des 13. Jahrhunderts stammenden Sachsenspiegel zusammen mit den Lohnkämpfern, Unehelichen, Dieben und Räubern zu den ehrlosen Leuten:

Lohnkämpfer und ihre Kinder, Spielleute und alle, die unehelich geboren sind, und diejenigen, die Diebstahl oder Raub zu sühnen und zurückzugeben haben und die dessen vor Gericht überführt werden, oder die ihr Leben oder Haut und Haar ausgelöst haben: sie sind alle rechtlos.

In seiner Aufzählung hatte er aber nur diejenigen Spielleute im Sinn, die straffällig geworden waren. Aus einem mißachteten Berufsstand wurde für Eike von Repgow nicht per se ein rechtloser Mensch. Man gestand den Spielleuten zwar den gerichtlichen Zweikampf zu sie besaßen jedoch kein Anrecht auf eine gewöhnliche Vergeltung, sondern durften lediglich das Schattenbild des Täters schlagen – Schattenbuße als Scheinbestrafung.

Und dennoch klebte am Spielmann der Makel des Ehr- und Rechtlosen – machte sich die Gesellschaft doch keine spitzfindigen rechtshistorischen Betrachtungen zu eigen. So lesen wir etwa 1299 im Passauer Stadtrecht den Satz: Wer fahrendes Volk beschimpft oder schlägt, ist straffrei. Worin lagen die Ursachen für die Ausgrenzung der Spielleute? Es sind immer wieder die gleichen Vorurteile, die in den Quellen deutlich werden. *Guot für êre nement:*

Der Spielmann wurde bezahlt und erfreute dafür die Auftraggeber mit seiner Kunst. Damit würde er seine eigene Ehre gegen Geld eintauschen. Dieser Ehrverlust hängt nach mittelalterlicher Überzeugung mit der Anschuldigung zusammen, daß die Spielleute *trügerisch* seien und den Menschen nach dem Munde redeten, den Guten schmähten und den Bösen lobten. Sie galten als Sprachrohr des Teufels, wie auch in den propagandistischen Holzschnitten der Reformationszeit zum Ausdruck kommt. Dieses Vorurteil lag insofern auf der Hand, als daß die Spielleute in ihren Auftritten und Liedern oft in aller Öffentlichkeit ihre Zeitgenossen verspotteten. Man machte ihnen zum Vorwurf, die Taufe und das Christentum zu leugnen. Sie waren – dem oft zitierten Lehrsatz des Honorius Augustodunensis aus dem 12. Jahrhundert entsprechend – alle ohne Hoffnung und Diener des Teufels. Spielleute würden bei ihren Auftritten nicht nur üble Lieder und Geschichten zum Besten geben, sondern auch ihren Körper, der ja ein Abbild Gottes sei, zum Zwecke der Belustigung und des Gelderwerbs vorzeigen und ihn durch Verkleiden und Schminken zu verschönern suchen. Alle Gaben an Spielleute und ihre Bezahlung wären daher mit Sünde und Schande behaftet. Der Spielmann schädige auch jene, die seine Tätigkeit entlohnen.

Auch wenn sich die Kirche bemühte, den Spielmann und seine Tätigkeiten zu verdammen, um ihn aus der christlichen Gemeinschaft auszuschließen, und diskriminierende weltliche Gesetze zu erwirken – der Adel dachte nicht daran, sich sein Amüsement so einfach nehmen zu lassen. Der Konflikt zwischen spielmännischen Tätigkeiten und den Normen der christlichen Kirche trat offen zu Tage: Der Spielmann galt als Verkörperung irdischer Freuden. Seine erotischen Lieder, seine oftmals buntgescheckte Kleidung, seine wilden Tänze und anzüglichen Posen wurden ihm zum Verhängnis. Dazu kam das belastende Umfeld der Spielleute: Seine Auftrittsorte waren Wirtshäuser, Jahrmärkte und private Feiern. Man unterschob ihm eine haltlose Lebensweise, ferner Trink- und Spielsucht. Dazu kam in der Ständegesellschaft die Mobilität der Spielleute, die nicht auf feste Bindungen an einen Herrn oder eine städtische oder klösterliche Gemeinschaft ausgerichtet war.

Die fahrenden Spielleute bildeten jedoch keine homogene Gruppe. Es gab eigene Spielmannsschulen, regionale Musikerorganisationen wie die seit 1050 belegte *Confraternitas* von Fécamp oder die 1288 genannte Wiener St. Nicolaibrüderschaft. Seit dem 12. Jahrhundert standen einzelne Spielleute

Zigeuner galten im Mittelalter als diebisches Gesindel und arbeitsscheue Landstreicher. (SPIEZER SCHILLING, ANFANG 16. JAHRHUNDERT)

in adligen Diensten, und einzelne Herrscher verliehen ihnen das Privileg des Spielmannskönigs. Es entstanden eigene Zünfte von Feldtrompetern und Heerpaukern. Auch die mittelalterlichen Städte boten feste Beschäftigungsmöglichkeiten, wie die Spielmannsordnung der Stadt Wismar von 1343 zeigt: Nach dieser Ordnung sollten die Bürger, wenn ein Spielmann bei großen und am Tag stattfindenden Hochzeiten auf den üblichen Instrumenten, also Fidel, Pfeife, Pauke, Posaune, Rotte, Flöte oder Harfe spielte, ihm nicht mehr als vier lübische Schillinge geben, bei kleineren oder abendlichen Hochzeitsfeiern sollte er zwei Solidi erhalten. War ein Spielmann nicht bereit, für diesen Lohn aufzutreten, konnte er nach einem Tag der Stadt verwiesen werden. Die Bürger durften auf ihren Feiern lediglich die in ihrer Stadt wohnenden Spielleute auftreten lassen, es sei denn, sie wünschten besondere Instrumente, die es am Ort nicht gab, oder die Spielleute der Stadt warteten bereits bei anderen Bürgern auf. Damit boten die Städte, wie das eingangs zitierte Märchen von den Bremer Stadtmusikanten zeigt, etwas Besonderes – nämlich eine feste Anstellung als Berufsmusiker, zum Beispiel als Turm- und Torbläser seit dem 13. Jahrhundert oder als Stadt- oder Ratsspielleute seit dem 14. Jahrhundert.

Reliquienaussteller

Kam ein sogenannter Stationierer (lat. *statinoarii*) in ein Dorf oder eine Stadt, gab es wiederum etwas zu gaffen: Die fahrenden Reliquienaussteller befriedigten mit ihrem Tand die Heilserwartungen der Menschen. Der Zisterziensermönch, theologische Schriftsteller und Chronist Caesarius von Heisterbach (um 1180–1240) hatte sie als »Geistliche der Landstraße« verspottet. Nach Auffassung der Amtskirche Betrüger, bezeichnete sie Sebastian Brant (1457–1521) in seinem »Narrenschiff« als *Heiltumführer, Stirnenstoßer, Stationierer*, die keine Kirchweih ausließen und öffentlich ihre mitgeführten Reliquien anpriesen:

> *Wie das sie führen in dem Sack,*
> *das Heu, das tief vergraben lag,*
> *Unter der Krippe von Bethlehem,*
> *Das sei Balams Eselbein,*
> *Ein Feder von Sankt Michels Flügel,*
> *Auch von Sankt Jörgen Ross ein Zügel.*

Auch ein Schwank aus Till Eulenspiegel erzählt von der Zurschaustellung eines Christopherus-Kopfes. Dem Einfallsreichtum der fahrenden Reliquienhändler waren keine Grenzen gesetzt, nahm doch die Zahl der Heiligen stetig zu. Der Betrug mit gefälschten Reliquien ist alt. Bereits Bischof Gregor von Tours (um 538/39–594) berichtet davon. Zu Beginn des 11. Jahrhunderts erzählt der burgundische Mönch Radulfus Glaber von einem Stationierer, der Äbten und Bischöfen normale Knochen als Heiligenüberbleibsel andrehte. Die mittelalterliche Kirche brauchte Reliquien in großer Zahl, um das Christentum einem Publikum vermitteln zu können, welches die lateinische Messe nicht verstand. Dabei kam es wohl weniger auf die Echtheit an, doch durfte der Schwindel nicht auffliegen. Die Herstellung einer »weinenden Madonna« etwa war keine große Kunst. Eine glasierte Tonfigur, bei der nur die Augen ohne Lasur blieben, wurde mit Wasser gefüllt. Mit der Zeit diffundierte das Wasser durch den porösen Ton der Augen. Das Wittenberger Heiligtumsbuch von 1509 listet unter anderem die Reliquien auf, die der reiche Patrizier Hans von Waltheym aus Halle von seiner Pilgerfahrt in die Provence zum Heiligtum der Maria Magdalena 1474 mitbrachte:

Zum r. Ein groß
silbern Bilde marie Magdalene vom Stein do auff die heilige maria Magdalena gestorben ist ein partickel. Von yrem Grabe ein partickel.
Von yrem kleyde ein partickel.
Von yren harsschnüren ein partickel.
Von yrem schlayr ein partickel.
Von yren haren drey partickel.
Von yrem heiligen gebeinen 36 partickel.
Summa 44 partickel.

Nach christlich-mittelalterlicher Überzeugung gingen die Kräfte der Heiligen durch das Berühren von Gegenständen auf diese selbst über, die auch Kontaktreliquien heißen. Es gab sogar Echtheitszeugnisse für Reliquien, sogenannte Authentiken. Als Hans von Waltheym 1474 in Solothurn einen angeblichen Armknochen von christlichen Soldaten der Thebäischen Legion, die als Märtyrer gestorben waren, erhielt, ließ er sich mit Brief und Siegel deren Echtheit bestätigen. Offenkundige Mängel am Echtheitszeugnis ihrer ausgestellten Reliquien überspielten die Stationierer durch entsprechendes theatralisches Auftreten. Für das einfache Volk brauchte es aber solche Echtheitszeugnisse nicht, schon gar keine ausführliche Beweisführung, wie sie der Solothurner Rat anstrengte, als man 1473 beim Pflastern einer Straße auf zahlreiche Skelette gestoßen war, die man nun als Märtyrer der christlich-thebäischen Legion ausgeben wollte:

1. Weil 17 Körper mit dem hl. Ursus vor ungefähr 800 Jahren gefunden und erhoben wurden.

2. Weil die Gebeine und Häupter, die jetzt gefunden wurden, lang und groß sind, gleich denjenigen der anderen Heiligen.

3. Weil keine Gebeine von Kindern, Frauen oder schwachen Personen jetzt dort gefunden wurden.

4. Weil man seit sehr langer Zeit nicht vernommen hat, daß an jenem Orte, wo die früheren und die neuen Gebeine gefunden wurden, je Gräber von Menschen gesehen wurden oder dort irgendeine Anhäufung noch irgendein Haus oder eine Wohnung bestanden habe, woraus vermutet werden könnte, daß jemand zu irgendeiner Zeit dort begraben worden sei, und – was das entscheidendste ist – daß weder durch die Überlieferung oder ein Gerücht noch durch irgendwelche Erzählungen gehört wurde, daß die Körper jener Heiligen anderswohin geschwommen seien oder anderswo gefunden wurden.

Rattenfänger

Im Jahre 1284 ließ sich zu Hameln ein wunderlicher Mann sehen. Er hatte einen Rock von vielfarbigem, buntem Tuch und gab sich für einen Rattenfänger aus, indem er versprach, gegen ein gewisses Geld die Stadt von allen Mäusen und Ratten zu befreien. Die Bürger sagten ihm diesen Lohn zu, und der Rattenfänger zog sein Pfeifchen heraus und pfiff. Da kamen alsbald die Ratten und Mäuse aus allen Häusern hervorgekrochen und sammelten sich um ihn herum. Als er nun meinte, es wäre keine zurückgeblieben, ging er aus der Stadt hinaus in die Weser; der ganze Haufen folgte ihm nach, stürzte ins Wasser und ertrank. Als aber die Bürger sich von ihrer Plage befreit sahen, reute sie der versprochene Lohn, und sie verweigerten ihn dem Mann, so daß dieser verbittert wegging. Am 26. Juni kehrte er jedoch zurück in Gestalt eines Jägers, erschrecklichen Angesichts, mit einem roten, wunderlichen Hut und ließ, während alle Welt in der Kirche versammelt war, seine Pfeife abermals in den Gassen ertönen. Alsbald kamen diesmal nicht Ratten und Mäuse, sondern Kinder, Knaben und Mägdlein vom vierten Jahr an in großer An-

zahl gelaufen. Diese führte er, immer spielend, zum Ostertore hinaus in einen
Berg, wo er mit ihnen verschwand. Nur zwei Kinder kehrten zurück, weil sie
sich verspätet hatten; von ihnen war aber das eine blind, so daß es den Ort
nicht zeigen konnte, das andere stumm, so daß es nichts erzählen konnte. Ein
Knäblein war umgekehrt, seinen Rock zu holen und so dem Unglück entgan-
gen. Einige sagten, die Kinder seien in eine Höhle geführt worden und in Sie-
benbürgen wieder herausgekommen. Es waren ganze 130 Kinder verloren.

So lautet die bekannte Sage »Der Rattenfänger von Hameln« der Gebrüder
Grimm. Daß der Rattenfänger nicht nur die kleinen Nager fing, sondern
auch pfeifen konnte, beweist wiederum die Vielseitigkeit von Angehörigen
des fahrenden Volkes in ihrem alltäglichen Überlebenskampf. Rattenfänger besaßen einen schlechten Ruf. Wenn sie in die Stadt kamen, sperrten die
braven Bürger die Türen zu, weil sie Angst um ihre Töchter hatten. Trotzdem:
Rattenfänger waren unverzichtbar, bedrohten die Ratten doch die Vorräte der
Menschen und übertrugen Ungeziefer in den von Schmutz geplagten Dörfern und Städten. Für ihren Eigenbedarf hielten die Stadteinwohner Rinder,
Schweine und Hühner und lagerten auf den Dachböden Getreide. Aus Platz-
mangel trieb man das Vieh auf die ungepflasterten Gassen. Viele städtische
Verordnungen suchten daher zum Beispiel die Schweinehaltung einzu-
grenzen, um die Menge des anfallenden Mistes zu begrenzen. Aber nicht
nur die Tiere verschmutzten die Gassen, auch die Menschen warfen alles
vor die Türen oder aus dem Fenster in die schmalen Ehgräben, offenen Ab-
wasserrinnen zwischen den Häusern. In Konstanz wurde seit dem 13. Jahrhundert mit dem städtischen Müll das sumpfige Vorflutgebiet des Bodensees
aufgefüllt, um neue Siedlungsgebiete zu erschließen. Saubere Straßen blieben lange Zeit ein Luxus. In Hannover fanden Archäologen heraus, daß der
um 1200 gepflasterte Marktplatz bereits 100 Jahre später unter einer dreißig
Zentimeter dicken Schmutzdecke verschwunden war. Da überrascht es
nicht, wenn Ratten und Mäuse hervorragende Lebensbedingungen fanden
und sich rasch vermehrten. Erst um 1507 erkannte man endlich den Zusammenhang zwischen Seuchen und Stadtreinigung, als der Hamburger
Arzt Johannes Bökel in seiner »Pestordnung der Stadt Hamburg« darauf ver-
wies. Aber es dauerte noch bis 1597, daß in Hamburg eine erste organisierte Unratabfuhr eingerichtet wurde. Somit gab es in den mittelalterlichen
Städten glänzende Beschäftigungsmöglichkeiten für Ratten- und Mäuse-

fänger. Sie tauchen daher regelmäßig in den Stadtrechnungen auf. Ihr Lohn war abhängig von der Stückzahl der gefangenen Mäuse und Ratten. Nach Rechnungen aus Lobith am Rhein fing ein Rattenfänger sogar 164 Ratten und ein Mäusefänger immerhin 360 Mäuse. Noch 1802 griff man auf der Suche nach dem Schinderhannes einen vagabundierenden Maulwurfsfänger nebst seiner Familie in einem Pferdestall auf.

Kurpfuscher und Quacksalber

Der Aufstieg der Medizin im 16. Jahrhundert fällt zusammen mit der Glanzzeit der Stein- und Bruchschneider, der Okulisten – d.h. der Augenärzte und Starstecher – und der Quacksalber. Sie alle wanderten von Stadt zu Stadt, zogen von Dorf zu Dorf. Der Rat beobachtete ihre Tätigkeit überall argwöhnisch, verlangte häufige Konsultationen und setzte Kontrollen durch. 1347 beschloß der Augsburger Rat, die Bader, Bartscherer und Chirurgen von allen öffentlichen Ämtern zu befreien, damit sie Tag und Nacht ihre Kunst anwenden könnten – eine geschickte Verschleierung der allgemeinen Abneigung gegen das Gewerbe. Die Haltung der Gesellschaft war zwiespältig. Einerseits suchte man die Quacksalber und Kurpfuscher auf, andererseits verachtete man sie. Die Liste der von den Kurpfuschern vertriebenen Mittelchen war lang: Theriak, Petroleum, Rosmarinbalsam, Skorpionenöl, Elefantenschmalz, Planetengestein unter anderem Zu den teilweise exotischen Namen ihrer Produkte gehörte eine entsprechende Reklame bis hin zu artistischen Darbietungen beim Verkauf. Auch Grimmelshausen lässt in seinem »Abenteuerlichen Simplicissimus« von 1669 den Romanhelden Theriak herstellen:

Ich kaufte mir die Materialien zur Herstellung von Theriak-Arznei; dann machte ich aus Kräutern, Wurzeln, Butter und etlichen öligen Substanzen eine grüne Salbe zur Behandlung von Wunden, außerdem aus Zinkerz, Kieselsteinen, Krebsaugen, Schmirgel und Trippel (= Putzpulver) ein Pulver, um weiße Zähne damit zu brechen, ferner ein blaues Wasser aus Lauge, Kupfer, Salmiak und Kampfer zur Behandlung von Skorbut, Mundfäule, Zahn- und Augenleiden.

Um das Publikum von der Wirksamkeit seines Theriaks zu überzeugen, probierte Simplicissimus diesen an einer Kröte mit den Worten aus:

Anschließend ließ ich einen von den Umstehenden eine von meinen Theriakbüchslein auswählen, aus derselben tat ich etwas Branntwein, den die Leute für Wasser hielten, verrührte ihn darin, und nahm dann mit einer Zange die Kröte aus dem Wasserglas und sagte: »Seht ihr guten Freunde, wenn dieser giftige Wurm meinen Theriak trinkt und nicht daran stirbt, so ist dieser nutzlos und ihr kauft ihn mir dann nicht ab.« Also steckte ich die arme Kröte ... in meinen Branntwein und hielt das Glas mit meinem Papier zu, damit sie nicht herausspringen konnte. Da fing sie ... an zu wüten und zu zappeln ... und nach einer Weile verreckte sie und streckte alle viere von sich. Die Bauern sperrten ihr Maul und ihre Geldbeutel auf, weil sie diese Probe mit eigenen Augen gesehen hatten und nun glaubten, daß es auf der Welt keinen besseren Theriak gäbe als meinen.

Selbst der Augsburger Reichstag befaßte sich 1548 mit den Quacksalbern: *Marktschreier, Ruf-Ärzte, Zahnbrecher, Murmeltier-Schmelzer, die sich wegen ihrer großen Kenntnisse der Heilkünste und Arzneien fast heiser rufen, bis sie den Leuten genug Heller abklauben und abgaunern, mögen zwar bei denen Zähne brechen, die ihr Einverständnis geben, auch dürfen sie das Murmeltier-Schmalz verkaufen. Wenn sie aber dabei betrügen oder verbotene und solche Sachen anbieten, die leicht zu fälschen sind, wie Theriak, Mithridat, Gift-Latwerge, das in gut versorgten Apotheken ohnehin zu bekommen ist, außerdem Abführ- und blutreibende Mittel- oder Gift, so sollen ihre Waren beschlagnahmt und sie selbst außerdem ernsthaft bestraft werden.*

Das bekannte Volkslied auf Dr. Johann Eisenbart (1661–1727) geht wohl eher auf den Neid seiner weniger erfolgreichen Kollegen zurück und erinnert bis heute an die Praktiken der Kurpfuscher:

Ich bin der Doktor Eisenbart,
Widewidewid, bumbum!
Kurier' die Leut' nach meiner Art,
Widewidewid, bumbum!
Kann machen daß die Blinden geh'n
Widewidewid, juch-hei-ras-sa!
Und daß die Lahmen wieder seh'n
Widewidewid, bumbum!
Gloria, Victoria, Widewidewid, jucheirassa,
Gloria, Victoria, Widewidewid, bumbum!
In Ulm kuriert' ich einen Mann,
Daß ihm das Blut vom Beine rann,

Er wollte gern gekuhpockt sein,
Ich impf's ihm mit dem Bratspieß ein.
Zu Potsdam trepanierte ich,
Den Koch des Großen Friederich:
Ich schlug ihm mit dem Beil vor'n Kopf,
Gestorben ist der arme Tropf.
Des Küsters Sohn in Dudeldum,
Dem gab ich zehn Pfund Opium,
Drauf schlief er Jahre, Tag und Nacht,
Und ist bis jetzt noch nicht erwacht.
Es hatt' ein Mann in Langensalz
Ein zentnerschweren Kopf am Hals,
Den schnürt ich mit dem Hemmseil zu:
Probatum est, er hat die Ruh'.
Zu Prag da nahm ich einem Weib
Zehn Fuder Steine aus dem Leib,
Der letzte war ihr Leichenstein,
Sie wird wohl jetzt kurieret sein.
Vor Hunger war ein alter Filz
Geplagt mit Schmerzen an der Milz,
Ich hab' ihn Extrapost geschickt,
Wo teure Zeit ihn nicht mehr drückt.
[...]
Zu Wien kuriert' ich einen Mann,
Der hatte einen hohlen Zahn,
Ich schoss ihn 'raus mit dem Pistol,
Ach Gott, wie ist dem Mann so wohl!
Mein allergrößtes Meisterstück,
Das macht' ich einst zu Osnabrück:
Podagrisch war ein alter Knab,
Ich schnitt ihm beide Beine ab.
Vertraut sich mir ein Patient,
So mach' er erst sein Testament,
Ich schicke niemand aus der Welt,
Bevor er nicht sein Haus bestellt.

Das ist die Art, wie ich kurier',
Sie ist probat, ich bürg' dafür,
Daß jedes Mittel Wirkung tut,
Schwör' ich bei meinem Doktorhut.

Einige dieser Ärzte und Quacksalber brachten es sogar zu einem gewissen Ansehen. Voraussetzung war jedoch ihre Seßhaftigkeit. Der Ravensburger Stadtarzt Jörg Aman etwa, der von 1479 bis 1490 dieses Amt bekleidete, war akademisch geschult und als Leib- und Wundarzt, Internist und Chirurg tätig. Aman verfaßte nach seinem Ruhestand ein Lehrbuch über die Behandlung der Pest in deutscher Sprache. Während er darin den Verlauf der Krankheit noch wissenschaftlich genau beschrieb, zeugen seine prophylaktisch zu verabreichenden Mixturen eher von einer auch aus der Verzweiflung geborenen Phantasie. Nach dem Motto »Glaube versetzt Berge« empfahl er den Reichen ein pulverisiertes Medikament aus Perlen, roten Korallen, Granaten, Smaragden und Saphiren, im Falle der bereits erfolgten Ansteckung die Beimischung von Sandelholz, Kampfer und Gerstenkörnlein. Edelsteine galten als Konzentrat kosmischer Kräfte. So sollte der Granat das Herz stärken, Smaragde und Korallen sollten vor Giften, Pest und Fieber schützen. Da selbstredend diese pulverisierten Edelsteine für Arme unerschwinglich waren, hatte der Ravensburger Stadtarzt auch für diese Klientel ein Medikament parat. Nach dem Motto »Not macht erfinderisch« sollten Arme Borretsch- und Nelkenblüten, Salbei, Minze, Wacholderbeeren, Lattich- und Endiviensamen als zusammengemischtes Pulver unter das Essen mischen. Dieses Beispiel zeigt, daß die Grenzen zwischen Quacksalberei und medizinischer Kunst fließend waren.

Vergessen wir auch nicht, daß bis in die Neuzeit hinein Landärzte selten waren. So kamen zum Beispiel am Ende des 18. Jahrhunderts im Bayerischen Wald auf 17.203 Menschen eines Gerichtsbezirks nur fünf Bader und zwei ausgebildete Hebammen. Der nächste akademisch ausgebildete Arzt war fünf Wegstunden entfernt. So gesehen konnte die mittelalterliche und frühmoderne Gesellschaft auf die »Kunst« der Quacksalber und Kurpfuscher nicht verzichten.

8

Die Last mit der Lust
Von freien Töchtern und Sodomitern

Bevor wir uns den Dirnen und Sodomitern zuwenden, fragen wir zunächst nach den kirchlichen und weltlichen Rahmenbedingungen für die Ausgestaltung der menschlichen Sexualität im Mittelalter. Festzuhalten ist, daß von einer Gleichberechtigung der Geschlechter keine Rede sein kann, denn einzelne Theologen des Mittelalters wie der Kardinal Jakob von Vitry (gest. 1254) schloßen aus der Schöpfungsgeschichte auf die Minderwertigkeit der Frau:

> *Zwar wurde die Frau nicht aus den Füßen Adams gemacht, und man soll daher die Frau nicht mit den Füßen treten, aber sie wurde auch nicht aus seinem Haupte geschaffen, also soll die Frau auch nicht das Kommando haben.*

Auf den mittelalterlichen Darstellungen des Paradieses geht das Motiv der Schlange mit einem Frauenkopf auf eine seit dem 12. und 13. Jahrhundert in der bildenden Kunst verbreitete und von zahlreichen mittelalterlichen Autoren tradierte Vorstellung zurück. Angeblich soll sich der Teufel, um Eva zu verführen, als Schlange mit menschlichem Gesicht verkleidet haben, das dem Evas glich. Für diese Sünde sühnen alle Frauen mit Schmerzen bei der Geburt ihrer Kinder (Gen 3,16):

> *Und zum Weibe sprach er: Ich will dir viel Mühsal schaffen, wenn du schwanger wirst; unter Mühen sollst du Kinder gebären. Und dein Verlangen soll nach deinem Manne sein, aber er soll dein Herr sein.*

Der berühmte Kirchenlehrer Augustinus (354–430) sah in der Sexualität der Menschen eine Strafe Gottes für den Sündenfall und vertrat die Auffassung, daß das Kind durch die bei jedem Zeugungsakt vorhandene Lust mit der Erbsünde befleckt sei. Nach Augustinus lag der Zweck der Paradiesehe einzig und allein in der Erzeugung von Nachkommen. Der notwendige Geschlechtsakt geschah dabei angeblich ohne Lustgefühl, da die Geschlechtsorgane von Frauen und Männern im Paradies völlig dem Willen unterworfen waren:

Warum sollte es unglaubhaft erscheinen, daß die Beschaffenheit der ersten menschlichen Körper von der Art gewesen ist, daß die Menschen mit dem Wink über die Geschlechtsorgane verfügten, mit dem man über Füße verfügt, wenn man spazierengeht, so daß weder mit Liebesglut gezeugt noch unter Schmerzen geboren würde?

Selbst das Aussehen der Frau wurde zum theologischen Streitfall: Ist der Geschlechtsverkehr mit einer schönen oder mit einer häßlichen Frau eine größere Sünde? Petrus Cantor (gest. 1197) behauptete, der Verkehr mit einer schönen Frau sei größere Sünde als der mit einer häßlichen Frau, weil er mehr ergötze. Denn die Größe der Lust bestimme die Größe der Sünde. Alanus von Lille (gest. 1202) hielt dagegen: Wer mit einem schönen Weib verkehre, sündige weniger, weil er durch den Anblick ihrer Schönheit mehr gezwungen wird und wo größerer Zwang, da ist geringere Sünde. Der weibliche Körper wurde verteufelt. Selbst der hochgebildete Mönch Odo von Cluny (gest. 942) schrieb:

Die Schönheit des Körpers (der Frau) besteht allein in der Haut. Denn wenn die Menschen sähen, was unter der Haut ist, wenn sie so, wie man vom Luchs in Böotien sagt, das Inwendige sehen könnten, würden sie sich vor dem Anblick der Frauen ekeln. Ihre Anmut besteht aus Schleim und Blut, aus Feuchtigkeit und Galle. Wenn jemand überdenkt, was in den Nasenlöchern, was in der Kehle und was im Bauch alles verborgen ist, dann wird er stets Unrat finden. Und wenn wir nicht einmal mit den Fingerspitzen Schleim und Dreck anrühren können, wie können wir dann begehren, den Dreckbeutel selbst zu umarmen?

Besonders die Sexualität der Frau bedurfte nach kirchlicher Vorstellung einer Reglementierung. Ihrer angeblichen Triebhaftigkeit, die den Mann ins Verderben zu führen drohe, werde durch die Ehe Einhalt geboten. Für Augustinus war der eheliche Sexualverkehr nur schuldfrei, wenn er der Zeugung von Nachkommen diente. Der Ulmer Stadtarzt Heinrich Steinhöwel stellte 1437 fest, daß allzu große Unkeuschheit Gehirn und Magen angreifen konnte und bereits Albertus Magnus (um 1200–1280) schien davon überzeugt, daß zuviel Sex das Gehirn ausdünnen und zu tief liegenden und schwachen Augen führen müßte:

Ein Magister Clemens aus Böhmen hat mir erzählt, ein gewisser schon ange-
grauter Mönch sei zu einer schönen Dame gegangen wie ein Heißhungriger.
Bis zum Klopfen zur Matutin hat er sie sechsundsechzigmal (!) begehrt. Aber
am Morgen lag er krank im Bett und ist noch am gleichen Tag gestorben. Und
weil er ein Adliger war, wurde sein Körper geöffnet. Und man fand, daß sein
Gehirn ganz ausgeleert war, so daß von ihm nur die Größe eines Granatapfels
übriggeblieben war, und die Augen waren genauso vernichtet.

Über die Folgen zu häufigen Geschlechtsverkehrs meinte der große Theo-
loge weiter:

Hunde lieben starken Geruch und laufen hinter Kadavern her, und der Kör-
per eines Menschen, der viel Verkehr hat, nähert sich dem Zustand des Kada-
vers wegen des vielen verdorbenen Samens.

Nach Albertus Magnus lud derjenige Ehepartner keine Sünde auf sich, der
den Verkehr nur auf Verlangen des anderen »lustlos« leistete:

Wer Verkehr leistet, der billigt nicht, sondern bedauert das geschlechtliche
Verlangen des Ehegatten. Er beabsichtigt nicht, dessen Lust zu fördern, son-
dern die Krankheit des Gatten zu heilen.

Die kirchlichen Bestimmungen schrieben vor, wie der Geschlechtsverkehr
auszuführen war (»Missionarsstellung«), wann miteinander geschlafen werden durfte und mit wem. Der Verkehr mit einer Menstruierenden, einer
Schwangeren und einer Frau jenseits des Klimakteriums galt als Sünde. Zu
bestimmten heiligen Zeiten und Tagen – zum Beispiel an hohen Feiertagen
und in der Fastenzeit – sollten die Eheleute ebenfalls enthaltsam leben. Insgesamt waren dies immerhin zwei Drittel des Jahres. Nach dem Straf- und
Bußbuch Reginos von Prüm (gest. 915) mußte man beim Geschlechtsverkehr am Sonntag drei Tage Buße leisten. Für den Geschlechtsverkehr in der
Fastenzeit vor Ostern wurde dem Paar sogar eine Buße von einem Jahr auf-
erlegt.

Aufbauend auf der kirchlichen Auffassung von der Sündhaftigkeit der Frau
zogen Männer den weiblichen Charakter in Zweifel. Die Sieben Todsünden
wurden als Frauengestalten abgebildet. Abtreibung, Zauberei und Prostitution waren für die Zeitgenossen typische »Frauendelikte« und galten als
Rechtfertigung für Gewalt gegen Frauen. Mit dem sogenannten »Hexenhammer« der Inquisitoren Jakob Spengler und Heinrich Institoris von 1487
war der Gipfel der Diffamierung der Frau erreicht.

Auch die mittelalterliche Medizin nahm sich der Sexualität an, allerdings nur der männlichen. Vermutlich Constantinus Africanus aus Salerno schrieb den Traktat »De Coitu«, der den Beischlaf des Mannes beschreibt. Die Unkenntnis des weiblichen Körpers spricht Bände. Schon der bekannte Bischof Isidor von Sevilla (gest. 636) hatte in seiner Real- und Wortenzyklopädie über das Menstruationsblut geschrieben:

Nach der Berührung mit ihm können Früchte nicht keimen, Blüten verwelken, Gräser sterben ab ... Eisen rostet, Erz wird schwarz, Hunde, die davon nehmen, bekommen die Tollwut.

Zwar war es den Prostituierten untersagt, Ehemänner zu bedienen, doch in der Praxis fragte niemand danach. Der Besuch im Bordell wurde vom Rat bis zur Reformation toleriert, bestand doch hier keine Gefahr illegitimen Nachwuchses, der womöglich Erbansprüche stellen konnte. Frauen billigte man eine derartige sexuelle Freiheit nicht zu. So wehrte sich der Hamburger Rat 1335 gegen die Gleichsetzung von männlichem und weiblichem Ehebruch:

Ein Privilegium der Bürger von Hamburg [...]

Anno 1335 ist ein großer Auflauf gewesen zwischen den Geistlichen und dem Rat und bevollmächtigten Bürgern, denn die Geistlichen wollten den Ehebruch auf das höchste bestrafen, was ein Ehrbarer Rat nicht zulassen wollte.

Die Rechtsnormen schützen daher vor allem die durch die Ehe begründete Herrschaftsgewalt des Ehemannes über seine Frau. Erst das Bürgerliche Gesetzbuch hob im Jahre 1900 die formelle Unterscheidung des weiblichen und des männlichen Ehebruchs auf.

Das Risiko einer sexuellen Beziehung lag ganz auf Seiten der Frau. Verhütung oder Abtreibung war allein ihr Problem. Caesarius (um 503–543), Bischof von Arles, ließ unter Androhung der Buße gegen die Einnahme von empfängnisverhütenden Mitteln predigen:

... daß keine Frau einen Trank nehmen darf, der sie unfähig macht zu empfangen oder die Kraft der Natur in ihr beeinträchtigt, die nach dem Willen Gottes fruchtbar sein soll. So oft sie hätte empfangen oder gebären können, so vieler Morde wird sie für schuldig gehalten werden, und falls sie sich nicht einer angemessenen Buße unterwirft, wird sie zu ewigem Tode in der Hölle verdammt sein. Wenn eine Frau Kinder haben will, soll sie das fromm und gewissenhaft mit ihrem Mann vereinbaren; denn eine christliche Frau ist allein durch Keuschheit unfruchtbar.

Zeugnis von Empfängnisverhütung legen auch die Bußbücher (*libri poenitentiales*) wie die Merseburger Bußordnung ab. Während Caesarius im Frühmittelalter Geburtenkontrolle noch als eine Form der Habgier verurteilt, bringt Burchard von Worms ca. 500 Jahre später (gest. 1025) Verständnis für die Not armer Frauen auf, auch wenn er die Empfängnisverhütung für strafwürdig hielt:

> *Hast du getan, was manche Frauen zu tun pflegen, wenn sie Unzucht treiben und ihre Leibesfrucht töten wollen, nämlich mit ihren Zaubermitteln und ihren Kräutern so zu handeln, daß sie den Embryo töten oder beseitigen, oder, wenn sie nicht empfangen haben, es so einzurichten, daß sie nicht empfangen? Wenn du solches getan hast, mußt du zehn Jahre lang an kirchlichen Wochentagen Buße tun [...] Es ist aber ein großer Unterschied, ob sie eine arme Frau ist, und solches tut, weil sie Not hat, ihre Kinder zu ernähren, oder ob sie es tut, um ein Verbrechen der Unzucht zu verbergen.*

Auch die Merseburger Bußordnung schritt gegen eigenhändig vorgenommene Sterilisation oder Empfängnisverhütung ein:

> *Wenn irgendeine Frau ... ihren weiblichen Körper derartig verändert, daß sie keine Kinder mehr haben kann, büße sie 7 Jahre, 5 davon mit Wasser und Brot, und darüber hinaus kleide sie bei den Armen drei als weiße Engel oder mache Kleider für die Kirche und gebe viele Spenden und vermehre sie darüber hinaus noch, damit sie nicht des Totschlags angeklagt wird.*

Kindstötungen aus sozialer Not kamen vor. Gerade die Mägde waren oft Sexualobjekte ihrer Herren. Die Magd des Luzerner Ratsherrn Aerni Moser versuchte, ihr heimlich entbundenes Kind im Mühlkanal zu ertränken, *ermurt also ir eigen fleisch und bluot*, wie der Chronist Diebold Schilling vermerkt.

Bleibt festzuhalten: Die von der Kirche als geheimnisvolle und dunkle Macht bekämpfte menschliche Sexualität wurde von der mittelalterlichen Gesellschaft für den Mann akzeptiert. Der Frau und ihren Trieben haftete dagegen der Makel der Eva an. Da Empfängnisverhütung in der Praxis oft ihr alleiniges Problem war, mußten gerade die Prostituierten über einige Kenntnisse verfügen, um nicht schwanger zu werden oder um heimlich abzutreiben. Diese Kenntnisse, die auch die Hebammen besaßen, rückten die Prostituierten gefährlich in die Nähe der als Hexen gebrandmarkten Frauen.

Freie Töchter und Zuhälter

Hans Wilhelm Kirchof bedauert noch im 16. Jahrhundert die *armen huren, die manichmal auß armut wol auch ihr tag nicht über einmal sich in den handel begeben.* Auch Lukas Hachfurt, der Straßburger Almosenschaffner, sieht 1532 in der Armut die Hauptursache für Prostitution und prophezeit ihren Kindern: *deßhalben müssen sie elende bettler werden und bliben, so sie in der jugendt kein hilf haben, und im alter gibt es diebe oder sunst ful leitschen* (Prostituierte). In Dijon, aber auch in anderen mittelalterlichen Städten stammten die Prostituierten nachweislich zu vier Fünfteln aus der Unterschicht und waren Witwen oder Töchter von Handwerkern und Arbeitern, welche die Armut in das horizontale Gewerbe zwang.

Neben der Armut gab es noch andere Umstände, welche die Frauen in die Prostitution trieben – gewissenlose Frauenhändler etwa. 1400 wurde in Straßburg ein solcher Mann ausgewiesen, weil er ein Mädchen mit dem Versprechen, ihr eine Stelle als Dienstmagd zu verschaffen, nach Straßburg gelockt und dort an ein Bordell verkauft hatte. In Nördlingen wurde ein gewisser Heinrich von Westfal 1446 verurteilt, weil er eine Frau gegen ihren Willen an den Nördlinger Frauenwirt veräußert hatte. Die im oberdeutschen Sprachraum auch als *Ruffian* oder *Riffian* bezeichneten Zuhälter wurden im Basler Rufbuch an den Pranger gestellt, da sie den Dirnen alles abnahmen und selbst *essent, trinkent und kleident sich daruß kostlich, daz schier nyemant weiß, ob es jungherrn oder welkerleye lute si sint, und tragent sich weidenlicher und costlicher denn etlich tund, die zwey hundert gulden gelt oder mer habent.* Offensichtlich war Zuhälterei schon damals ein sehr einträgliches Geschäft. Immerhin brachte der Verkauf einer Prostituierten bis zu zwanzig Gulden. Auch Frauen betätigten sich als Kupplerinnen. In Dijon besaß Madame Saignant, Inhaberin eines Badehauses, um 1460 den Ruf, die beste Kupplerin der Stadt zu sein. Sie beschäftigte verschuldete Mädchen und verspottete die Schöffen, die noch nicht zu ihren Kunden gehörten. 1567 gab Anna Hanßen aus Nürnberg an, eine sehr junge Dienstmagd *prostituieret* zu haben. In Nördlingen hatten zwei Kupplerinnen 1513 dem dortigen Frauenwirt eine Jungfrau ins Haus gebracht. Der blühende Frauenhandel erregte hier und da das Mißfallen der Stadträte. So wurde der Konstanzer Frauenwirt Hans Stertzinger 1449 zu einem halben Jahr Turmhaft verurteilt, weil er eine Jungfrau *dez nachts auf der gassen mißhandelt* und *si in daz frowenhus gezogen* hatte, und dann der Stadt verwiesen, weil er eine *arm tochter mit worten darzu gelukert*, also verführt hatte, in seinem Haus zu arbeiten. Da trieb die Ratsväter wohl die Angst vor der Mißhandlung und Entführung ihrer eigenen Töchter.

Das Durchschnittsalter der Prostituierten lag in Dijon bei den Straßendirnen bei siebzehn Jahren, bei den Huren in den Badstuben bei zwanzig und bei denjenigen im Frauenhaus bei 28 Jahren. Doch auch Kinder wurden zur Prostitution gezwungen. So hören wir, daß 1493 den Knechten des Straßburger Rates aufgetragen wurde, bei der Überwachung des horizontalen Gewerbes darauf zu achten, daß ein Mädchen, das *zu junge ist, also das es weder bruste noch anders hette*, aufgegriffen und *mit der ruten darumb gestrofet und dozu der stat verwisen* werde.

Die meisten Prostituierten waren ortsfremd und stammten aus dem näheren Umland – vielleicht ein Grund, warum man sich um ihr Schicksal nicht allzu viele Gedanken machte. In einigen Städten, so in Nürnberg und Bamberg, verlangte man von den Frauenhauswirten zu beeiden, keine Bürgerstöchter zu beschäftigen. In Luzern und in Nördlingen durften die Frauenwirte nach 1470 keine Jungfrauen mehr anwerben. Denn die Unberührtheit der Frau galt als ein hoher Wert. Schlimm konnte es einer Frau ergehen, die ihre Jungfräulichkeit verloren hatte. Auf dem Heiratsmarkt galt sie praktisch als wertlos. Das mußte auch Margret Neugruber erfahren, die 1586 in Nürnberg verhört wurde. Sie gab an, sich *auß großer armut halben* einem Mann hingegeben und dafür einen Gulden bekommen zu haben. Auch als Köchin sei es ihr nicht anders ergangen und sie sei von ihrem Arbeitgeber sogar erst betrunken gemacht und dann vergewaltigt worden – eine Tat, für die nicht der Notzüchtiger, sondern Magret ins Loch ging.

Die Prostituierten arbeiten auch an Tagen, an denen andere nicht arbeiten mußten. So war das Castelletto in Venedig nur an Weihnachten, in der Karwoche und an den Festen der Auferstehung sowie den vier Marienfesten geschlossen – angesichts der Fülle mittelalterlicher Feiertage also relativ selten.

Prostituierte im Frauenhaus

In einer Gesellschaft, in der die meisten Menschen keine Heiratserlaubnis bekamen, waren die Bordelle ein wichtiges Ventil. Zwischen 1471 und 1478

Im Frauenhaus. Prostituierte gehörten zu den Ausgestoßenen der Gesellschaft. (HOLZSCHNITT, 15. JAHRHUNDERT)

verkehrten in Lyon mit Billigung der Behörden Männer jeden Alters und Standes im örtlichen Frauenhaus. Nur in der Theorie blieb verheirateten Männern und Geistlichen der Bordellbesuch verboten. In Dijon machten Geistliche sogar zwanzig Prozent der Kundschaft der Badestuben und privaten Bordelle aus. Die zunächst nur geduldete Prostitution wurde im Reich seit dem 15. Jahrhundert öffentlich gefördert. Bereits 1360 war in Venedig ein Bordell entstanden. Das große Etablissement in Dijon ist seit 1385 belegt. Die vom Rat oder vom Scharfrichter der Stadt beaufsichtigten Freudenhäuser waren in jeder größeren Ortschaft anzutreffen. Durch die Einrichtung der Bordelle sollte die heimliche Prostitution auf der Straße, in Wirtshäusern und Privatwohnungen unterbunden werden. Das größte Frauenhaus stand in Nürnberg, wo 1497 26 Prostituierte tätig waren. Dazu kamen die Badstuben, die zum Teil ebenfalls Bordelle waren. Den Prostituierten im Frauenhaus standen eine Frauenmeisterin und ein Frauenwirt vor. Auch der Konstanzer Rat erließ um 1507 eine ausführliche Frauenhausordnung, um die Prostitution der kommunalen Aufsicht zu unterstellen. Darin heißt es:

Ebenso, wenn eine Frau zu ihm [Frauenwirt] kommen oder sonst büßen oder in diesem Stand nicht mehr sein will, oder wenn ihr Vater, ihre Mutter, ihr Bruder oder ein anderer Freund oder andere ehrbare Personen kommen, die sie herauslösen und in ein ehrsames Leben setzen wollen, soll er das ihnen gestatten, doch soll die Auslösung nach einem Ratsbeschluß sein.

Ebenso welche Frau mit Kindern beladen oder gebrechlich wird, dieselbige soll er von den anderen Frauen absondern und allein die reinen Frauen im Haus und Brauch halten und die kranken Frauen dermaßen versehen, daß, wenn es Not ist, sie mit den Sakramenten versehen werden. [...]

Ebenso an allen Frauenabenden, am Zwölfbotentag und Samstagnacht, sobald man zur Vesper läutet, soll er das Haus zuschließen und niemand, er hat dann in Ehren zu schaffen, einlassen.

Ebenso soll er einer Frau eine Wassermahlzeit mit zwei warmen Trachten [Speisen] und dazu Käse, Äpfel, Birnen, was man nach der Zeit hat, ungefähr für 4 Pfennige geben.

Ebenso eine Weinmahlzeit mit zwei warmen Trachten und sonst wie es oben steht für 6 Pfennige, will aber eine besser leben, soll sie das angemessen bezahlen.

Ebenso und von demselben was die Frauen mit ihrem Leib und ihrer Unreinheit gewinnen, soll ihm jede den dritten Pfennig geben.

Ebenso soll er der Stadt 12 Gulden im Jahr geben und die zu den Fronfasten
bezahlen, an jeden Fronfasttag 3 Gulden und soll auch das Haus mit Sachen
und Gemächern in Ehren halten und vor Abgang ihn allezeit bewahren.

Dennoch: Viele Frauenwirte hielten sich nicht an die detaillierten Vorgaben.
In Nördlingen war 1470 die Prostituierte Else von Eichstätt schwanger geworden. Nach heftigen Vorwürfen hatte ihr die Frau des Bordellpächters einen Kräutertrank bereitet, der schließlich eine Fehl- oder Totgeburt einlei-
tete. Trotz massiver Einschüchterung beichtete Else einigen Freiern die
Geschehnisse. Das Gerücht vom Kindsmord im Nördlinger Bordell ging
um, bis sich der Rat gezwungen sah, den Betrieb zu überprüfen. Bei der Be-
fragung der Prostituierten taten sich Abgründe auf. Das ausführliche Verhör
der Anna von Ulm zeigt, wie es einer Prostituierten im Nördlinger Frauenhaus erging. Fast alle Frauen waren von Frauenhändlern an das Haus verkauft worden und dem Bordellpächter gegenüber hoch verschuldet. Ihre
Kleidung wurde ihnen beim Eintritt abgenommen. Sie durften das Gebäude nur zu bestimmten Anlässen und unter Aufsicht verlassen. Lehnten sie
Freier ab, erhielten sie Prügel vom Wirt.

Prostituierte – gebraucht, geachtet und verachtet
Die Kirche duldete zunächst die gewerbliche Prostitution als das kleinere
Übel. Augustinus schrieb:

Schaffe die Dirnen in der menschlichen Gesellschaft ab, und du wirst eine ein-
zige Verwirrung durch die ungezügelten Genusssüchte schaffen. Gib ihnen
den Platz von Ehefrauen, und Schmach und Schande wird auf alle fallen.

Und Thomas von Aquin behauptete:

Entferne die Prostituierten aus der Welt und du wirst sie mit Sodomie erfül-
len. Weshalb Augustin sagt, daß die irdische Stadt die Benutzung von Huren
zu einer rechtmäßigen Unmoral gemacht hat.

Im Sinne der frauenfeindlichen Grundhaltung der mittelalterlichen Gesellschaft konnte Augustinus auch so verstanden werden, daß die Bordelle für
jene Frauen nötig seien, die nicht willens waren, ihren als natürlich angese-
henen Hang zur Verführung der Männer in der Ehe domestizieren zu lassen.
Folglich wurden im Spätmittelalter als verdächtig eingestufte alleinstehende Frauen gelegentlich zwangsweise in das städtische Bordell geführt. Als
1472 der Nördlinger Rat eine umfassende Hausordnung für das Bordell

erließ, leitete er sie mit dem Verweis auf die kirchliche Duldung der Prostitution ein:

Diewyl die mutter der hailigen cristenhait von mer ubels zufurkommen duldet, das man in ainem Common [Kommune] *ein haws und freytochtern* [Prostituierte] *darien haben mag.*

Dabei kümmerte es den Nördlinger Rat herzlich wenig, daß die Kirche keinesfalls für die Einrichtung von Bordellen geworben, sondern sich nur für eine begrenzte Toleranz gegenüber Prostituierten ausgesprochen hatte. 1478 hieß es im Nördlinger Frauenwirtschaftseid, daß der Bordellpächter alle Frauen, die in der Stadt länger als drei Tage als Prostituierte arbeiteten, zwangsweise in das Bordell einziehen durfte.

Prostituierte waren zunächst keine Ausgestoßenen. Der Rat förderte die gewerbliche Prostitution in seiner ihm unterstehenden Einrichtung. Freie Töchter durften auf keinem öffentlichen Fest oder bei Spielen fehlen. Sie galten zudem als Fruchtbarkeitsbringerinnen. Im beginnenden 13. Jahrhundert hatten ehemalige Prostituierte den Orden der Reuerinnen, Büßerinnen oder Magdalenen gegründet. Wenige Jahrzehnte später wurde den Freudenmädchen der Zugang in diesen bis 1553 existierenden Orden verwehrt, denn diese Bußorden standen bei den Behörden in keinem guten Ansehen, weil man den ehemaligen Dirnen unterstellte, arme Mädchen in die Prostitution zu treiben. Bis um die Mitte des 15. Jahrhunderts war es für Prostituierte fast unmöglich, das städtische Bürgerrecht zu erwerben. Auch wurde ihnen häufig die Heiratserlaubnis verweigert. Ihre Resozialisierung ins bürgerliche Leben scheiterte in aller Regel. Mitunter finden wir öffentliche Huren aber auch als Dienstmädchen, eher selten als Ehefrauen.

Städtische Prostituierte waren von anderen Frauen durch ihre spezifisch auffällige Kleidung zu unterscheiden. Seit dem 12. Jahrhundert waren ihnen Schleier und Hauben verboten, um sie von »ehrbaren« Frauen unterscheiden zu können. In Rothenburg ob der Tauber mußten sie zum Beispiel ein rotschwarzes Kopftuch tragen, in Augsburg einen Schleier mit einem zwei Finger breiten grünen Stoffstreifen, in Leipzig und Dresden einen kurzen gelben Mantel, der an seinen Nähten blaue Schnüre aufwies, in Bergamo einen gelben, kragenlosen Mantel mit roter Kapuze, in Wien ein gelbes quadratisches Tüchlein unter der Achsel, in Hamburg eine besonders geschnittene Haube, in Zürich und Bern eine rote Kappe oder Mütze, in Meran auf den

Schuhen ein gelbes Fähnlein, in Frankfurt am Main Kleider mit einer gelben Verbrämung, in Köln einen roten Schleier und in Lübeck ein schwarzes Band an der Mütze. In der Kirche hatten sie eine eigene Bank. Ihre auffällige Kleidung war zwar ein Stigma, bot aber auch einen gewissen Schutz vor Überfällen. Doch in Paris, Dijon, Amiens oder Metz kleideten die Dirnen sich nach eigenem Gutdünken, denn Kleiderordnungen wurden nicht überall erlassen, geschweige denn wirksam umgesetzt. In der ersten Hälfte des 15. Jahrhunderts wurden die Prostituierten in Europa fast überall geduldet und selten diskriminiert.

Doch auch die Diskriminierung von Prostituierten hat eine eigene Geschichte. Bereits Ludwig IX. ordnete 1254 an, alle Prostituierten aus Frankreich zu vertreiben, ihr Vermögen und sogar ihre Kleider zu beschlagnahmen. Als er 1256 diesen Erlaß wiederholte, fügte er hinzu, man solle die Dirnen wenigstens aus den vornehmen Straßen wegschaffen, von Kirchen und Klöstern fernhalten und vor die Tore der Stadt verbannen. Doch das blieb nicht mehr als ein frommer Wunsch eines Monarchen, der sich selbst der Heilige nannte. Aber an der Prostitution haftete von nun an ein gewisser Makel. In Avignon durften Juden und Prostituierte auf dem Markt keine Lebensmittel anfassen. Die Berührung von Dirnen in der Öffentlichkeit galt als Schande, daher war es hilfreich, wenn man sie an ihrer auffälligen Kleidung erkennen konnte. Daß sie noch im 14. Jahrhundert oft der Aufsicht des Scharfrichters unterstanden, trug zu ihrer Verachtung bei. Dazu kamen Versuche, das horizontale Gewerbe auf bestimmte Bezirke der Stadt zu konzentrieren. Nach 1350 entstanden daher in den Städten die Frauenhäuser. In Brescia erklärte man 1494 Juden und Prostituierte zu gesellschaftlichen Außenseitern. Die Reformation ging gegen die offene und heimliche Prostitution vor. Aus den Visitationsakten, in denen der Lebenswandel und die Lehre der Pfarrer aufgezeichnet wurden, erfahren wir, daß diese ihre Haushälterinnen oder Konkubinen entlassen oder heiraten mußten. So vertrieb der Rat von Bern 1405 die sogenannten »Pfaffendirnen«. Am 21. Dezember 1591 wurde das letzte mittelalterliche Bordell in Köln geschlossen. Aus städtischen Prostituierten wurden Straßendirnen, die seit dem 16. Jahrhundert kriminalisiert wurden. Die Prostitution starb selbstredend damit nicht aus, doch wurde sie nun erst recht in die Ecke des unehrenhaften Milieus abgedrängt.

Wahrlich töricht, arm und sinnlos, viehisch ist der Mensch, der seiner Seelen
Seligkeit für die zeitlichen Freuden des Fleisches hingibt und sich den ewigen
Flammen der Hölle ausliefert,

urteilt Andreas Capellanus in seiner Schrift »Über die Liebe«, die wahrscheinlich zwischen 1186 und 1190 in der Kanzlei des französischen Königs
entstand. Für die Kirche war das sexuelle Begehren an sich schon eine Sünde. Denn die Theologie unterschied zwischen der richtigen Liebe *(caritas)* in
Form von Fürsorge und Gottvertrauen und der falschen Liebe *(cupiditas)* in
Gestalt der Begierde und Wollust. Wenn aber der Sexualkontakt nach An-
sicht der abendländischen Kirche nur dem »lustfreien« Zwecke der Zeugung
dienen sollte, dann mußten zwangsläufig alle lustvollen Sexualpraktiken
als »Sünde wider die Natur«, also als Sodomie, erscheinen. Das sodomitische
Laster hieß auch die »stumme Sünde«, »Sünde ohne Namen«, »jene schreckliche Sünde, die unter Christen nicht genannt werden darf« oder »Laster wider die Natur« *(vitium contra naturam)*. Eine anonyme Schrift des 13. Jahrhunderts aus dem Kloster Weißenau sagt:

Das unsägliche Vergehen gegen die Natur:
Übel ist's, es auszusprechen;
schlimmer, es zu hören;
am schlimmsten, es zu kennen.

Etymologisch wird das Wort Sodomie auf die biblische Stadt Sodom zurückgeführt, die von Gott mit all ihren sündhaften Einwohnern unter einem Regen aus Feuer und Schwefel begraben wurde (Gen 18f.). Den Begriff der Ho-
mosexualität prägte der österreichische Schriftsteller Karl Maria Benkert
erst 1869. Heute wird er verengend auf die gleichgeschlechtliche Liebe von
Männern bezogen. Wir halten uns daher bei der Betrachtung des mittelalterlichen Sexuallebens an den umfassenderen Begriff der Sodomie.
Nach Tacitus bestraften die Germanen männliche Homosexuelle mit dem
Tod. Dies galt auch für Geschlechtsverkehr mit Tieren. Die mittelalterliche
kirchliche Lehre zur gleichgeschlechtlichen Liebe war nicht eindeutig – vor
allem griechisch-orthodoxe und römisch-katholische Auffassungen liegen
auseinander. In der Ostkirche wurde Liebe zwischen Männern eher selten als
Sodomie bezeichnet. Gleichgeschlechtliche Freundespaare, die sogenann-

ten Wahlbrüder, erhielten sogar den kirchlichen Segen und wurden miteinander bestattet. Die Wahlbruderschaft, auch »geschworene Bruderschaft« (*fraternitas iurata*) genannt, bezeichnete im europäischen Mittelalter und in der frühen Neuzeit ein künstliches Verwandtschaftsverhältnis zwischen zwei Freunden. Inwieweit diese Institution als Beweis dafür gelten kann, daß das Christentum gleichgeschlechtliche Verbindungen in der Vergangenheit nicht nur anerkannt, sondern auch gesegnet hat, ist bei Historikern umstritten. Denn der orthodoxe Ritus der *Adelphopoiesis* (»Brüdermachen«, slaw. *pobratimstwo*) erlaubte in der Ostkirche nach einem festgelegten Ablauf die Verbindung zwischen zwei Männern. Danach stellten sich die beiden zukünftigen Brüder vor dem Altar auf, wo sie mit einem Seil aneinandergebunden wurden. Ihre rechten Hände legten sie jeweils auf das Evangelium, mit der linken hielten sie eine Kerze. Dann verlas der Priester die Verse 1 Kor 12,27–13,8 (Paulus über die Liebe) und Joh 17,18–26 (Jesus über das Einssein). Nach der Überreichung von geweihten Geschenken wurden die »Brüder«, sich an den Händen haltend, um den Altar herumgeführt. Bei ihrem Kuß stimmte die Gemeinde Ps 133,1 an: *Seht doch, wie gut und schön ist es, wenn Brüder miteinander in Eintracht wohnen.* Der orthodoxe Ritus des »Brüdermachens« (lateinisch *ordo ad fratres faciendum*) fand im lateinischen Westen keine große Verbreitung. Der Schwur und ein gemeinsames Begräbnis verliehen der »künstlichen Bruderschaft« eine religiöse Einbindung. Die Liebe zwischen zwei »Brüdern« galt als romantisches Ideal. Das gemeinsame Grab beschreibt auch die lateinische Version von *Amys und Amylion* aus dem 14. Jahrhundert, eine populäre Volkssage. In ihrer mittelalterlich-christianisierten Fassung erzählt die Geschichte von zwei geschworenen Brüdern, die für Karl den Großen kämpften und nach ihrem Tod zunächst getrennt bestattet wurden. Da sich ihre Leichname in der Nacht aufeinander zu bewegt hatten, fand man sie am nächsten Morgen Seite an Seite liegend (vgl. Mk 10,9 und Mt 19,6). Jedoch sollte diese Volkssage nicht überbewertet werden.

In ihren Predigten gegen die Sodomie zitierten die Theologen das Schlagwort aus dem Römerbrief (Röm 1,26):

Deshalb überließ sie Gott den schimpflichsten Leidenschaften. Ihre Frauen vertauschten den natürlichen Gebrauch mit dem widerwärtigen. Ebenso gaben auch die Männer den natürlichen Verkehr mit der Frau auf und

entbrannten in ihrer Begierde gegeneinander: Männer trieben mit Männern
Unzucht und empfingen so den gebührenden Lohn für ihre Verirrung.

Im Matthäus- und Lukas-Evangelium steht das Vergehen der Sodomie mit der Verletzung der Gastfreundschaft in Verbindung (Mt 10,14f.; Lk 17,29). Das »Trachten nach dem Fleisch« gilt für die Apostel als Quelle der Sünde (vgl. Röm 7–8). Judas, der Bruder des Jakobus, äußert in einem Brief an die damalige christliche Gemeinde einen ersten Vorwurf gegen die Sodomiter, die Unzucht trieben und dem »fremden Fleisch« der Engel nachstellten (Jud 7). Der Kirchenlehrer Hieronymus erklärt unter Berufung auf Jes 3,9, Menschen gälten dann als Sodomiten, wenn sie mit ihren Sünden prahlten. Für den Kirchenvater Gregor den Großen hingegen wurde Sodom seiner »ungesetzlichen Begierden« wegen bestraft. Von den vier großen Kirchenlehrern des 4. Jahrhunderts verweist jedoch allein Augustinus darauf, daß Sodom zerstört wurde, weil dort die Unzucht mit Männern aus Gewohnheit blühte. In seinem »Liber Gommorrhianus« aus der Mitte des 11. Jahrhunderts rief der Benediktinermönch Petrus Damianus Papst Leo IX. dazu auf, die Sodomiter ihrer geistlichen Würde zu entheben. Damianus faßte unter dem Begriff der »Sodomie« allerdings alle sexuellen Handlungen, die nicht der Fortpflanzung dienen – dem für das mittelalterliche Christentum einzig legitimen Grund menschlicher Sexualität –, und listete in aufsteigender Reihenfolge vier Arten der sodomitischen Sünde auf: die Selbstbefleckung (Masturbation), das wechselseitige Umgreifen und Reiben der männlichen Genitalien, die Ejakulation zwischen den Schenkeln und den Verkehr von hinten. Thomas von Aquin beschrieb im 13. Jahrhundert als »Sünden wider die Natur« sechs Arten der Wollust mit vier Unterarten, nämlich die Masturbation (*immunditia, mollities*), den Verkehr mit einem »Wesen einer anderen Art« (*bestialitas*), den Verkehr mit einer Person anderen Geschlechts und den unnatürlichen Vollzug des Beischlafs, etwa durch die Benutzung ungehöriger Instrumente oder auf andere Weise. Am schwersten wog für ihn dabei die Unzucht mit einem Tier, am geringsten die Selbstbefriedigung. Anal- und Oralverkehr zwischen Eheleuten (*modi non debiti*) galten nach Thomas von Aquin ebenfalls als schwere Sünde.

Am eindringlichsten betonte der Franziskanerobservant Dietrich Kolde (um 1435–1515) in seinem berühmten Lehr- und Erbauungsbuch für die breite Bevölkerung, dem »Christenspiegel«, um 1485 die Notwendigkeit der Sodomiterverfolgung. Dabei stellte er die »Sünde gegen die Natur« in eine Reihe mit den drei anderen »himmelschreienden Sünden« Mord (Gen 4,10), unrechte Gewalt (Ex 3,7) und Vorenthaltung des rechten Lohns (Dtn 24,14f.):

Sie [die Sodomie] *geschieht in mancherlei Form, mit Gedanken, mit Berührungen, mit Frauen, mit Männern und in sonstiger Schändlichkeit, und diese Sünde ist größer als wenn ein Vater mit seiner Tochter sündigt.*

Auch weltliche Gewalten beteiligten sich an der Verfolgung der Sodomiter. Mitte des 6. Jahrhunderts verhängte der byzantinische Kaiser Justinian ein grundsätzliches Verbot der »widernatürlichen Unzucht« unter Bezug auf den biblischen Mythos von Sodom und Gomorrha und warnte vor Erdbeben, Hungersnot und Pest als möglichen Folgen solchen Treibens. De Facto richtet sich das Gesetz aber eher gegen Staatsfeinde. Und so sind die von Justinian bestraften angeblichen Sodomiter, deren Namen wir kennen, beides prominente Bischöfe der damaligen Zeit: Isaiah von Rhodos wurde wegen angeblicher Unzucht mit Männern gefoltert und hingerichtet, Alexander von Diospolis in Thrakien kastriert und öffentlich durch die Straßen geführt.

Bis zum 13. Jahrhundert war Sodomie in den meisten Ländern Europas nicht strafbar, sondern galt als eine von vielen Sünden in den kirchlichen Bußbüchern. In der Kreuzzugspropaganda allerdings wurden Muslimen sodomitische Praktiken unterstellt. Selbstredend gehörte die Sodomie auch zu den Standardvorwürfen gegen Häretiker. Unter *ketzern* verstand man im Mittelhochdeutschen auch »sodomitisch verkehren«. In der zweiten Hälfte des 13. Jahrhunderts wurde aus der Sodomie, die bis dato als geduldete Sünde galt, eine Handlung, auf welche die Todesstrafe stand. Im Falle des Sexualverkehrs mit Tieren wurden die Tiere mit dem Delinquenten hingerichtet, da man unter Berufung auf die Bibel auch das Tier als schuldigen Verbrecher ansah (Lev 20,15f.). Das Augsburger Stadtbuch von 1276 liefert den frühesten Beleg für die Bestrafung der »widernatürlichen Unzucht« durch ein weltliches Gericht und unterscheidet die »Ketzerei« in diesem Sinne eindeutig von Glaubensdelikten (Artikel 36).

In Köln berief der Rat am 19. Mai 1473 eine »Schickung« ein, die damit beauftragt wurde, *Meulenstößer, Schotten, Polacken, Lediggänger und Lediggängerinnen* [= Arbeitslose] *und andere vermerkte Leute, Männer wie Frauen* aus der Stadt zu jagen oder einzukerkern. Die Turmmeister sollten zu diesem Zweck *alle großen und kleinen Herbergen kontrollieren und alle verdächtigen Per-*

sonen mit Hilfe der Nachtwächter ins Gefängnis legen, ins Halseisen schließen und auf die Folterbank spannen, auch in Abwesenheit der Gewaltrichter. Wehe denjenigen, die mit einem Geschlechtsgenossen zusammen im Bett erwischt wurden. Wenige Jahre später, nämlich am 21. Juni und am 12. Juli 1484, beauftragte der Kölner Rat eine mit Sonderkompetenzen ausgestattete Geheimkommission von dreizehn Männern damit, die *unsprechliche stumme Sünde* systematisch zu untersuchen. Dabei tat sich ein wahrer Abgrund auf: Die Pfarrer von St. Aposteln streuten Gerüchte in die Welt und berichteten über das Vorhandensein der »stummen Sünde«. Insgesamt dreizehn Kölner Beichtväter gaben vierzehn (angebliche) Aussagen von zumeist todgeweihten und auswärtigen (!) Beichtkindern preis, die homosexuelle Beziehungen gestanden hatten. Das Beichtgeheimnis war im Zweifel nicht viel wert. Auch die Namen der Übeltäter kamen teilweise ans Licht. So soll der Turmmeister und Ratsherr Johann Greveroide um 1481 im »Mooshaus« sich seine Hosenriemen aufgeschnürt und versucht haben, sich einem »jungen Bürger« unzüchtig zu nähern, und einem »jungen Gesellen« in einer kleinen Kammer am Rheinufer von hinten seine Hand auf den Rücken gelegt und nach seinen Schamteilen getastet haben. Da die Opfer der »Übergriffe« von den Beichtvätern namentlich nicht genannt werden, liegt der Verdacht einer Intrige gegen den Turmmeister nahe, der in diesem Zusammenhang auch als »Ketzer« und »Lombarde« bezeichnet wird. Dieser Name erinnert wohl daran, daß die Eidgenossen am Heiligabend 1474 achtzehn von sechzig gefangenen »Lombarden« aus dem geschlagenen Heer Karls des Kühnen in Basel als Sodomiter verbrannt hatten. Die durch Gerüchte und Beichten angeblich aufgedeckten sodomitischen Praktiken fanden nach Aussage der Kölner Kriminalakten immer in Häusern oder in »heimlichen Gemächern« gegen Entlohnung oder Schweigegeld statt. Die vermeintlichen Täter stammten aus allen Gesellschaftsschichten. Die Sodomiterprozesse lassen sich auch als angestrebte moralische und das Sozialleben reglementierende Kontrolle des Kölner Rates über die Einwohner deuten. Trotzdem: Im deutschsprachigen Raum ist eine anhaltende strafrechtliche Verfolgung der »Sodomiter« im Verhältnis zu anderen Sexualdelikten relativ wenig belegt – ganz anders in Venedig oder in Florenz.

In Venedig wurde am 11. Mai 1418 ein spezielles Collegium zur Verfolgung der Sodomiter eingerichtet. Dieses *Collegium contra sodomitas* führte über 500 Einzelprozesse durch, wie den vom 11. Dezember 1460:

Der Herr Doge hat mit seinem Collegium der Zehn auf Wahrheit erkannt,
daß der hier anwesende Knabe Ludovicus Segato, der von Antonius Pavanaus
wegen des sodomitischen Übels gewaltsam versucht wurde und diesen durch-
bohrt und getötet hatte, weil er wußte, daß auf versuchte Sodomie die Todes-
strafe steht, freigesprochen werde.

Die zehn Richter unterschieden dabei zwischen »Dauersodomiten«, die in einer langfristigen, eheähnlichen Lebensgemeinschaft lebten, minderjähri-
gen Sodomiten, welche die Obrigkeit zunächst als passives Opfer betrachtete, später jedoch ebenfalls kriminalisierte, und »Sodomiterinnen«,
Prostituierte, die angeblich verbotene Sexualpraktiken ausübten. Das zuvor
mit Hochverrat und Münzfälschung befaßte Gremium *Consilium dei Dieci*
betrachtete die Sodomie als »Verbrechen gegen den Staat«. Die zehn Richter des *Collegium contra sodomitas* wußten, wo sich ihre Opfer aufhielten.
Gezielt suchte man in den Befestigungsanlagen, den Kirchenportalen, den
Hafenanlagen, den Arsenalen, den privaten Tanz- und Gesangsschulen sowie in den Barbierstuben (Apotheken) nach Sodomitern. Angehörige des
bürgerlichen Mittelstandes, darunter viele Apotheker, Bartscherer oder Barbiere, sowie Adlige, Kleriker und strafmündige Knaben über zehn Jahren,
darunter Jungen aus Venedig wie aus den Kolonien, wurden aufgegriffen,
während Angehörige der städtischen Unterschichten und Frauen laut den
Gerichtsakten eher selten darunter waren. Viele der Beschuldigten wurden
verbrannt. Am 25. August 1464 betonte das verschärfte Sodomiterstrafrecht,
daß das Verbrechen der Sodomie gegen die menschliche und natürliche
Fortpflanzung gerichtet sei und die Täter deshalb zu verbrennen seien. Die
Bordellbesitzerin Rada de Jadra wurde im Jahr 1500 angeklagt, in ihrem Etablissement eine regelrechte »Sodomie-Schule« unterhalten zu haben, dann
in einer Prozession durch den Canale Grande geführt und schließlich auf der
Piazetta öffentlich auf dem Scheiterhaufen verbrannt. Die Hinrichtung einer
Frau war eher eine Ausnahme, genauso wie der Fall des Simon Furlan, dem
1365 die rechte Hand abgehackt wurde, weil er für schuldig befunden worden war, mit einer Ziege zu verkehren.
Außergewöhnliches geschah auch in der Stadt Florenz. Nachdem mehrere
Pestepidemien die Einwohnerzahl um etwa zwei Drittel dezimiert hatten,
richtete man im Jahr 1432 die »Behörde der Nacht« ein, die sich ausschließ-
lich der Bekämpfung der Sodomie widmete. Denn die jungen Männer soll-

ten heiraten und Kinder in die Welt setzen, statt sich untereinander zu vergnügen. Auf Analverkehr standen zwar nur Geldstrafen, aber es gab ein funktionsfähiges Netz der Überwachung mit Verhören, der Belohnung von Denunzianten, Informanten und einer Kronzeugenregelung. Schnell zeigte sich: »Sodomie« fand in Florenz nicht etwa versteckt statt, sondern war Teil alltäglicher Sozial- und Sexualbeziehungen. Erst nach 70 Jahren wurde die »Behörde der Nacht« wieder aufgelöst.

Der Sodomievorwurf diente jedoch auch als Mittel der Denunziation und der politischen Intrige. Dies zeigt auch die Ermordung des englischen Königs Eduard II. im Jahre 1327 durch seine Gefängniswärter, die ihm der Legende nach einen glühenden Eisenspieß durch die natürliche Öffnung in die Gedärme gestoßen hatten – zugleich eine Anspielung auf die vermutete homosexuelle Beziehung zu seinem Günstling Piers Gaveston (gest. 1312). Auch die Angehörigen des Templerordens wurden 1305 auf Betreiben des französischen Königs Philipp IV. der Ketzerei und Sodomie bezichtigt und verbrannt. Der Orden wurde aufgelöst und sein Vermögen eingezogen. Die Bamberger Halsgerichtsordnung von 1507 forderte für Sodomiter die Todesstrafe durch Verbrennen:

Item so ein mensch mit einem vihe, man mit man, weyb mit weyb, unkeusch treyben, die haben auch das leben verwuerckt, und man sol sie der gemeinen gewohnheyt nach mit dem fewr vom leben zum todt richten.

Auch die »Peinliche Halsgerichtsordnung« Karls V. von 1532 sah für viele Arten des Sexualkontaktes nach Artikel 116 den Tod durch Verbrennen vor:

Item so Mensch mit Thier, Man mit Man, Weib mit Weib, Unkeusch treiben, die haben das Leben verwuerkt und sollen der gemeinen Gewohnheit nach mit dem Feuer vom Leben zum Tode gerichtet werden.

Die Todesstrafe für diese Delikte hielt sich immerhin bis ins 18. Jahrhundert.

Künstler und Dichter griffen das Motiv der Sodomie auf. Giovanni Boccaccio (1313–1375) berichtete in seinem »Decamerone« auch von Homosexuellen und verbotenen Sexualpraktiken. So erzählt er in der vierten Novelle des ersten Tages die Geschichte vom jungen Mönch und vom alten Abt und in der zehnten Novelle des dritten Tages die Geschichte des jungen Mädchens Alibech und des Mönchs Rustico.

9

Verjagt sie aus den Zelten des Herrn ...
Juden, Ketzer und Hexen

RELIGIÖSE AUSSENSEITER IN DER MITTELALTERLICHEN STADT

Nur auf den ersten Blick war die mittelalterliche Welt durch die Klammer von Kirche und Glauben geeint. Juden, Ketzer, Hexen und Zauberer wurden als religiöse Außenseiter oder wegen ihrer angeblichen schwarzen Künste diskriminiert, verfolgt und zum Teil ermordet. Nicht alle der genannten Gruppen waren zu allen Zeiten und Orten gleichermaßen präsent oder wurden auf dieselbe Art und Weise behandelt. Eines aber wird auch bei einer verkürzten Betrachtungsweise deutlich: Der Begriff der religiösen Toleranz war der christlich-mittelalterlichen Gesellschaft fremd. Religiöse Fremdheit wurde allenfalls, wie im Falle der Juden, geduldet und auch das nicht immer. Für Ketzer, in denen man mit Recht eine Gefahr für die Einheit der Kirche oder des Glaubens sah, galt das nicht. Menschen, denen man häretische Praktiken vorwarf, wurden gnadenlos verfolgt und verbrannt, übrigens mitsamt ihren Schriften. Vor vermeintlichen Zauberern und Hexen fürchtete sich der abergläubische Mensch des Mittelalters. Die Obrigkeit erschuf sie als imaginäre Geschöpfe häufig dann, wenn man geeignete »Sündenböcke« benötigte, um einen wie auch immer gearteten »Volkszorn« zu besänftigen. Wie viele dieser bedauernswerten Menschen die Qualen der Folter erlitten und auf dem Scheiterhaufen verbrannten, wissen wir nicht genau.

ZWISCHEN PRIVILEG UND SCHUTZ, VERFOLGUNG UND AUSTREIBUNG: JUDEN

Leben im Ghetto
Die Ursprünge der Absonderung der Juden liegen im Beschluß des 3. Laterankonzils von 1179, der das Zusammenleben von Christen und Juden verbot. Obwohl das Baseler Konzil 1434 die Zusammenfassung der Juden in eigenen

Vierteln wiederholte, sind die Vorschriften in einzelnen deutschen Städten unterschiedlich gehandhabt worden. In vielen Städten setzte sich im 15. Jahrhundert das den Juden zwangsweise zugewiesene Wohnviertel durch. Abends wurde es verschlossen, so daß die Bewohner nur tagsüber freien Zugang zu den übrigen Stadtbezirken hatten. Die Bezeichnung Ghetto stammt aus dem 16. Jahrhundert und ist erstmals in Venedig belegt. In Deutschland sprach man dagegen von »Judengasse« oder »Judenstadt«. Ursprünglich war das Judenviertel zumeist nahe dem Dom, der Burg oder dem Markt angesiedelt. Später wurde den Juden das Wohnen nur am Stadtrand erlaubt. Mitunter durften sie sogar nur außerhalb der Stadt wohnen. Innerhalb des jüdischen Viertels gab es keine in allen Einzelheiten festgelegte Kleiderordnung. Außerhalb des Ghettos handhabe der Stadtrat dies strenger. Welche alltäglichen Probleme Juden in den mittelalterlichen Städten zu bewältigen hatten, welchen Anfeindungen, Drangsalierungen und Übergriffen sie ausgesetzt waren, zeigt besonders gut die Beschwerdeschrift der Regensburger Juden an Herzog Georg den Reichen von Bayern-Landshut und seine Räte aus dem Jahre 1499:

Durchlauchtigster Fürst ... Von alters her ist der Brauch, daß wir die Gassen jedes Jahr in der Karwoche von Mittwoch bis Montag der Osterfeiertage zusperrten, ein Tor jedoch offen ließen, damit die Leute ihre Pfänder einlösen und wir unseren Lebensunterhalt bestreiten konnten etc. [...] Der neue Kämmerer N. Smidner hat uns genötigt, zu oben genannter Zeit alle Tore zuzusperren ... und als wir nach altem Herkommen, nachdem die Osterfeiertage vergangen waren, die Gassen wieder aufsperrten, ließ der Kämmerer unseren Schulmeister gebieten, die Gassen wieder zuzusperren; wir wollten weder dem Schulmeister dies erlauben noch uns diese Neuerung aufzwingen lassen. Der Kämmerer ließ gebieten, ihm die Schlüssel zu überantworten, die zu der oben genannten Gasse gehörten. [...] Daraufhin schickte der Kämmerer die Stadtknechte wiederum in die Gassen und ließ den Schulmeister suchen. Mit Schwertern zerstachen sie die Betten, auch ließ er öffentlich in unserer Schule verkünden, wer den Schulmeister versteckte, den wollte er an Leib und Gut bestrafen; und die Knechte machten daraufhin das Tor selbst zu. Da sie den Schulmeister nicht fanden, fingen sie einen anderen unserer Führer und setzten ihn gefangen, bis wir des Kämmerers Willen taten. Ebenso hat er Bewachung angeordnet und bei Strafe verboten, daß wir das Jahr über nicht

*bei Christen einkaufen durften, daß sonst kein Handwerker für uns arbeiten
darf, auch bei Strafe kein Jude auf dem Markt etwas einkaufen, bevor es
drei Uhr schlägt, ist der Markt vorüber und dann müssen wir für unsere
Lebensmittel das doppelte Geld bezahlen. Durch solche Anweisungen begab es
sich, daß uns die Bäcker zu Regensburg kein Brot verkaufen wollten. Gott gab
uns das Glück, daß Herzog Albrechts Räte nach Regensburg kamen und die
uns auf unsere flehentlichen Bitten dazu verhalfen, daß ihre Angehörigen am
Hof uns Brot verkauften. Wir hätten sonst große Not mit unseren Kindern
leiden müssen. Ebenso werden wir, wenn wir zum Einkauf der Lebensmittel
die Gassen verlassen, beworfen, geschlagen und mit Schimpfworten bedacht.*
[...]

Das größte Judenviertel besaß Frankfurt/Main. Gemäß den Beschlüssen des
4. Laterankonzils von 1215 und des Konzils von Basel (1431–37, 1448) ordnete Kaiser Friedrich III. die Entfernung aller Juden aus ihren Häusern in
der Frankfurter Domgegend an. Erst nach langem Zögern und gegen den
Widerstand der Juden und Patrizier führte die Stadt 1462 den kaiserlichen Be-
fehl aus. Am Wollgraben gegenüber der Stadtmauer baute man eine zweite
Mauer, die eine enge Gasse entstehen ließ. Sie war begrenzt von drei Toren,
die nur tagsüber geöffnet wurden. In dieser Gasse lebten die Juden in zwei
gegenüberliegenden Häuserreihen bis zum Einmarsch Napoleons. Trotz
der räumlichen Enge konnte sich ein wohlgeordnetes und buntes Gemein-
deleben mit Lehrhaus, Festhaus, zwei Herbergen, Backhaus, Spital, öffent-
lichem Bad und Synagoge entfalten. In der Gasse selbst lebten 1463 110 re-
gistrierte Personen, 1520 waren es 250, 1580 bereits 1200, und 1610 stieg die
Zahl auf 2270, d.h., für eine Person stand durchschnittlich ein Quadratme-
ter Wohnfläche zur Verfügung. Im 16. Jahrhundert trat das Ghetto die Nachfolge der mittelalterlichen jüdischen Zentren am Rhein an. Die Frankfurter
Judengasse wurde zum Mittelpunkt jüdischen Lebens in Deutschland, zu einem Versammlungsort der Gemeindevorsteher aus dem ganzen Reich. Die
Juden durften keinen Landbesitz und auch kein Grundstück innerhalb der
Stadt erwerben, und das Handwerk blieb auf die Gasse beschränkt. Nach
zehn Uhr abends sowie an christlichen Feiertagen und Sonntagen durften sie
ihre Gasse nicht verlassen und mußten außerhalb einen gelben Fleck tragen.
Während noch 1612 die Frankfurter Zünfte vergeblich ihre Beschwerden gegen die Juden vorgetragen hatten, die man vertreiben wollte, plünderten

zwei Jahre später Handwerker unter Führung Vincent Fettmilchs zusammen mit dem Pöbel der Stadt das Ghetto und trieben die Juden auf dem Friedhof zusammen. Durch das – wenn auch verspätete – Eingreifen des Bürgermeisters konnten unter dem Schutz von Bewaffneten etwa 1400 Juden die Stadt verlassen. Fettmilch und einige seiner Anhänger wurden hingerichtet.

Der Sonderstatus der Juden

Die religiöse Andersartigkeit war das bestimmende Merkmal der Juden im Mittelalter. Sie wurden zum nicht integrierbaren Fremdkörper in einer christlich geprägten Gesellschaft. Die Isolation von der Umwelt und die Abhängigkeit von jenen, die ihnen die Privilegien garantierten, trugen zum Sonderstatus der Juden bei. Bei der notorischen Schwäche des spätmittelalterlichen deutschen Königtums war zum Beispiel der vom König gewährte Rechtsschutz im Notfall nicht viel wert.

Die Aufnahme der Juden in die Gemeinschaft erfolgte in erster Linie wegen ihrer Bedeutung für den Handel. Spätestens seit dem frühen 11. Jahrhundert ist ihre Tätigkeit als Geldverleiher in einer Zeit ohne moderne Banken belegt. Vor allem Klöster beteiligten sich zunächst an dem im 12. Jahrhundert aufblühenden Zinsgeschäft. Als die cluniazensische Mönchsreform Christen das Zinsgeschäft verbot, eröffnete sich für die Juden eine neue Einnahmequelle. Mit dem Aufblühen der Städte seit dem 12. Jahrhundert wurden die Juden von den weltlichen wie geistlichen Stadtherren ausdrücklich zur Ansiedlung aufgefordert. Vor allem die oberen Stände nahmen häufig Kredite bei Juden auf. Diese bekleideten hin und wieder auch das Amt des Münzmeisters einer Stadt. Ihre Steuerlast war zum Teil erdrückend. Auch im Gewerbe waren die Juden ursprünglich tätig. Als Pfandbesitzer verfügten einige von ihnen auch über Ländereien, auf denen sie christliche Lohnarbeiter beschäftigten. In den Städten traten Juden als Grundbesitzer oder Akademiker in Erscheinung. Gegen Ende des 12. Jahrhunderts verwehrten die Zünfte Juden den Eintritt in das Handwerk. Da jede Form sozialer Korporation im Mittelalter – Kaufmannsgilden, Bruderschaften, Zünfte, selbst der Rat – Elemente religiöser Bindung besaß und die gleiche Religionszugehörigkeit der Mitglieder voraussetzte, wurden Juden seither grundsätzlich von christlichen Korporationen ausgeschlossen. Ebenso drängte man sie zunehmend aus dem Groß- und Einzelhandel heraus, bis ihnen nur noch der

Darstellung von Juden, die Hostien schänden. Ähnliche Vorwürfe wurden im Mittelalter immer wieder gegenüber Juden geäußert.

(LUZERNER SCHILLING, ANFANG 16. JAHRHUNDERT)

Geldverleih gegen Zins blieb. Das Kreditgeschäft galt als Wucher, denn Kreditzinsen waren in der Tat sehr hoch. Manche Städte erließen sogar eigene Wuchergesetze, so Konstanz 1383. Danach durfte ein Konstanzer Jude auf das Jahr berechnet 104 Pfennige vom Pfund (= 240 Pfennige) an Zinsen nehmen, also nicht weniger als 43,3 Prozent, d.h. das Vierfache des Zinses, der im gleichen Gesetz den Christen zugestanden wurde. Angesichts der Höhe dieser Zinsen verwundert es umso mehr, daß jüdische Geldgeber noch so zahlreich in Anspruch genommen wurden. Finanzielle Notlagen, schlechte Zahlungsmoral und abgrundtiefe Verachtung für das schmutzige Gewerbe verbanden sich mit dem Haß auf die jüdische Religion.

Die Minderung in der Waffenfähigkeit und die Betonung ihrer Schutzbedürftigkeit mußten zwangsläufig die gesellschaftliche Stellung der Juden herabsetzen und zugleich ihren Sonderstatus verstärken. Die erhöhte Schutzbedürftigkeit zog eine engere Bindung der Juden an ihre Schutzherren, vor allen an die Könige und Kaiser, nach sich. Sie fand in einem Privileg Kaiser Friedrichs I. Barbarossa vom 6. April 1157 ihren Niederschlag, welches im Juli 1236 von Friedrich II. bestätigt wurde, wobei jedoch ihre untergeordnete Stellung in der Formel »Reichskammerknechte« zum Ausdruck kam. Damit war eine finanzielle Sonderbelastung in Form einer Reichssteuer als Gegenleistung für die königliche Obhut verbunden. Das chronische Geldbedürfnis der Könige und Kaiser führte dazu, daß sie ihre Schutzrechte an den Juden für hohe Summen an Fürsten und Städte verkauften. Die Fürsten ließen sich 1356 in der »Goldenen Bulle« Karls IV. bestätigen, daß sie Juden »halten« durften. König Wenzel (gest. 1419) vereinbarte mit 37 Städten, daß diese künftig die Hälfte der Judensteuern eines Jahres abtreten sollten. Die Reichsjudensteuer wurde 1241 in eine Kopfsteuer umgewandelt, die durch die einzelnen Landesherren beliebig erhöht werden konnte. Nach dem Reichssteuerverzeichnis von 1241 führten die Juden 857 Mark Silber an die königliche Kammer ab, immerhin etwa ein Viertel der Bareinnahmen des Reiches. Je nach Größe der Judengemeinde fiel auch ihr Steuerbetrag aus. So zahlten die Juden zu Worms 130, zu Speyer 80, zu Basel 40 und zu Esslingen 30 Mark Silber. Um die Einnahmen des Reiches zu erhöhen, führte Ludwig der Bayer 1342 den »goldenen Opferpfennig« ein. Danach mußte jeder männliche Jude nach Vollendung des zwölften Lebensjahres und jede jüdische Witwe mit einem

Vermögen von zwanzig Gulden jeweils einen Gulden pro Jahr an die Kammer abgeben.

Ausgrenzung, Diskriminierung und Verfolgung

Den Sonderstatus der Juden unterstrich ihre Kleidung. Das 4. Laterankonzil ordnete 1215 strenge Kleidervorschriften für die Juden an:

> *Je mehr sich die Christenheit im Zinsennehmen zurückhält, desto stärker fügt ihr die jüdische Falschheit dadurch Schaden zu, so daß in kurzer Frist der Wohlstand der Christen vernichtet sein wird. Wir wollen daher für die Christen sorgen, damit ihnen die Juden nicht meßlose Beschwerden auferlegen. Wir bestimmen daher durch Synodaldekret, daß jedem untersagt wird, wenn er unter einem Vorwand überhöhte Zinsen zu erpressen versucht, bis er wegen der unangemessenen Belastung Schadenersatz und Buße geleistet hat. Auch die Christen sollen gezwungen werden, sich aller Geschäfte mit solchen Juden zu enthalten, nötigenfalls mit Kirchenstrafen. In einigen Gegenden kann man Juden und Christen an der Kleidung unterscheiden; aber in anderen Ländern ist eine solche Regellosigkeit der Gewohnheiten eingetreten, daß man sie nicht gleich unterscheiden kann. Es kommt daher bisweilen vor, daß irrtümlich Christen mit jüdischen oder islamischen Frauen Geschlechtsverkehr haben*

Dennoch: Kleidervorschriften waren in einer Ständegesellschaft nichts Ungewöhnliches. Zusätzlich zu der seit 1215 gültigen Bestimmung, einen gelben Ring zu tragen, erließen die Städte auch zahlreiche eigene Kleidervorschriften für die Juden.

Zur Kennzeichnung der Juden kam die Verachtung gegenüber ihren Riten und Schriften. Der berühmte Rabbi Meir von Rothenburg (gest. 1293) beklagt in einem Lied die Talmud-Verbrennung 1242 in Paris. 24 Wagenladungen von Talmud-Exemplaren sollen damals an einem einzigen Tag verbrannt worden sein, nicht in einem Ausbruch von Volkszorn, sondern mit Gerichtsurteil der geistigen Eliten der Universität Paris. Das Beispiel machte Schule. Aus dem ganzen Mittelalter hat sich nur einziges vollständiges Exemplar des in Europa gebräuchlichen babylonischen Talmuds erhalten (Cod. hebr. 95 der Bayerischen Staatsbibliothek München von 1343).

Im 14. Jahrhundert erlangten die Juden in einigen deutschen Städten wie Worms, Frankfurt/Main oder Nürnberg das Bürgerrecht. Doch alle Privilegien konnten die Pogrome gegen jüdische Gemeinden nicht verhindern, die aus wirtschaftlichen und religiösen Gründen zu Opfern wurden. Um den Forderungen nach Zins und Tilgung entgegenzutreten, griffen viele christliche Schuldner zum Mittel der Gewalt.

Für die Verfolgung der Juden im Mittelalter wurden oft religiöse Gründe angeführt. Als seit dem frühen 11. Jahrhundert die Frömmigkeit zunehmend auf den gekreuzigten Christus und damit auf das Neue Testament ausgerichtet wurde, veränderte sich die Einstellung zu den Juden. Zur Frömmigkeit gesellte sich Fanatismus, der sich in einem verschärften Empfinden für das Anderssein der Juden sowie in Ausgrenzung und Haß niederschlug. Die Juden galten nun zunehmend als Mörder Christi. Viele Juden fielen den ersten großen Pogromen im Zusammenhang mit den Kreuzzügen zum Opfer. Die Kreuzzüge gingen vorbei, der Haß auf die Juden blieb. »Christusmord«, Ritualmord, Hostienlüge und Brunnenvergiftung – so lauteten die stereotypen Vorwürfe gegenüber den Juden.

1144 begegnet uns im englischen Norwich erstmals eine Ritualmordbeschuldigung als Auftakt für ein Pogrom. Dieser offensichtlich aus der Luft gegriffenen Anklage zufolge hätten die Juden im Zusammenhang mit dem Passionsgeschehen der Karwoche ein christliches Kind in ritueller Wiederholung des Christusmordes umgebracht, ihm dabei das Blut abgezapft und zur Herstellung des Passah-Brotes verwendet. Das englische Beispiel machte Schule: 1171 in Blois in Frankreich, 1182 in Saragossa in Spanien, 1235 in Deutschland, in Lauda bei Tauberbischofsheim und in Fulda. Zwar hatten Kaiser Friedrich II. und Papst Innozenz IV. Ritualmordbeschuldigungen zugunsten der Juden abgewiesen, doch genutzt hat das den Juden nicht viel. Judenverfolgungen aufgrund von Ritualmordbeschuldigungen kamen weiterhin vor: in England etwa 1255 im Fall des Little Hugh von Lincoln, in Frankreich noch 1288 in Troyes, nach der Vertreibung der Juden aus England und Frankreich dann vor allem im Reich und später in Osteuropa. Ritualmorde gab es angeblich auch am Guten Werner von Oberwesel und Bacharach 1287 und dem Kleinen Simon von Trient 1475, die beide bis in die heutige Zeit als heilige Märtyrer verehrt werden. 1391 verbreitete sich das Gerücht von einem jüdischen Ritualmord zu Diessenhofen, worauf in Schaffhausen und Winterthur alle Juden, die nicht flüchten konnten, hingerichtet wurden – allein in Schaffhausen dreißig. Auch in Ravensburg

machte 1429 ein schauerliches Gerücht über einen neuen jüdischen Ritualmord die Runde. Bei einer großen Hochzeit – so das Gerücht – soll ein Chri-
stenknabe von einem Juden entführt und heimlich zu Tode gemartert worden sein. Die nackte Leiche des Jungen hätte dann ein Fuhrmann, der dafür
gerädert wurde, für Geld in den Wald gebracht. Schließlich erzwangen die
Ravensburger Zünfte die Verbrennung der Juden mit Rückendeckung des
oberschwäbischen Landvogts Jakob Truchseß von Waldburg. An der Stelle
im Wald, wo man den angeblich gemarterten Knaben gefunden hatte, wurde eine Kapelle für Pilger errichtet. Pogrome aufgrund von Ritualmordbeschuldigungen waren lokaler Natur, setzten einen latent schwelenden Hass
auf die Juden voraus, während die durch Prediger aufgeputschten Kreuzfahrer, welche die rheinischen Judengemeinden 1096 vernichteten, von weit-
her kamen: aus Nordfrankreich und aus Flandern. Das letzte Mal kam eine
Judenverfolgung aufgrund einer Ritualmordbeschuldigung 1946 im polnischen Kielce vor.

Zur Ritualmordbeschuldigung gesellte sich der Vorwurf des Hostienfrevels
und der Brunnenvergiftung. Unter Hostienfrevel versteht man eine Ritualmordbeschuldigung, die im Zusammenhang mit dem Abendmahl steht.
Juden würden demzufolge geweihte Hostien – nach römisch-katholischem
Verständnis also den wahren Leib Christi – stehlen und diese in ritueller
Form martern, wobei im Unterschied zu den gemarterten Christenknaben
der in der Hostie verkörperte Heiland allen Marterungen widerstand, sich
weder mit Zangen noch Hammerschlägen oder Messern beschädigen oder
verbrennen ließ. Die entdeckten Juden wurden vor Gericht geführt, gefoltert und zu einem Geständnis gebracht, zwangsgetauft und verbrannt. So
geschah es 1290 in Paris, 1298 in Franken und Schwaben im Zuge der sogenannten Rintfleisch-Verfolgungen, dann in den sogenannten Armleder-
Verfolgungen in den dreißiger Jahren des 14. Jahrhunderts.

Als dritter mittelalterlicher Vorwurf begegnet uns die sogenannte Brunnenvergiftung im Zusammenhang mit der großen Pest nach 1347/48. In Savoy-
en verhaftete man erstmals im September 1348 Juden aufgrund dieses Vor-
wurfs und erpreßte unter der Folter die gewünschten Geständnisse. Die Tat
fand bald Nachahmer. In Thüringen wurden nach einem Bericht der »Monumenta Erphesfurtensia« unter dem Vorwurf, Quellen und Brunnen zu ver-
seuchen, zwischen dem 2. und 24. Februar 1349 zahlreiche Juden erschla-

gen, wobei der Erfurter Stadtrat dies zu verhindern suchte, sich aber gegen die eigenen Bürger nicht durchsetzen konnte.

In Wahrheit war die Pest nichts weiter als der gewünschte Anlaß, dem latenten europäischen Judenhaß einen Vorwand für Übergriffe und Massaker – oft in Verbindung mit eigenen Interessen – zu schaffen. Der deutsche König Karl IV. (1346–1378) hat sich für den Mord an seinen jüdischen Kammerknechten große Abstandssummen zahlen lassen, ohne diesen zu sühnen, wie es seine Pflicht gewesen wäre. In Reutlingen überließ Karl IV. 1342 das Gut der ermordeten Juden der Stadt. 1349 schenkte er der Stadt Schwäbisch Hall für 800 Gulden das gesamte Gut der ermordeten und dem Pogrom entronnenen Juden. Ferner gab er dem Stadtrat von Nürnberg 1349 grünes Licht, das Judenviertel abzubrechen und in den noch heute als Christkindlmarkt beliebten Hauptmarkt umzuwandeln.

Der Judenmord im Zuge der Großen Pest war weniger ein Pogrom verunsicherter und aufgehetzter Menschen auf der Suche nach Sündenböcken als vielmehr ausgelöst durch örtliche Obrigkeiten, die dazu die Gerichte bemühten. Wie wenig der Schutz durch den König wert war, zeigt auch folgendes Beispiel. 1429 verhaftete man in Konstanz 83 Juden und sperrte sie in den Ziegelturm. Der Rat verlangte von König Sigismund, sie hinrichten zu dürfen. Sigismund betrachtete sie als Verhandlungsmasse, um seine Schulden aus der Zeit des Konzils (1414–18) begleichen zu können und forderte ihre Freilassung. Die Handwerker unter Führung der Gerber holten die gerade freigelassenen Juden aus ihren Häusern und sperrten sie erneut ein. Auch für sie waren die Juden nur Mittel zum Zweck, richtete sich jedoch ihr eigentlicher Zorn gegen die Patrizier.

Trotz aller Verfolgungen während des Mittelalters wurde das europäische Judentum in seiner physischen Existenz nicht gänzlich vernichtet. Dies lag vor allem in der Widersprüchlichkeit der mittelalterlichen Denk- und Verhaltensweisen. So ließ die Stadt Nürnberg ihre Juden nach langen Beratungen und mit königlicher Erlaubnis 1349 umbringen, nahm aber bereits drei Jahre später wieder Juden auf, um sie 150 Jahre später erneut zu vertreiben.

Bilder des Hasses

Der Haß gegenüber den Juden wird seit dem 13. Jahrhundert auch in Bildzeugnissen deutlich. Bis dahin wurden die Patriarchen und Propheten, ja

sogar Joseph und Christus selbst mit Judenhüten dargestellt – man betrachte
etwa die Obergadenfenster des 12. Jahrhunderts im Augsburger Dom. Nun
änderte sich dies. Auch die Gestalt der Synagoge, deren Schönheit am Straßburger Münster noch heute unsere Aufmerksamkeit erregt, stellten Künstler seit dem ausgehenden 13. Jahrhundert als Hure dar und ordneten sie der
Hölle zu. Die Judensau wurde zum Attribut vieler Kirchen und zum beliebten Motiv auf Holzstichen. Sie zeigt Juden, die an den Zitzen einer Sau hängen oder ihr den After lecken, rittlings auf ihr reiten und aus ihrem Leib her-
auskommen – eine Beleidigung des jüdischen Glaubens, gilt doch das
Schwein den Juden als unreines Tier. Dazu kam die antijüdische polemische
Literatur. Juden wurden mit dem Begriff perfidus (»treulos«) in Verbindung
gebracht. Im Fürbittgebet der Karfreitagsliturgie lautete die Bittformel »für
die treulosen Juden«. Petrus Venerabilis (um 1094–1156), Abt von Cluny,
schrieb:

> Ich weiß wirklich nicht, ob der Jude ein Mensch ist, denn weder weicht er der
> menschlichen Vernunft, noch dem Worte Gottes, sondern er hört nur auf sich
> selbst. Ich weiß nicht, so sage ich, ob er ein Mensch ist, denn aus seinem Fleisch
> ist noch nicht das Herz aus Stein gerissen worden, ihm wurde noch kein
> lebendes Herz verliehen, in seinem Inneren wohnt noch nicht der Geist
> Gottes, ohne den der Jude niemals zu Christus bekehrt werden kann.

Als der Abt von Cluny dem Juden das Menschsein absprach, faßte er die
Überzeugung der Christen seiner Zeit in Worte.

Die im 11. Jahrhundert einsetzende tiefgreifende Veränderung der christlichen Spiritualität und Frömmigkeit sah in den Juden, aber auch in den
Muslimen und den sogenannten Ketzern einen Stein des Anstoßes, den es
buchstäblich und im bildlichen Sinne aus dem Weg zu räumen galt.

RELIGIÖSER FANATISMUS: DIE ERSTEN KETZER IN KÖLN

Everin von Steinfeld schrieb 1143 an den berühmten Zisterzienserabt Bern-
hard von Clairvaux voller Sorge über das todesverachtende Verhalten einiger
Ketzer (Häretiker) in Köln, die sich lieber – und das offenkundig leichten
Herzens – verbrennen ließen als zu widerrufen:

> Neulich wurden in der Nähe von Köln einige Ketzer entdeckt, von denen etli-
> che mit Buße zur christlichen Kirche zurückgekehrt sind. Zwei von ihnen,

nämlich der Mann, der ihr Bischof genannt wurde, und sein Gefährte wider-
setzten sich uns bei der Versammlung der Geistlichen und Laien, indem sie
ihre Irrlehre aus den Worten Christi und der Apostel heraus verteidigten, und
das in Anwesenheit des Erzbischofs in Begleitung großer Adelsleute. Als sie
aber sahen, daß sie damit keinen Erfolg haben konnten, sagten sie, man solle
ihnen einen Termin festsetzen, an dem sie glaubwürdige und erfahrene Män-
ner herbeiführen sollten: ansonsten wollten sie lieber sterben, als von ihrer
Aussage abzuweichen. Da sie während dreier Tage keine Reue zeigten, wur-
den sie von einigen Leuten aus übergroßer Nacheiferei entführt und wenn
auch gegen unseren Willen, ins Feuer gestellt und verbrannt; und, was sehr
erstaunlich ist: selbst die Qual des Feuers erwarteten und ertrugen sie nicht
nur mit Geduld, sondern sogar mit Freude.

Auffällig ist aber nicht nur das mutige Verhalten zweier der Ketzerei (Häresie) bezichtigter Männer, sondern auch das Einschreiten einiger fanatischer
Bürger, die die beiden Bußunwilligen entführten und offensichtlich in einem
Akt der Lynchjustiz verbrannten. Der Protest des Klerus richtete sich allerdings weniger gegen die Verbrennung der Verurteilten überhaupt, sondern
wohl eher gegen das eigenmächtige und ungesetzliche Verhalten des Volkes.
Mit den theologischen Kenntnissen der Ketzer scheint es nicht zum besten
bestellt gewesen zu sein, denn der »Bischof« und sein Anhänger wollten sich
durch Experten ihres Glaubens vor Gericht vertreten lassen.

Der weitere Verlauf der Geschichte sollte den Befürchtungen Everin von
Steinfelds recht geben. Denn die Katharer – eine der größten Ketzerbewe-
gungen des Mittelalters vom 11. bis zum 14. Jahrhundert – starben zu Tau-
senden auf dem Scheiterhaufen. Sie wurden geradezu zum Synonym für die
zahlreichen Häresien des Mittelalters. Vielleicht leitet sich sogar das Wort
Ketzer von ihnen ab. Die Bezeichnung Katharer geht auf das griechische
Wort cathari zurück und heißt übersetzt »Reine«. Sie selbst nannten sich
die »Armen Christi«. Die Katharer und die nach der Stadt Albi im Languedoc
bezeichneten Albigenser erwählten Vorsteher und Auserwählte *(perfecti)*, die
in einem festen Ritus geweiht wurden *(consolamentum)*. Sie hielten sich von
allen irdischen Gütern fern, da sie die materielle Welt getreu ihrem du-
alistischen Weltbild als Schöpfung Satans betrachteten. Deswegen konnte
sie der Tod im Feuer nicht schrecken, kehrten sie doch – ihrem Glauben
nach – auf diese Weise in die bessere geistige Welt zurück, aus der ihre Seelen

gekommen waren. Der Chronist Peter von Vaux-de-Cernay schrieb in seinem zwischen 1212 und 1218 entstandenen Werk über die Häresie der Katharer:

Sie alle, Glieder des Antichrists, Erstgeborene des Satans, schlechte Saat, Verbrecher, heuchlerische Lügner, Verführer schlichter Herzen, hatten mit dem Gift ihrer Perfidie fast die ganze Provinz Narbonne verseucht. Sie sagten, die römische Kirche gleiche einer Räuberhöhle und jener berüchtigten Hure, von welcher in der Offenbarung die Rede ist. Die Sakramente der Kirche hielten sie für nichtig und lehrten in der Öffentlichkeit, das Wasser der Taufe würde sich keineswegs vom fließenden Wasser unterscheiden und die Eucharistie keineswegs vom Brot für den profanen Gebrauch. Solche Gotteslästerung träufelten sie in die Ohren der Schlichten: Der Leib Christi wäre seit langem verfallen, auch wenn er die Größe der Alpen gehabt hätte. Firmung, letzte Ölung und Beichte hielten sie für frivole, ganz und gar nichtige Sachen. Die heilige Ehe, so lehrten sie, sei Hurerei und in diesem Stand könne keiner sein Heil erwirken, indem er Söhne und Töchter zeuge.

Man sollte auch wissen, daß unter diesen Häretikern einige »Vollkommene« oder »gute Menschen« genannt wurden, andere »Gläubige der Häretiker«. Die Parfaits [Auserwählte, Priester] trugen schwarze Gewänder. Diese Lügner sagten, sie würden in Keuschheit leben. Sie verweigerten jede Aufnahme von Fleisch, Eiern und Käse. Sie wollten als ehrliche Menschen gelten, logen aber ständig, wenn es um Gott ging. Sie sagten auch, man dürfe in keinem Fall einen Eid schwören. Die Gläubigen lebten in dieser Welt und versuchten gar nicht, den Lebenswandel der Parfaits anzustreben. Aber sie hofften, der Glaube jener Parfaits würde ihr Seelenheil erwirken. Auch wenn sie sich wegen des Lebenswandels uneins waren, in ihrem Glauben (wir sagen lieber: in ihrem Unglauben) waren sie sich eins. Diejenigen, die man »Gläubige der Häretiker« nannte, ergaben sich dem Wucher, dem Raub, dem Mord, dem Meineid und allen Heimtückischen. Sie sündigten mit einer Selbstsicherheit und einer Wut, die um so größer waren, da sie sich einbildeten, sie würden ihr Heil erwirken ohne Rückgabe des Diebesgutes, ohne Beichte und ohne Sühne. Sie mußten nur in der Stunde ihres Todes in der Lage sein, das Vaterunser zu beten. [...] Die häretischen Parfaits hatten Amtspersonen, die sie »Diakone« und »Bischöfe« nannten. Deren Handauflegen war erforderlich, um für den Sterbenden das Heil zu erwirken. Tatsächlich legten sie jedem Sterbenden die

Hände auf, auch wenn er noch so schuldig war, wenn er nur das Vaterunser beten konnte. Sie betrachteten ihn sodann als geheilt und mit ihren eigenen Worten als »consolé« (getröstet), so daß er ohne Buße, ohne jegliche Abbitte für seine Sünden gen Himmel flog.

Doch zurück zu den Kölner Ereignissen von 1143. Die Annalen von Brauweiler berichten, was mit den übrigen Häretikern geschah:

Diese Anklage wurde in Köln in der Gemeinde des gesegneten Petrus in Anwesenheit des Erzbischofs Arnold gegen die Häretiker geführt; viele haben gefangen und gefesselt sich durch die Wasserprobe gerechtfertigt, die übrigen aber, über ihre Schuld verlegen, ergriffen die Flucht. Bei Bonn wurden drei unter dem Vorsitz des Grafen Otto vom Feuer verzehrt, die lieber sterben wollten, als sich dem heiligen katholischem Glaube zu unterwerfen.

Einige versuchten, mit Hilfe des Gottesurteils der »Wasserprobe« ihre Unschuld zu beweisen. Dabei wurde der Delinquent gefesselt ins Wasser geworfen. Ging er unter, galt er als unschuldig. Tauchte er wieder auf, wurde er für schuldig gehalten, da das gesegnete Wasser vermeintlich Ungläubige abstieß. Anderen gelang offenkundig die Flucht, während drei weitere Ketzer in Bronn verbrannt wurden.

Doch damit nicht genug. Die um 1240 entstandene »Chronica Regia Coloniensis« berichtet für das Jahr 1163 von einer erneuten Verbrennung einer kleinen Gruppe von Ketzern in Köln:

Auch in diesem Jahr kamen einige Ketzer von der Sekte derer, die man Katharer nennt, aus Flandern in die Gegend von Köln, und sie zogen in der Nähe der Stadt heimlich in eine Scheune, um da zu hausen. Als sie aber auch am Sonntag nicht in die Kirche kamen, wurden sie von den Umwohnenden ergriffen und entlarvt. Sie wurden der katholischen Kirche vorgeführt und lange genug über ihre Sekte verhört. Da man keine überzeugenden Beweise für ihre Bekehrung feststellen konnte, sondern sie sehr hartnäckig bei ihrem Glauben blieben, wurden sie aus der Kirche ausgestoßen und den Händen der weltlichen Richter übergeben. Diese ließen sie aus der Stadt führen und am 5. August dem Feuer übergeben, und zwar vier Männer und ein junges Mädchen. Als es beinahe schon gerettet war, weil das Volk mit ihm Mitleid hatte – hätte es sich nur durch den Tod der anderen abschrecken lassen und wäre es einem vernünftigen Entschluß gefolgt –, entwand es sich plötzlich den Händen derer, die es festhielten, stürzte sich freiwillig in das Feuer und kam darin um.

Der Ausschnitt aus der Kölner Chronik ist in mehrfacher Hinsicht auf-
schlußreich. Eine kleine Gruppe von aus Flandern nach Köln gezogenen
Katharern hauste aus Angst vor Entdeckung und Verfolgung zunächst vor
den Mauern der großen Reichsstadt in einer Scheune. Die Ereignisse von
1143 schienen noch nicht vergessen. Daß sie sich versteckten, machte in den
Augen der anderen ihre besondere Heimtücke aus. Denn ein Ketzer galt per
se als ein schlechter Mensch. Da die Katharer ihre Gottesdienste in eigenen
Häusern mit selbst erwählten Priestern, den sogenannten Parfaits, feierten,
gingen sie auch am Sonntag nicht in die Kirche. Dies fiel der Gemeinde auf.
Die Bürger zeigten die Fremden vor dem geistlichen Gericht als Ketzer an.
Und dieses gab sich offenkundig alle Mühe, die Gruppe der Häresie zu überführen. Die geistlichen Richter bzw. Inquisitoren besaßen eigene Fragen-
kataloge, um Häretiker auszumachen. Wollten die Opfer nicht gestehen, so
wurde die Folter angewandt. Denn ohne ein Geständnis konnte niemand
hingerichtet werden, und die Verbrennung eines Ketzers galt als Akt der Rei-
nigung, damit seine Seele in den Himmel gelange. So geschah es auch in
Köln am 5. August 1163. Die überführten Ketzer wurden dem weltlichen
Arm zur Aburteilung übergeben, um auf dem Judenbüchel neben dem Ju-
denfriedhof verbrannt zu werden. Doch etwas Unvorhergesehenes trat ein.
Das Volk hatte Mitleid mit dem jungen Mädchen und suchte es vor dem
Scheiterhaufen zu retten – allerdings vergeblich, weil es sich selbst ins Feuer stürzte. Warum? Die Antwort finden wir beim Prior Caesarius von Heisterbach (gest. 1240), der in seinem »Dialogus miraculorum« (1219–23) das-
selbe Ereignis wie folgt überliefert:

> *Die Ketzer wurden aus der Stadt geführt und gleich neben dem Judenfriedhof*
> *dem Feuer übergeben. Als sie tüchtig brannten, legte Arnold seine Hand auf*
> *die halbverbrannten Köpfe seiner Schüler und sagte: »Ihr sollt standhaft in*
> *eurem Glauben sein, weil ihr noch heute bei Laurentius sein werdet.« Unter*
> *ihnen befand sich ein hübsches Mädchen. Als dieses aus dem Feuer gezogen*
> *wurde, weil mehrere Zuschauer Mitleid hatten und versprachen, sie einem*
> *Manne zu geben oder, wenn ihr dies besser gefiele, in ein Frauenkloster zu*
> *bringen, und als sie sich dem Wort nach für einverstanden erklärte, sagte sie,*
> *als die Ketzer bereits tot waren, zu denen, die sie festhielten: »Sagt mir: Wo*
> *liegt dieser Verführer?« Als sie ihr ihren Lehrer Arnold zeigten, entwand sie*
> *sich ihren Händen, verhüllte das Gesicht mit ihrem Gewand, stürzte sich auf*

seinen Leichnam und fuhr mit ihm in die Hölle hinab, um in Ewigkeit zu
brennen.

Während bei Caesarius von Heisterbach das verurteilte Mädchen als ganz und gar überzeugte Ketzerin zusammen mit ihrem angeblichen Lehrmeister in die Hölle fährt, ist davon in der jüngeren Kölner Chronik nicht mehr die Rede. Beide Berichte zeigen aber eines: Welchen aus religiöser Überzeugung oder schierer Verzweiflung herrührenden Mut müssen Menschen wie dieses junge Mädchen aufgebracht haben, um sich einer in letzter Minute angebotenen Rettung zu entziehen!

ZAUBERER UND HEXEN

Der Tatbestand der Hexerei

Der Glaube an die Realität von Zauberei war im mittelalterlichen Volksglauben tief verwurzelt. Aber erst die Theologie lenkte diese Vorstellung in eine bestimmte Richtung. Allen Zauberern und Hexen wurde grundsätzlich der Pakt mit dem Teufel zur Last gelegt. Selbst für die gelehrten Vertreter der Scholastik des 13. Jahrhunderts, Albertus Magnus oder Thomas von Aquin, galt als wissenschaftlich bewiesen, daß Menschen mit Dämonen reale Pakte schließen konnten. Der Generalinquisitor von Aragón, der Dominikaner Nikolaus Eymericus, suchte in der ersten systematischen Abhandlung für Ketzerrichter 1376 nachzuweisen, daß alle Zauberer zugleich Häretiker seien. Gängige Vorwürfe waren die der Teufelsbuhlschaft, des Hexenfluges, der Tierverwandlung und des Hexensabbats. Waldenser, Katharer und auch die Templer, der älteste und mächtigste der großen abendländischen Ritterorden, wurden zauberischer Praktiken bezichtigt.

In der Bulle Papst Innozenz' VIII. »Summis desiderantes affectibus« vom 5. Dezember 1484 wurden die in Deutschland wirkenden Inquisitoren Heinrich Institoris und Jakob Sprenger zur Durchführung der Hexenverfolgung ermächtigt. In ihrem »Hexenhammer«, genannt »Malleus Maleficarum«, von 1487 versuchten Institoris und Sprenger eine neue Systematisierung der Straftatbestände und konzentrierten diese auf Frauen:

Erster Teil.

[...] Ein schönes und zuchtloses Weib ist wie ein goldner Reif in der Nase der
Sau. Der Grund ist ein von der Natur entnommener: weil es fleischlicher ge-

Untaten der Hexen: »Hexenschuß«, Unwetterzauber, Teufelsbuhlschaft und Hexensabbat. (HOLZSCHNITTE, ENDE 15. JAHRHUNDERT)

sinnt ist als der Mann, wie es aus den vielen fleischlichen Unflätereien er-
sichtlich ist. Diese Mängel werden auch gekennzeichnet bei der Schaffung des
ersten Weibes, indem sie aus einer krummen Rippe geformt wurde, d.h. aus
einer Brustrippe, die gekrümmt und gleichsam dem Mann entgegen geneigt ist.
Aus diesem Mangel geht auch hervor, daß, da das Weib nur ein unvollkom-
menes Tier ist, es immer täuscht. […] Also schlecht ist das Weib von Natur,
da es schneller am Glauben zweifelt, auch schneller den Glauben ableugnet,
was die Grundlage für die Hexerei ist.

Die Zuspitzung der Hexenlehre auf Frauen stand innerhalb der kirchlichen
Tradition: Die Frau als Symbol von Natur, Sinnlichkeit und Sexualität galt als
verführte Tochter Evas, die den Mann von der Vollkommenheit abhält. Der
»Hexenhammer« unterstellt daher den »Hexen«, durch »Gaukelkunst«
männliche Glieder scheinbar wegzuhexen:

Zweiter Teil, Kapitel 7

Aber auch darüber, daß sie die männlichen Glieder wegzuhexen pflegen, nicht
zwar, daß sie wirklich die Leiber der Menschen derselben berauben, sondern
sie nur durch Zauberkunst verhüllen, wie oben in den betreffenden Fragen
festgestellt ist, wollen wir einige Geschehnisse berichten.

In der Stadt Regensburg nämlich hing sich ein Jüngling an ein Mädchen; und
als er es im Stiche lassen wollte, verlor er sein Männliches, natürlich durch
Gaukelkunst, so daß er nichts sehen und fassen konnte als den glatten Körper,
worüber er beängstigt ward. Nun ging er einst in ein Gewölbe, um Wein zu
kaufen; hier blieb er eine Weile, als ein Weib hinzukam, dem er den Grund
seiner Traurigkeit entdeckte und alles erzählte, auch ihr zeigte, daß es so mit
seinem Leibe stände. Die verschmitzte Alte fragte, ob er keine im Verdacht
hätte; und er nannte jene und erzählte ausführlich die Geschichte. Jene er-
widerte: „Es ist nötig, daß du mit Gewalt, wo Freundlichkeit dir nicht hilft,
sie zwingst, dir die Gesundheit wieder zu geben."

Und der Jüngling beobachtete im Dunkeln den Weg, den die Hexe zu gehen
pflegte; und als er sie sah, bat er sie, ihm die Gesundheit wieder zu verleihen.
Als jene sagte, sie sei unschuldig und wisse von nichts, stürzte er sich auf sie,
würgte sie mit einem Handtuche und schrie: „Wenn du mir meine Gesund-
heit nicht wieder gibst, stirbst du von meiner Hand."« Da sagte sie, da sie nicht
schreien konnte und ihr Gesicht schon anschwoll und blau wurde: „Laß mich
los, dann will ich dich heilen." Und als der Jüngling den Knoten oder die

*Schlinge gelockert hatte und sie nicht mehr würgte, berührte die Hexe ihn mit
der Hand zwischen den Schenkeln oder dem Schambeine und sprach: „Nun
hast du, was du wünschest.« Und, wie der Jüngling später erzählte, fühlte er
deutlich, bevor er durch Sehen und Befühlen sich vergewisserte, daß ihm das
Glied durch die bloße Berührung der Hexe wiedergegeben war.*

Neu ist im »Hexenhammer« die Tendenz, die Hexerei weniger als ketzeri-
sches Vergehen zu betrachten, sondern sie unter die von den weltlichen Ge-
richten zu verfolgenden Delikte einzureihen. Die von Sprenger und Institoris gewählte Bezeichnung *maleficae* für Hexen geht auf das Wort *maleficium*
– den durch Zauberei angerichteten Schaden – zurück, ein Tatbestand, den
der weltliche Richter am Beginn der Eröffnung eines Verfahrens feststellte.
Dennoch ist darauf hinzuweisen, daß zwischen dem Erscheinen des »Hexenhammers« 1487 und dem Einsetzen der massenhaften Hexenverfolgung
um 1560 immerhin ein Zeitraum von mehr als einem halben Jahrhundert
liegt.

Die Hexe als imaginäres Geschöpf

*Da gab ihr Gretel einen Stoß, daß sie weit hineinfuhr, machte die eiserne Tür
zu und schob den Riegel vor. Hu! Da fing sie an zu heulen, ganz grauselich;
aber Gretel lief fort, und die gottlose Hexe mußte elendiglich verbrennen.*

Im Unterschied zu den Ketzern und den Juden war die Hexe ein imaginäres
Geschöpf, welches jederzeit »erschaffen« werden konnte, wenn man einen
Sündenbock brauchte. Alles, was es dazu brauchte, waren Phantasie und
eine wie auch immer geartete Krise als Auslöser. Besonders betroffen vom
Verfolgungswahn waren Menschen, die sozial am Rande standen oder zur
Randständigkeit tendierten – also alte, alleinstehende Frauen und körperlich
behinderte oder durch irgendeine Auffälligkeit gekennzeichnete Menschen.
So geschah es in Ravensburg im Jahre 1482. In diesem Jahre regnete es in
Oberschwaben sintflutartig. Der Regen zerstörte große Teile der Ernte. Ein
Jahr später vernichtete ein Hagelwetter erneut alle Feldfrüchte und Wein-
trauben. Zum Hunger kam die Pest. Dem Bürgermeister Konrad Gäldrich
und dem Rat der Stadt blieb die schlechte Stimmung im Volk nicht verborgen. Wohl auch um Hungerrevolten zu verhindern, war die Obrigkeit auf
der Suche nach Sündenböcken. Der Kaplan der Liebfrauenkirche, Johannes
Gremper, verfiel auf die Idee, den gefürchteten päpstlichen Inquisitor Hein-

rich Kramer nach Ravensburg zu holen. Kramer traf im Herbst 1484 in Ravensburg ein und ließ Kopien der päpstlichen Bulle, die sein Handeln legitimierten, an den Kirchentüren anbringen. Wenig später begann er, von den Kanzeln herab gegen den Hexenglauben zu predigen. In dieser aufgeheizten Stimmung waren viele Bürger nur zu bereit, andere Einwohner als Hexen und Zauberer anzuzeigen. Ein Fuhrmann gab an, daß Anna Mindelheimer ihm nacheinander dreiundzwanzig Pferde verhext hätte. Aussagen wie diese führten schließlich zur Inhaftierung von sechs der Hexerei verdächtigten Personen. Anna Mindelheimer und Agnes Bader wurden gefoltert, um ihnen die für eine Verurteilung notwendigen Geständnisse zu entlocken. Das Urteil wurde kurze Zeit später vollstreckt. Man führte Anna Mindelheimer und Agnes Bader an einen Ort namens Eschbann an der Schussen und verbrannte sie auf dem Scheiterhaufen. Die Leute gingen zufrieden nach Hause. Die Opfer hatte das Gericht genau ausgewählt: Beide Frauen waren ledig, mittellos und entstammten der Unterschicht. Niemand stand daher für sie ein.

Das Schicksal der Stedinger Bauern

Die massenhafte Verketzerung von Menschen, oft begleitet vom Vorwurf der Hexerei, war auch ein politisches Mittel zur Durchsetzung feudaler Interessen. So geschehen in den Wesermarschen, als sich die christlichen Stedinger Bauern pauschal als Ketzer und Zauberer angeklagt sahen. Mit Rückendeckung Kaiser Friedrichs II. ließ Erzbischof Gerhard II. von Bremen die ursprünglich freien Stedinger Bauern im März 1230 zu Ketzern erklären und ihnen zauberische Praktiken vorwerfen, um sie in den Stand von Leibeigenen herabzudrücken. Auf Betreiben des Bremer Erzbischofs schaltete sich auch der Papst ein. Gregor IX. erließ im Juni 1233 eine an den Inquisitor Konrad von Marburg und den Bischof Konrad von Hildesheim sowie König Heinrich VII. gerichtete Enzyklika, in der er die angeblich zauberischen und ketzerischen Praktiken der Stedinger Bauern in kräftigen Farben ausmalt:

> *Wenn ein Neuling aufgenommen wird und zuerst in die Schule der Verworfenen eintritt, so erscheint ihm eine Art Frosch, den manche auch Kröte nennen. Einige geben ihm einen schmachwürdigen Kuß auf den Hintern, andere*

auf das Maul und ziehen die Zunge und den Speichel des Tieres in ihren
Mund. Dieses erscheint zuweilen in gehöriger Größe, manchmal auch so groß
wie eine Gans oder Ente, meistens jedoch nimmt es die Größe eines Backofens
an. Wenn nun der Novize weitergeht, so begegnet ihm ein Mann von wun-
derbarer Blässe. [...] Diesen küßt der Novize ... und nach dem Kusse ver-
schwindet alle Erinnerung an den katholischen Glauben bis auf die letzte
Spur aus seinem Herzen. [...] Wenn nun alle ihre Plätze eingenommen, ge-
wisse Sprüche hergesagt und ihr Haupt gegen den Kater geneigt haben, so sagt
der Meister: »Schone uns!«. [...] Nach diesen Verhandlungen werden die
Lichter gelöscht, und man schreitet zur abscheulichsten Unzucht ohne Rück-
sicht auf Verwandtschaft. Findet sich nun, daß mehr Männer als Frauen zu-
gegen sind, so befriedigen auch Männer mit Männern ihre schändliche Lust.
Ebenso verwandeln auch Frauen durch solche Begegnungen untereinander den
natürlichen Geschlechtsverkehr in einen unnatürlichen. [...] Auch empfangen
sie jährlich um Ostern den Leib des Herrn aus der Hand des Priesters, tragen
ihn im Mund nach Hause und werfen ihn in den Unrat zur Schändung des
Erlösers. Überdies lästern diese unglückseligsten aller Elenden den Regierer
des Himmels mit ihren Lippen und behaupten in ihrem Wahnwitze, daß der
Herr der Himmel in gewalttätiger, ungerechter und arglistiger Weise den
Lucifer in die Hölle hinabgestoßen habe. An diesen glauben die Elenden und
sagen, daß der der Schöpfer der Himmelskörper sei und einst nach dem Sturz
des Herrn zu seiner Glorie zurückkehren werde; durch ihn und mit ihm und
nicht vor ihm erwarten sie durch ihre eigene ewige Seligkeit.

Alle diese Vorwürfe waren samt und sonders aus der Luft gegriffen. Doch sie
verfehlten ihr Ziel nicht. Die auch als Pilger (pelegrime) bezeichneten Kreuzfahrer schlugen die sich tapfer wehrenden und zahlenmäßig weit unterle-
genen Stedinger Bauern schließlich 1235 nieder, verheerten das Land und ermordeten auch Frauen und Kinder, wie die sächsische Weltchronik bereits
für den 27. Juni 1233 vermerkt:

Binnen des quemen de pelegrime to Bremen unde voren mit groteme here, bei-
de an schepen unde over lant, unde wunnen dat osterstat des nagesten dages
Johannis et Pauli to middensomere unde beroveden unde branden al dat lant
unde slogen al dat se begingen, man unde wif unde kindere, mer dan vierhun-
dert, unde de men levendich vieng, de brande men.

Höhepunkt und Ende der Hexenverfolgungen

Heute geht man davon aus, daß das Heilige Römische Reich und darin vor allem die deutschsprachigen Kerngebiete Zentren des Hexenwahns waren. Während in Frankreich und in Polen Hexenverfolgungen in erster Linie auf dem Land stattfanden, konzentrieren sie sich in Deutschland auf die Städte.

Welche Bevölkerungsgruppen fielen nun im vormodernen Europa dem Hexenwahn zum Opfer? In den größten Städten gerieten vor allem unterprivilegierte Witwen, Hebammen, Bettlerinnen und Vaganten in das Blickfeld der Inquisitoren. In den Kleinstädten dagegen kamen die Angeklagten eher aus den Schichten der wohlsituierten Bürgerschaft. Überwiegend jedoch entstammten die Opfer den Unter- und Mittelschichten und entsprachen in ihrer sozialen Herkunft wohl dem Durchschnitt der Bevölkerung. Witwen wurden eher in den großen Städten angeklagt, in denen ohnehin relativ viele verwitwete Frauen lebten.

Über die Gesamtzahl der Opfer herrscht Unklarheit. Ludwig von Paramo, der Inquisitor von Sizilien, berichtete 1598 in seinem Buch »De origine et progressu Officii Sanctae Inquisitionis« („Über die Entstehung und Entwicklung der heiligen Inquisition«) von mindestens 30.000 Hexen, die von 1400 bis 1550 verbrannt worden sein sollen. Der Quedlinburger Stadtsyndikus Gottfried Christian Voigt errechnete 1783 ausgehend von 30 in Quedlinburg von 1569 bis 1598 vollstreckten Todesurteilen für Europa die phantastische Zahl von 9.442.994 (!) auf diese Weise Getöteten. Die Hexenverfolgung im Laufe der Jahrhunderte war kein kontinuierlicher Prozess, sondern die Hinrichtungen fanden in Wellen statt. Seriöse Historiker gehen heute für den Zeitraum von 1400 bis 1800 von einer Opferzahl von vermutlich 40.000 bis 70.000 Menschen in Europa aus, wovon mindestens 20.000 bis 40.000 allein auf Deutschland entfallen. Unter den Opfern lag der Frauenanteil bei etwa 80 Prozent. Gemessen an der relativ geringen Bevölkerungszahl im 16./17. Jahrhundert ist dies eine erschreckend hohe Zahl. Der zeitliche Höhepunkt der Hexenverfolgung lag zwischen 1560 und 1630. Während die Hexenhinrichtungen in den protestantischen Gebieten nach 1690 nahezu überall aufhörten, dauerten sie in den rückständigeren katholischen Gebieten Deutschlands noch an. So fanden letzte Hexenhinrichtungen noch 1775 in der Fürstabtei Kempten und 1782 im Schweizer Kanton Glarus statt.

Halten wir fest: Worin auch immer im einzelnen die Ursachen für die Hexenverfolgungen im vormodernen Europa liegen, leztlich sind sie nicht nur Ausgeburt einer schaudernden Furcht vor Zauberei, sondern auch Ergebnis eiskalten Kalküls.

10

Leben am Rande der Gesellschaft
Außenseiter zwischen Akzeptanz und Ausweisung

Unsere heutige Gesellschaft ist verunsichert. Die Gründe sind schnell aufgezählt: Massenarbeitslosigkeit, der zunehmende Abbau des Sozialstaats und die Angst vor der vermeintlichen Überfremdung. Aber unsere heutigen Ängste sind in Wahrheit alte Ängste: die Angst vor der Zukunft, die Sorge um die eigene Gesundheit oder um den Arbeitsplatz sowie die materielle Sicherheit.

Die Menschen, die im Mittelalter lebten, hatten, wie wir gesehen haben, durchaus ähnliche Probleme. Die weitaus meisten von ihnen waren nach unseren heutigen Begriffen mehr als arm, zählten zur Unterschicht oder wurden aufgrund ihres unsteten oder von der Mehrheit abweichenden Lebenswandels diskriminiert, da dieser nicht in das Bild der christlichen Ständegesellschaft paßte.

Die im engen Standesdenken gefangene mittelalterliche Gesellschaft stempelte eine Vielzahl von Menschen aus unterschiedlichen Beweggründen und in unterschiedlichem Ausmaß zu Außenseitern. Dabei bestand oft eine enge Affinität zwischen Armut, Mobilität und Randgruppendasein. Man schrieb ihnen aufgrund ihrer Andersartigkeit und ihrer kulturellen, religiösen oder geographischen Fremdheit bestimmte Eigenschaften und Verhaltensweisen zu, die zu ihrer Ausgrenzung (Marginalisierung) beitrugen, suchte sie durch verschiedene Verordnungen kenntlich zu machen (Stigmatisierung) und unterdrückte sie auf vielfältige Weise, vom Ausschluß von Korporationen (Zünfte und Gilden) bis hin zu ihrer Entrechtung, Verfolgung und sogar Ermordung (Diskriminierung).

Der fremde Bettler, auf den man allerorts traf, war die stete Mahnung vor dem eigenen sozialen Abstieg. Krankheit, Teuerung und individuelle Schicksalsschläge konnten jeden treffen, Versicherungen dagegen gab es noch nicht. Ängstlich blickte man daher in die irdische Zukunft, richtete seine

Gedanken auf das Jenseits und hoffte auf einen Platz im Paradies. Aus dieser Furcht speiste sich auch die Verachtung für den umherziehenden Vagabunden. Frauen und Kinder traf es am härtesten. Eine Auflösung von familiären Bindungen zwang die Betroffenen oft auf die Straße. Die Zünfte, die einerseits die Meisterwitwen versorgten, grenzten andererseits unehelich Geborene oder Angehörige verachteter Berufe von einer Mitgliedschaft aus und verdammten sie damit zu einer mobilen Randgruppenexistenz.

Auch Angehörige der Unterschichten waren auf den Bettel als zusätzliche Erwerbsquelle angewiesen: Devotionalienhändler und Reliquienaussteller, Kesselflicker, Gesundbeter, Hausierer, Bürstenbinder, Zahnreißer, Theriakhändler, Korbflechter, Spielleute, Gaukler und Chirurgen finden wir unter ihnen. Eine haarscharfe Trennung gelingt deswegen nicht, weil beispielsweise die Spielleute in aller Regel mehrere Künste ausübten.

Die sich spätestens in der Reformation zeigende veränderte Einstellung der Gesellschaft zu Arbeit und Armut führte zur Abwertung der Bettelei. Der in Deutschland im ausgehenden 15. Jahrhundert entstandene »Liber vagatorum« listet die »betrügerischen« Praktiken der Bettler auf und beschreibt ihre »Künste«, ist aber selbst ein Indiz für das sich verschärfende Armutsproblem in der spätmittelalterlichen Gesellschaft. Sebastian Brant rückt in seinem 1494 erschienenen moralsatirischen und allegorischen Lehrgedicht »Das Narrenschiff«, in dem er 111 Narren auf ihrer Reise nach Narragonien schildert, die Bettler in die Nähe von Narren: *Der Bettel hat auch Narren viel.* In den Polizeiordnungen der frühen Neuzeit galten Unbehaustheit und Mobilität ohne legitimen Zweck sowie Mittel- und Berufslosigkeit als Einstieg in die Kriminalität. Durch ihre Unbehaustheit etwa war die große Gruppe des fahrenden Volkes ebenso der feudalen Struktur des Landlebens wie der korporativen und handwerklichen Organisation der Städte entfremdet, was sie per se zu Außenseitern machte. Hinzu kamen oft der fehlende Schutz und Schirm durch einen Herrn, die Unmöglichkeit der nachbarschaftlichen Einbindung und ihr erzwungenes Fernbleiben im Falle der Verteidigung der »Solidargemeinschaft« Stadt.

Neben den umherziehenden Bettlern und Vagabunden gab es aber auch seßhafte Außenseiter, »Hausarme«, d. h. städtische Bettler, Prostituierte, Henker und Abdecker, Totengräber, Leineweber, Schneider und Müller, Bader und Barbiere, Geisteskranke, Narren und Leprose. Nicht alle Menschen dieser und anderer Gruppen wurden zu allen Zeiten und an allen Orten im gleichen Maße verachtet. Nur eines hatten sie gemein: In der Regel wurden sie nicht ins volle Bürgerrecht aufgenommen. Aber das besaßen lange Zeit ohnehin die wenigsten Einwohner der Stadt. Ausgrenzung und Abgrenzung waren die tragenden Pfeiler der mittelalterlichen Gesellschaft.

Die Ambivalenz war Teil des mittelalterlichen Denkens und Handelns. Der Gleichheitsgrundsatz war noch nicht Allgemeingut mittelalterlicher Rechtsprechung. So gab es zeitliche und räumliche Unterschiede in der Akzeptanz verachteter Berufe. Juden etwa wurden diskriminiert, ausgewiesen oder ermordet, um sie kurz darauf wieder als benötigte Kreditgeber anzusiedeln. Für Sodomiter, Ketzer und Hexen galt das allerdings nicht. Sie wurden erbarmungslos verfolgt, gefoltert und verbrannt. Gerade die Hexe als imaginäres Geschöpf eignete sich vortrefflich als Sündenbock für abergläubische Menschen.

Die Chancen für eine Integration von Außenseitern standen im Mittelalter denkbar schlecht. Und dennoch benötigte man sie – den Henker als Handwerker des Todes, den Abdecker zum Schinden, den Rattenfänger gegen die Ungezieferplage, den Juden für einen Kredit, die Hexe für Zauberpraktiken, an die man insgeheim doch glaubte, die Angehörigen der verachteten Berufe für den täglichen Bedarf, die Dirne zur Triebbefriedigung und die Spielleute und Gaukler zur Unterhaltung, ja selbst die Bettler und Leprosen für das eigene Seelenheil und die Landsknechte für den Krieg. Wenn der Krieg aus war und die Reisbuben durch die Lande streiften, wollte sie niemand mehr haben. Straßenräuber richtete man hin, wo immer man ihrer habhaft werden konnte. Auch die stadtsässige Bandenkriminalität, die sich aus den Unterschichten und Außenseitern speiste, nahm im Spätmittelalter zu.

Die sozialen Sicherungssysteme der mittelalterlichen Welt waren mit dem Armutsproblem vollkommen überfordert, die Haltung von Kirche und Welt zu den Bettlern war daher ambivalent. Der Stadtrat suchte seit dem 14./15. Jahrhundert verstärkt die eigenen Armen, die sogenannten Hausarmen, durch Bettelordnungen zu schützen und die fremden Bettler auszugrenzen. Armut, Wohltätigkeit und Erbarmen hingen eng miteinander zusammen. Oft wurde von Fall zu Fall entschieden.

Die spätmittelalterliche Stadt wurde zum Ziel der mobilen Außenseiter, wo Publikum und Almosen lockten. Randgruppen waren daher vor allem ein

Phänomen der Stadt. Hier lockte das schnelle Geld, eine Nacht unter einem festen Dach, und sei es nur eine Kirche, ein Brückenbogen oder eine Bretterbude. Geld gab es, wenn überhaupt, nur in der Stadt, wo der Bargeldumlauf noch am größten war. Dazu kamen soziale Einrichtungen: Spitäler, Klöster und Beginenhäuser, die viel Gutes taten – aber oft genug nur für die einheimischen Elenden. Einige Wirtshäuser zogen die verachteten Außenseiter, Spielleute, Vagabunden und Kriminellen magisch an, kein Wunder, daß die Wirte in den Grimmschen Haus- und Kindermärchen und in den mittelalterlichen Schwänken oft schlecht wegkommen.

Innerhalb der Stadt lebten die städtischen Unterschichten oft in eigenen verachteten Gassen und Vierteln nahe der Stadtmauer. Die Separierung von Menschen im Mittelalter zeigt auch das Beispiel der Juden, die in eigenen Ghettos wohnten. Die sozialtopographische Zuweisung von Menschen förderte die Bildung von Außenseitern der mittelalterlichen Ständegesellschaft: Ausgrenzung statt Integration. Überall dort, wo Menschen zu Außenseitern und Ausgeschlossenen wurden, konnten sich eigene Subkulturen entfalten: am eindrucksvollsten beim mittelalterlichen Judentum, aber auch in den Bettlerbruderschaften als Reaktion auf die Ausgrenzung durch die städtischen Bettelordnungen, die nur den einheimischen Hungerleidern Almosen zugestanden. Das Gruppenbewußtsein von Außenseitern schlug sich in der eifersüchtigen Wahrung von Interessen nieder, so vor allem bei den unehrlichen Berufen der Bader und Barbiere in der Frage der pflegerischen und medizinischen Behandlung ihrer Kunden oder bei den Henkern und Schindern um das Recht der Tierkörperverwertung. Aber einer beträchtlichen Anzahl von Außenseitern gelang es aufgrund ihrer Vereinzelung und Mobilität nicht, eine eigene Gruppe zu bilden oder eine Subkultur zu entfalten. Rattenfänger, Schäfer, Köhler und Hausierer gehörten dazu.

Gesellschaftliches Leben im Mittelalter spielte sich überwiegend in sozialen Gruppen ab, in der Dorfgemeinschaft, innerhalb der *familia* eines Grundherrn, einer Pfarrei, in Zünften, Gilden und Bruderschaften oder im Kloster und in Beginenkonventen. Von der Aufnahme in diese eigenen Rechtskreise blieben die Randgruppenexistenzen ausgeschlossen. Das Gruppenbewußtsein, auf das man stolz war, wurde in den Patrizierstuben und Zunfthäusern und auf Festen effektvoll zur Schau gestellt. Außenseitern billigte man keinen derartigen gesellschaftlichen Status zu. Je stärker die rechtliche und soziale Abschließung der mittelalterlichen Ständegesellschaft wurde, desto mehr Menschen fristeten ein Leben als Außenseiter.

Die Prozesse von Eingrenzung und Ausgrenzung führten auch zu Mord und Totschlag. So plünderten durch Predigten aufgeputschte Kreuzfahrer, die sich allesamt als Christen verstanden, im Vorfeld des Ersten Kreuzzuges 1096 die jüdischen Gemeinden in den rheinischen Bischofsstädten. Am Ende des Mittelalters gab es nur noch wenige Juden in Zentraleuropa. 1492 wurden die letzten aus Spanien vertrieben.

Das Leben der Menschen war aber auch beherrscht von der Allgegenwart des Todes. Die Zukunftsangst war erst recht Teil des Lebens der Außenseiter. Für den hungernden Bettler, den Leprakranken und den Syphilitiker, den Juden und den Ketzer konnte jeder Tag der letzte sein: *Media vita in morte sumus* (»Mitten im Leben sind wir vom Tod umgeben«). Für viele arme und kranke Menschen kam der Tod als Freund. In unserer Wohlstandsgesellschaft haben wir den Tod aus dem Leben verbannt. Zweifel an der Wiederauferstehung hatte man im Mittelalter nicht, nur Angst vor dem »jähen«, d.h. dem plötzlichen Tod ohne Beichte, der heute eher als wünschenswert erscheint als ein langes Siechtum an Schläuchen und Apparaten. Der Tod erschien aber auch als der einzige Gleichmacher in einer Welt voller sozialer Gegensätze und Ungerechtigkeiten. Die Totentanzgedichte lesen sich daher als Anklage gegen die zementierten Ungleichheiten in einer Welt von Herren und Knechten. Die Erfahrung von Krankheit und Tod war im Mittelalter eingebunden in die christliche Weltordnung. Eine schwere Krankheit galt als Sündenstrafe, als Aufruf zu Buße, Läuterung und Umkehr.

Bis weit ins 12. Jahrhundert hinein lag die Hauptlast der Alten- und Krankenpflege bei den Klöstern. Erst nach und nach wurden auch städtische Spitäler gebaut, die der Pflege von Kranken und als Altersheim für reiche Pfründner dienten.

Seit dem 14. Jahrhundert wurden der Bettler immer mehr, drohte die Welt durch Pest, wirtschaftliche Krisen im Handwerk, Teuerung und Not und vor allem durch große Kriege aus den Fugen zu geraten. Sebastian Brant hat in seinem »Narrenschiff« diese Zukunftsangst mit beißendem Spott in der für das Spätmittelalter so typischen Verbindung aus Zeitanklage, Ständesatire und moralisierender Dichtung am treffendsten charakterisiert. Auch vorher hatte es Krisen gegeben, doch waren sie zumeist lokaler Natur, während sich an der Wende zur aufdämmernden Neuzeit die Angst vor dem nahen Weltende breitmachte.

Letztendlich produziert jede Gesellschaft ihre Randgruppen selbst. Daran hat sich bis heute nichts geändert. Immer noch führen Außenseiter einen gegenüber der Mehrheit abweichenden Lebenswandel, der bestenfalls geduldet, selten aber anerkannt wird. Dabei setzt die Mehrheit die geltenden Normen und Werte fest. Als Normverletzung galten in der spätmittelalterlichen Gesellschaft soziale Faktoren, wie eine unkontrollierte Mobilität und eine daraus abgeleitete angebliche Kriminalität, körperliche Abweichungen vom »göttlichen Ebenbilde«, d. h. in der Vorstellung des Mittelalters Behinderungen aller Art, und moralische »Verfehlungen« wie Prostitution und Sodomie, die Geburt eines unehelichen Kindes oder Geldverleih gegen Zins und Wucher. Die damit zusammenhängende Etikettierung von Personengruppen legt die Mechanismen von Ausgrenzung und Diskriminierung offen und mündete in der Geschichte leider oft genug in die Verfolgung und Ermordung Andersdenkender und -lebender. Wenn nicht mehr die Handlungen des Einzelnen durch die Gesellschaft bewertet werden, sondern dessen soziale Kategorie, dessen Lebensumstände oder dessen Herkunft, dann, ja dann denken wir mittelalterlich.

LITERATUR

1 PFAFFEN, RITTER UND GEBURE SINT ALL GESIPPE VON NATURE ...

Aubin, H./Zorn, W. (Hg.): Handbuch der deutschen Wirtschafts- und Sozialgeschichte, 2 Bde., Stuttgart 1976/78.
Bosl, K.: Potens und Pauper. Begriffsgeschichtliche Studien zur gesellschaftlichen Differenzierung im frühen Mittelalter und zum »Pauperismus« des Hochmittelalters, in: Bosl, K.: Frühformen der Gesellschaft im mittelalterlichen Europa, Wien 1964, S. 106 ff.
Bosl, K.: Das Problem der Armut in der hochmittelalterlichen Gesellschaft, Wien 1974.
Die **Chroniken** der niederrheinischen Städte, Cöln, Bd. 3, 2. Auflage Leipzig 1877, neu aufgelegt, Stuttgart 1968.
Duby, G.: Unseren Ängsten auf der Spur. Vom Mittelalter bis zum Jahr 2000, Köln 1996.
Ennen, E.: Die europäische Stadt des Mittelalters, 3. Aufl. Göttingen 1979.
Graus, F.: Randgruppen der städtischen Gesellschaft im Spätmittelalter (= ZHF, Beih. 1, 1985), S. 93 ff.
Hartung, W.: Gesellschaftliche Randgruppen im Spätmittelalter, Phänomen und Begriff, in: Kirchgässner, B./Reuter, F.: Städtische Randgruppen und Minderheiten (Stadt in der Geschichte, Veröffentlichungen des Südwestdeutschen Arbeitskreises für Stadtgeschichtsforschung, Bd. 13), S. 49 ff.
Hergemöller, B.-U. (Hg.): Randgruppen in der spätmittelalterlichen Gesellschaft: ein Hand- und Studienbuch, 2. Aufl. Warendorf 1994.
Irsigler, F.: Bettler und Gaukler, Dirnen und Henker: Randgruppen und Außenseiter in Köln 1300–1600, Köln 1984.
Jecht, H.: Studien zur sozialen Struktur der mittelalterlichen Städte, Vierteljahresschrift für Sozial- und Wirtschaftsgeschichte 1926, S. 48 ff.; wieder abgedruckt in: Haase, C. (Hg.): Die Stadt des Mittelalters, Bd. 3, Darmstadt 1973, S. 217 ff.
Kirchgässner, B./Reuter, F. (Hg.): Städtische Randgruppen und Minderheiten, Sigmaringen 1986.

Maschke, E./Sydow, J. (Hg.): Gesellschaftliche Unterschichten in den südwestdeutschen Städten (Veröffentlichungen der Kommission für geschichtliche Landeskunde in Baden-Württemberg, Reihe B, Forschungen, Bd. 41), Stuttgart 1967.
Maschke, E./Sydow, J. (Hg.): Städtische Mittelschichten (Veröffentlichungen der Kommission für geschichtliche Landeskunde in Baden-Württemberg, Reihe B, Forschungen, Bd. 69), Stuttgart 1972.
Maschke, E.: »Obrigkeit« im mittelalterlichen Speyer und in anderen Städten, Archiv für Reformationsgeschichte 57/1966, S. 7 ff.
Maschke, E.: Die Unterschichten der mittelalterlichen Städte Deutschlands, in: Haase, C. (Hg.): Die Stadt des Mittelalters, Bd. 3, Darmstadt 1973, S. 345 ff.
Meier, F.: Randgruppen in der mittelalterlichen Gesellschaft, Raabits Geschichte, Einzelmaterial 12, Berlin/Stuttgart 2000.
Meisel, P.: Die Verfassung und Verwaltung der Stadt Konstanz im 16. Jahrhundert (Konstanzer Geschichts- und Rechtsquellen VII), Konstanz 1957.
Oexle, O. G. (Hg.): Armut im Mittelalter (Vorträge und Forschungen, hg. vom Konstanzer Arbeitskreis für mittelalterliche Geschichte, Bd. 58), Ostfildern 2004.
Roeck, B.: Außenseiter, Randgruppen, Minderheiten. Fremde im Deutschland der frühen Neuzeit, Göttingen 1993.
Seibt, F.: Glanz und Elend des Mittelalters. Eine endliche Geschichte, Berlin 1987.
Steinhausen, G. (Hg.): Monographien zur deutschen Kulturgeschichte (Bd. 1–12), Jena 1891–1905 (Neudrucke 1922 ff. u. 1968 ff.).
Sudeck, E.: Bettlerdarstellungen vom Ende des 15. Jahrhunderts bis zu Rembrandt, Straßburg 1931.
Urkunden zur Geschichte des Städtewesens in Mittel- und Niederdeutschland, Bd. 1: bis 1350, hg. von H. Stoob, Köln 1985, Bd. 2: 1351–1475, hg. von B. W. Fahlbusch, Köln 1992.

2 DER BETTEL HAT AUCH NARREN VIEL ...

Baader, J. (Hg.): Nürnberger Polizeiordnungen aus dem 13.–15. Jahrhundert, Bibliothek des Literarischen Vereins in Stuttgart, Bd. 63, Stuttgart 1861, Nachdruck Amsterdam 1966.
Bog, I.: Über Arme und Armenfürsorge in Oberdeutschland, Jahrbuch für fränkische Landesforschung 34/35, 1976, S. 983 ff.

Bosl, K.: Armut, Arbeit, Emanzipation, in: Beiträge zur Wirtschafts- und Sozialgeschichte des Mittelalters, Festschrift für Herbert Helbig, Köln/Wien 1976, S. 128 ff.

Bosl, K.: Das Problem der Armut in der hochmittelalterlichen Gesellschaft, Wien 1974.

Bosl, K.: Potens und Pauper. Begriffsgeschichtliche Studien zur gesellschaftlichen Differenzierung im frühen Mittelalter und zum »Pauperismus« des Hochmittelalters, in: Bosl, K.: Frühformen der Gesellschaft im mittelalterlichen Europa, Wien 1964, S. 106 ff.

Brant, S.: Das Narrenschiff. Nach der Erstausgabe (Basel 1494) mit den Zusätzen der Ausgaben von 1495 und 1499 sowie den Holzschnitten der deutschen Originalausgaben hg. von M. Lemmer (Neudrucke deutscher Literaturwerke, NF 5), 2. erw. Aufl., Tübingen 1968.

Brunner, O.: Souveränitätsprobleme und Sozialstruktur in den deutschen Reichsstädten der frühen Neuzeit, in: Brunner, O.: Neue Wege der Verfassungs- und Sozialgeschichte, Göttingen 1968, S. 294 ff.

Brusten, M./Hohmeier, J. (Hg.): Stigmatisierung. Zur Produktion gesellschaftlicher Randgruppen, 2 Bde., Neuwied/Darmstadt 1975.

Die **Chroniken** der niederrheinischen Städte, Cöln, Bd. 3, 2. Auflage Leipzig 1877, neu aufgelegt, Stuttgart 1968.

Dirlmeier, U.: Untersuchungen zu Einkommensverhältnissen und Lebenshaltungskosten in oberdeutschen Städten des Spätmittelalters (Mitte 14. bis Anfang 16. Jahrhundert), Heidelberg 1978.

Ehrle, F.: Die Armenordnungen von Nürnberg (1522) und Ypern (1525), Historisches Jahrbuch im Auftrag der Görres Gesellschaft, Bd. 9, 1888, S. 459 ff.

Feger, O. (Hg.): Das Rote Buch, (Konstanzer Geschichts- und Rechtsquellen 1), Konstanz 1949.

Fischer, T.: Städtische Armut und Armenfürsorge im 15. und 16. Jahrhundert. Sozialgeschichtliche Untersuchungen am Beispiel der Städte Basel, Freiburg i. Brsg. und Straßburg, Göttingen 1979.

Hergemöller, B.-U. (Hg.): Randgruppen in der spätmittelalterlichen Gesellschaft: ein Hand- und Studienbuch, 2. Aufl. Warendorf 1994.

Irsigler, F.: Bettler und Gaukler, Dirnen und Henker: Randgruppen und Außenseiter in Köln 1300–1600. Köln 1984.

Jütte, R.: Abbild und soziale Wirklichkeit des Bettler- und Gaunertums zu Beginn der Neuzeit. Sozial-, mentalitäts- und sprachgeschichtliche Studien zum »Liber vagatorum« (1510), Köln/Wien 1988.

Kirchgässner, B.: Das Steuerwesen der Reichsstadt Konstanz 1418–1460. Aus der Wirtschafts- und Sozialgeschichte einer oberdeutschen Handelsstadt am Anfang des Mittelalters (Konstanzer Geschichts- und Rechtsquellen 10), Konstanz 1960.

Laube, A./Looss S. (Hg.): Andreas Karlstadt: Daß kein Bettler unter den Christen sein soll (Flugschriften der frühen Reformationsbewegung 1518–1524, 2 Bde.), Vaduz 1983.

Meier, F.: Randgruppen in der mittelalterlichen Gesellschaft, Raabits Geschichte, Einzelmaterial 12, Berlin/Stuttgart 2000.

Oexle, O. G. (Hg.): Armut im Mittelalter (Vorträge und Forschungen, hg. vom Konstanzer Arbeitskreis für mittelalterliche Geschichte, Bd. 58), Ostfildern 2004.

Sachße, C./Tennstedt, F. (Hg.): Bettler, Gauner und Proleten. Armut und Armenfürsorge in der deutschen Geschichte, Reinbek bei Hamburg 1983.

Sachße, C./Tennstedt, F.: Geschichte der Armenfürsorge in Deutschland, 2 Bde., Stuttgart/Berlin/Köln/Mainz 1980/1988.

Schubert, E.: »Hausarme Leute«, »starke Bettler«: Einschränkungen und Umformungen des Almosensgedankens um 1400 und um 1500, in: Oexle, O. G. (Hg.): Armut im Mittelalter (Vorträge und Forschungen, hg. vom Konstanzer Arbeitskreis für mittelalterliche Geschichte, Bd. 58), Ostfildern 2004, S. 233 ff.

Schuster, P.: Armut in der spätmittelalterlichen Buß- und Strafgerichtsbarkeit, in: Oexle, O. G. (Hg.): Armut im Mittelalter (Vorträge und Forschungen, hg. vom Konstanzer Arbeitskreis für mittelalterliche Geschichte, Bd. 58), Ostfildern 2004, S. 189 ff.

Signori, G.: Alter und Armut im Mittelalter. Überlegungen zu den lebenszyklischen Dimensionen von sozialem Abstieg und den formellen und informellen »Strategien« der Überwindung, in: Oexle, O. G. (Hg.): Armut im Mittelalter (Vorträge und Forschungen, hg. vom Konstanzer Arbeitskreis für mittelalterliche Geschichte, Bd. 58), Ostfildern 2004, S. 213 ff.

Urkunden zur Geschichte des Städtewesens in Mittel- und Niederdeutschland, Bd. 1: bis 1350, hg. von H. Stoob, Köln 1985, Bd. 2: 1351–1475, hg. von B. W. Fahlbusch, Köln 1992.

Andermann, U. (Hg.): »Raubritter« oder »Rechtschaffene vom Adel«. Aspekte von Politik, Friede und Recht im späten Mittelalter, Sigmaringen 1997 (Oberrheinische Studien Bd. 14).

Andermann, U.: Ritterliche Gewalt und bürgerliche Selbstbehauptung. Untersuchungen zur Kriminalisierung und Bekämpfung des spätmittelalterlichen Raubrittertums am Beispiel norddeutscher Hansestädte, Frankfurt am Main [u.a.] 1991.

Baumann, R.: Landsknechte. Ihre Geschichte und Kultur vom späten Mittelalter bis zum Dreißigjährigen Krieg, München 1994.

Boehncke, H./Sarkowicz, H.: Im wilden Südwesten. Die Räuberbanden zwischen Neckar und Bodensee, Frankfurt am Main 1995.

Danker, U.: Räuberbanden im Alten Reich um 1700, Bd. 1, 1988.

Görner, R.: Raubritter. Untersuchung zur Lage des spätmittelalterlichen Niederadels, besonders im südlichen Westfalen (Geschichtliche Arbeiten zur Westfälischen Landesforschung, Bd. 18), Münster in Westfalen 1987.

Hergemöller, B.-U. (Hg.): Randgruppen in der spätmittelalterlichen Gesellschaft: ein Hand- und Studienbuch, 2. Aufl. Warendorf 1994.

Irsigler, F./Lassotta A.: Bettler und Gaukler, Dirnen und Henker. Außenseiter in einer mittelalterlichen Stadt, 8. Aufl. Nördlingen 1998.

Jütte, R.: Abbild und soziale Wirklichkeit des Bettler- und Gaunertums zu Beginn der Neuzeit. Sozial-, mentalitäts- und sprachgeschichtliche Studien zum »Liber vagatorum« (1510), Köln, Wien 1988.

Lange, K.: Gesellschaft und Kriminalität. Räuberbanden im 18. und frühen 19. Jahrhundert, Frankfurt am Main/Berlin/Bern/Wien 1994.

Rogg, M.: Landsknechte und Reisläufer: Bilder vom Soldaten. Ein Stand in der Kunst des 16. Jahrhunderts, Paderborn/München/Wien/Zürich 2002.

Sachße, C./Tennstedt, F. (Hg.): Bettler, Gauner und Proleten. Armut und Armenfürsorge in der deutschen Geschichte, Reinbek bei Hamburg 1983.

Siebenmorgen, H. (Hg.): Schurke oder Held? Historische Räuber und Räuberbanden (Ausstellung des Badischen Landesmuseums Karlsruhe in Zusammenarbeit mit dem Stadtmuseum Hornmoldhaus in Bietigheim-Bissingen, 27. September 1995 bis 7. Januar 1996 im Karlsruher Schloss), Sigmaringen 1995.

Schubert, E.: Gauner, Dirnen und Gelichter in deutschen Städten des Mittelalters, in: Meckseper, C./Schraut, E. (Hg.): Mentalität und Alltag im Spätmittelalter, 2. Aufl. Göttingen 1991, S. 97 ff.

Schubert, E.: Arme Leute, Bettler und Gauner im Franken des 18. Jahrhunderts, Neustadt a. d. A. 1983.

Schumm, K.: Auf den Spuren des Goetz von Berlichingen, 4. Aufl. Stuttgart, Aalen 1979.

4 LEBEN IN DER ISOLATION

Bauer, V. H.: Das Antonius-Feuer in Kunst und Medizin, Berlin/Heidelberg [u.a.] 1973.

Bäumler, E.: Amors vergifteter Pfeil. Kulturgeschichte einer verschwiegenen Krankheit, München [u.a.] 1989.

Belker, J.: Aussätzige – »Tückischer Feind« und »Armer Lazarus«, in: Hergemöller, B.-U. (Hg.): Randgruppen in der spätmittelalterlichen Gesellschaft: ein Hand- und Studienbuch, 2. Aufl. Warendorf 1994, S. 253 ff.

Benedictow, O. J.: The black death, 1346–1353. The complete history, Woodbridge [u.a.] 2004.

Bergdolt, K.: Der Schwarze Tod in Europa. Die Große Pest und das Ende des Mittelalters, München 1994.

Borst, A.: Lebensformen im Mittelalter, Berlin 1997.

Feger, O. (Hg.): Das Rote Buch (Konstanzer Geschichts- und Rechtsquellen 1), Konstanz 1949.

Fracastoro, G.: Syphilis sive morbus Gallicus 1496, hg. von G. Wöhrle, 2. Aufl. Wiesbaden 1993.

Habrich, C./Juliane C./Wilmanns, W. J. H. (Bearb.): Aussatz-Lepra-Hansen-Krankheit. Ein Menschheitsproblem im Wandel, in: Wolf J. H./Habrich, C. (Hg.): Teil 1: Katalog (Kataloge des Deutschen Medizinhistorischen Museums, Heft 4), Ingolstadt 1982, S. 117 ff.

Hecht, I.: Der Siechen Wandel. Die Aussätzigen im Mittelalter und heute, Freiburg 1982.

Hergemöller, B.-U. (Hg.): Randgruppen in der spätmittelalterlichen Gesellschaft: ein Hand- und Studienbuch, 2. Aufl. Warendorf 1994.
Fischer-Fabian, S.: Der jüngste Tag. Die Deutschen im späten Mittelalter, München 1985.
Irsigler, F./Lassotta A.: Bettler und Gaukler, Dirnen und Henker. Außenseiter in einer mittelalterlichen Stadt, 8. Aufl. Nördlingen 1998.
Meier, F.: Randgruppen in der mittelalterlichen Gesellschaft, Raabits Geschichte, Einzelmaterial 12, Berlin/Stuttgart 2000.
Murken, A.H.: Von den ersten Hospitälern bis zum modernen Krankenhaus. Die Geschichte der Medizin und ihrer Institutionen vom frühen Mittelalter bis zur Neuzeit unter besonderer Berücksichtigung Niedersachsens, in: Stadt im Wandel. Ausstellungskatalog Landesausstellung Niedersachsen 1985, Bd. 4, S. 189 ff.
Naphy, W. G. / Spicer, A.: Der schwarze Tod. Die Pest in Europa (Aus dem Engl. von M. Rüttermann) Essen 2003.
Quétel, C.: History of Syphilis, Oxford [u.a.] 1990.
Riha, O.: Aussatz. Geschichte und Gegenwart einer sozialen Krankheit, Stuttgart/ Leipzig 2004.
Schmauder, A.: Macht der Barmherzigkeit: Lebenswelt Spital, Konstanz 2000.
Siegfried, R.: Das deutsche Spital und sein Recht im Mittelalter, 2 Bde, Stuttgart 1932, ND Amsterdam 1970 (Kirchenrechtl. Abh. 111–114).
Staerk, D.: Gutleutehäuser und Kotten im Südwestdeutschen Raum. Ein Beitrag zur Erforschung der städtischen Wohlfahrtspflege in Mittelalter und Frühneuzeit, in: Die Stadt in der Geschichte, Festschrift E. Ennen, Bonn 1973, S. 529 ff.
Ulbricht, O. (Hg.): Die leidige Seuche. Pest-Fälle in der Frühen Neuzeit, Köln/Weimar/ Wien 2004.
Vasold, M.: Die Pest. Ende eines Mythos, Darmstadt 2003.
Vasold, M.: Pest, Not und schwere Plagen. Seuchen und Epidemien vom Mittelalter bis heute, München 1991.
Virchow, R.: Zur Geschichte des Aussatzes, besonders in Deutschland, in: Virchows Archiv path. Anat. 18 (1860), S.138–162, 273–329; 19 (1860), S. 43–93 ; 20 (1861), S. 166–198, 459–512.
Walcher, D.: Die armen Siechen an dem Felde. Geschichte der Ravensburger Leprosenhäuser, Ravensburg 1994.

Barwig, E./Schmitz, R.: Narren – Geisteskranke und Hofleute, in: Hergemöller, B.-U. (Hg.): Randgruppen in der spätmittelalterlichen Gesellschaft: ein Hand- und Studienbuch, 2. Aufl. Warendorf 1994, S. 220 ff.
Bote, H. / Sichtermann, S. (Hg.): Till Eulenspegel. Ein kurzweiliges Buch von Till Eulenspiegel aus dem Lande Braunschweig, wie er sein Leben vollbracht hat., 96 seiner Geschichten, Frankfurt a. M. 1978.
Brant, S.: Das Narrenschiff. Nach der Erstausgabe (Basel 1494) mit den Zusätzen der Ausgaben von 1495 und 1499 sowie den Holzschnitten der deutschen Originalausgaben hg. von M. Lemmer (Neudrucke deutscher Literaturwerke, NF 5), 2. erw. Aufl., Tübingen 1968.
Burke, P.: Helden, Schurken und Narren. Europäische Volkskultur in der frühen Neuzeit, Stuttgart 1981.
Decker-Hauff, H./Seigel, R. (Hg.): Die Chronik der Grafen von Zimmern, Bd. 2, Konstanz/ Stuttgart 1967.
Fischer-Fabian, S.: Der jüngste Tag. Die Deutschen im späten Mittelalter, München 1985.
Freytag, H. (Hg.): Der Totentanz der Marienkirche in Lübeck und der Nikolaikirche in Reval (Tallin), Köln, Weimar, Wien 1993.
Irsigler, F./Lassotta A.: Bettler und Gaukler, Dirnen und Henker. Außenseiter in einer mittelalterlichen Stadt, 8. Aufl. Nördlingen 1998.
Lindow, W. (Hg.): Ein kurtzweilig Lesen von Dil Ulenspiegel. Nach dem Druck von 1515, Stuttgart 1968.
Malke, L.S. (Hg.): Narren. Porträts, Feste, Sinnbilder, Schwankbücher und Spielkarten aus dem 15. bis 17. Jahrhundert, Leipzig 2001.
Mezger, W.: Hofnarren im Mittelalter. Vom tieferen Sinn eines seltsamen Amts, Konstanz 1981.
Schipperges, H.: Die Kranken im Mittelalter, München 1990.
Schmitz, H.-G.: Wolfgang Büttners Volksbuch von Claus Narr. Mit einem Beitrag zur Sprache der Eisleber Erstausgabe von 1572, Hildesheim 1990.

Aßfalg, W.: Strafen und Heilen. Scharfrichter, Bader und Hebammen, ein Beitrag zur Geschichte der ehemals vorderösterreichischen Donaustadt Riedlingen (Landkreis Biberach, Geschichte und Kultur, Bd. 5), Riedlingen 2001.

Barack, K. A. (Hg.): Des Teufels Netz, Stuttgart 1863.

Bartz, G./Karnein A./Lange C.: Liebesfreuden im Mittelalter. Kulturgeschichte der Erotik und Sexualität in Bildern und Dokumenten, Stuttgart/Zürich 1994.

Beneke, O.: Von unehrlichen Leuten. Culturhistorische Studien und Geschichten aus vergangenen Tagen deutscher Gewerbe und Dienste, Berlin 1889.

Benzenhöfer, U./Kühlmann, W. (Hg.): Heilkunde und Krankheitserfahrung in der frühen Neuzeit, Tübingen 1992.

Blauert, A./Schwerhoff, G. (Hg.): Mit den Waffen der Justiz. Zur Kriminalitätsgeschichte des späten Mittelalters und der frühen Neuzeit, Frankfurt a. M. 1993.

Borst, A.: Lebensformen im Mittelalter, Frankfurt/Berlin 1989.

Bülow, G. M.: Leineweber – Handwerker zwischen Zunftausschluß, Verketzerung und Armutsspott, in: Hergemöller, B.-U. (Hg.): Randgruppen in der spätmittelalterlichen Gesellschaft: ein Hand- und Studienbuch, 2. Aufl. Warendorf 1994, S. S. 89 ff.

Burckhard, G. (Hg.): Die deutschen Hebammenordnungen von ihren ersten Anfängen bis auf die Neuzeit, Leipzig 1912.

Cramer, J.: Badhäuser – ein städtischer Bautyp, in: Hausbau im Mittelalter, Bd. 2 (Sonderband), Bad Windsheim 1985, S. 9 ff.

Danckert, W.: Unehrliche Leute. Die verfemten Berufe, Bern/München 1979.

Dülmen, R. van: Das Schauspiel des Todes. Hinrichtungsrituale in der frühen Neuzeit, in: Dülmen, R. von/Schindler, N. (Hg.): Volkskultur. Zur Wiederentdeckung des vergessenen Alltags (16.–20. Jhd.), Frankfurt a. M. 1984, S. 203 ff.

Eis, G./Schmitt, W. (Hg.): Das Asanger Aderlass und Rezeptbüchlein (1516–1531), Veröffentlichungen der internationalen Gesellschaft für Geschichte der Pharmazie e. V. (NF Bd. 31), Stuttgart 1967.

Fischer-Homberger, E.: Geschichte der Medizin im Mittelalter, Berlin/Heidelberg/New York 1975.

Goedeke, K.: Schwänke des 16. Jahrhunderts, Leipzig 1879.

Goetz, H.-W.: Leben im Mittelalter vom 7. bis zum 13. Jahrhundert, München 1986.

Hinkeldey, Ch. (Hg.): Justiz in alter Zeit, Bd. VI c der Schriftenreihe des Mittelalterlichen Kriminalmuseums Rothenburg ob der Tauber, Rothenburg 1989.

Irsigler, F./Lassotta A.: Bettler und Gaukler, Dirnen und Henker. Außenseiter in einer mittelalterlichen Stadt, 8. Aufl. Nördlingen 1998.

Jütte, R.: Bader, Barbiere und Hebammen. Heilkundige als Randgruppen?, in: Hergemöller, B.-U. (Hg.): Randgruppen in der spätmittelalterlichen Gesellschaft: ein Hand- und Studienbuch, 2. Aufl. Warendorf 1994, S. 181 ff.

Le Goff, J. (Hg.): Der Mensch des Mittelalters, Frankfurt/New York 1989.

Lenhart, F.: Zur Ikonographie der Blutschau, in: Medizinhistorisches Journal 17, 1/2, 1982, S. 63 ff.

Lexikon der Kunst, Artikel: Badeszenen, Bd. 1, Leipzig 1969; Artikel: Planentenkinderbilder, Bd. 3, Leipzig 1975.

Martin, A.: Deutsches Badewesen in vergangenen Tagen, Jena 1906.

Meier, F.: Randgruppen in der mittelalterlichen Gesellschaft, Raabits Geschichte, Einzelmaterial 12, Berlin/Stuttgart 2000.

Meyer-Steineg, Th./Sudhoff, K.: Illustrierte Geschichte der Medizin, 5. Aufl. Stuttgart 1965.

Nowosadtko, J.: Scharfrichter und Abdekker. Der Alltag zweier »unehrlicher Berufe« in der Frühen Neuzeit, Paderborn/München/Wien/Zürich 1994.

Pasing, A.: Müller – Ein Verarbeitungsgewerbe als Zielscheibe der Volkshäme, der Kundenkritik und Zunftpolitik, in: Hergemöller, B.-U. (Hg.): Randgruppen in der spätmittelalterlichen Gesellschaft: ein Hand- und Studienbuch, 2. Aufl. Warendorf 1994, S. 202 ff.

Potthof, G. D.: Kulturgeschichte des deutschen Handwerks, Hamburg 1938.

Roeck, B.: Außenseiter, Randgruppen, Minderheiten. Fremde im Deutschland der frühen Neuzeit, Göttingen 1993.

Rüster, D.: Der Chirurg. Ein Beruf zwischen Ruhm und Vergessen, Leipzig 1993.

Rüster, D.: Alte Chirurgie. Legende und Wirklichkeit, Köln 1986.

Sander, S.: Artikel: Bader und Barbiere, in: Reith, H. (Hg.): Lexikon des alten Handwerks. Vom Spätmittelalter bis ins 20. Jahrhundert, München 1990, S. 17 ff.

Sander, S.: Handwerkschirurgen: Sozialgeschichte einer verdrängten Berufsgruppe, Göttingen 1989.

Schippergers, H.: Die Kranken im Mittelalter, München 1990.

Stolz, S.: Die Handwerke des Körpers. Bader, Barbier, Perückenmacher, Friseur. Folge und Ausdruck historischen Körperverständnisses, Marburg 1992.

Wilbertz, G.: Scharfrichter und Abdecker – Aspekte ihrer Sozialgeschichte vom 13. bis zum 16. Jahrhundert, in: Hergemöller, B.-U. (Hg.): Randgruppen in der spätmittelalterlichen Gesellschaft: ein Hand- und Studienbuch, 2. Aufl. Warendorf 1994, S. 121–156.

Wissel, R.: Des alten Handwerks Recht und Gewohnheit, 3 Bde. (hg. von E. Schraepler), Berlin 1971–82.

Zappert, G.: Über das Badewesen mittelalterlicher und späterer Zeit, in: Archiv für Kunde österreichischer Geschichtsquellen, Bd. 21, Wien 1959.

Zedler, J. H.: Großes vollständiges Universal-Lexikon aller Wissenschaften und Künste, Bd. 3, Halle/Leipzig 1733; Bd. 26, Halle/Leipzig 1740 (Reprint, Graz 1961).

7 SPIELLEUTE UND GAUKLER, KURPFUSCHER UND QUACKSALBER

Brandhorst, J.: Spielleute – Vaganten und Künstler, in: Hergemöller, B.-U. (Hg.): Randgruppen in der spätmittelalterlichen Gesellschaft: ein Hand- und Studienbuch, 2. Aufl. Warendorf 1994, S. 157 ff.

Graus, F.: Die Randständigen, in: Moraw, P. (Hg.): Unterwegssein im Spätmittelalter (= ZHF, Beih. 1, 1985), S. 93 ff.

Grimmelshausen, H. J. Ch. von: Der abenteuerliche Simplicissimus (1669), Stuttgart 1965.

Hartung, W.: Die Spielleute im Mittelalter. Gaukler, Dichter, Musikanten, Düsseldorf/Zürich 2003.

Heim, E. L.: Tagebücher und Erinnerungen, Leipzig 1989.

Irsigler, F./Lassotta A.: Bettler und Gaukler, Dirnen und Henker. Außenseiter in einer mittelalterlichen Stadt, 8. Aufl. Nördlingen 1998.

Krogmann, W.: Der Rattenfänger von Hameln. Eine Untersuchung über das Werden der Sage, Nachdr. d. Ausg. Berlin 1934, Nendeln/Liechtenstein 1967.

Meier, F.: Hans von Waltheym auf Pilgerfahrt und Bildungsreise. Mobilität als didaktischer Zugang zur mittelalterlichen Geschichte, Hamburg 2003.

Meier, F.: Randgruppen in der mittelalterlichen Gesellschaft, Raabits Geschichte, Einzelmateria. 12, Berlin/ Stuttgart 2000.

Mieder, W.: Der Rattenfänger von Hameln. Die Sage in Literatur, Medien und Karikatur, Wien 2002.

Meyer-Steineg, Th./Sudhoff, K.: Illustrierte Geschichte der Medizin, 5. Aufl. Stuttgart 1965.

Probst, C.: Fahrende Heiler und Heilmittelhändler. Medizin von Marktplatz und Landstraße, Rosenheim 1992.

Rüster, D.: Der Chirurg. Ein Beruf zwischen Ruhm und Vergessen, Leipzig 1993.

Rüster, D.: Alte Chirurgie. Legende und Wirklichkeit, Köln 1986.

Salmen, W.: Der Spielmann im Mittelalter, Innsbruck 1983.

Schächter, M. (Hg.): Mittendrin. Eine Abfuhr für den Müll, Berlin 1990.

Schramm, P.: Die Quacksalber, Heilkünstler und Scharlatane. Ein dokumentarischer Bildband, Taunusstein 1985.

Schubert, E.: Fahrendes Volk im Mittelalter, Bielefeld 1995.

Schubert, E.: Arme Leute. Bettler und Gauner im Franken des 18. Jahrhunderts, Neustadt a. d. A. 1983.

8 DIE LAST MIT DER LUST

Bachorski, H.-J. (Hg.): Ordnung und Lust. Bilder von Liebe, Ehe und Sexualität in Spätmittelalter und Früher Neuzeit, hg. von Hans Jürgen (Literatur – Imagination – Realität, Bd. 1), Trier 1991.

Bartz, G./Karnein A./Lange C.: Liebesfreuden im Mittelalter. Kulturgeschichte der Erotik und Sexualität in Bildern und Dokumenten, Stuttgart/Zürich 1994.

Bein, T.: Liebe und Erotik, Graz 2003 (Lebensbilder des Mittelalters).

de la Croix, A.: Liebeskunst und Lebenslust. Sinnlichkeit im Mittelalter, Ostfildern 2003.

Denzler, G.: Die Verbotene Lust, München 1988.

Kammeier-Nebel, A.: Wenn eine Frau Kräutertränke zu sich genommen hat, um nicht zu empfangen ... Geburtenbeschränkung im frühen Mittelalter, in: Hermann, B. (Hg.): Mensch und Umwelt im Mittelalter, Wiesbaden 1996, S. 65 ff.

Hergemöller, B.-U.: Sodomiter – Erscheinungsformen und Kausalfaktoren des spätmittelalterlichen Kampfes gegen Homosexuelle, in: Hergemöller, B.-U. (Hg.): Randgruppen in der spätmittelalterlichen Gesellschaft: ein Hand- und Studienbuch, 2. Aufl. Warendorf 1994, S. 361 ff.

Hergemöller, B.-U.: Sodom und Gomorrha. Zur Alltagswirklichkeit und Verfolgung Homosexueller im Mittelalter, Hamburg 2000.

Huizinga, J.: Herbst des Mittelalters: Studien über Lebens- und Geistesformen des 14. und 15. Jh. in Frankreich und in den Niederlanden, 11. Aufl. Stuttgart 1987.

Irsigler, F./Lassotta A.: Bettler und Gaukler, Dirnen und Henker. Außenseiter in einer mittelalterlichen Stadt, 8. Aufl. Nördlingen 1998.

Lömker-Schlögell, A.: Prostituierte – »umb vermeydung willen merers übels in der cristenhait«, in: Hergemöller, B.-U. (Hg.): Randgruppen in der spätmittelalterlichen Gesellschaft: ein Hand- und Studienbuch, 2. Aufl. Warendorf 1994, S. 56 ff.

Lutterbach, H.: Sexualität im Mittelalter. Eine Kulturstudie anhand von Bußbüchern des 6. bis 12. Jahrhunderts (AKG Beiheft 43), Köln/Weimar/Wien 1999.

Meier, F.: Randgruppen in der mittelalterlichen Gesellschaft, Raabits Geschichte, Einzelmaterial 12, Berlin/Stuttgart 2000.

Meier, F.: Du bist mîn, ich bin dîn. Liebe, Lust und Leidenschaft im Mittelalter. Der gender-Ansatz als Zugang zum mittelalterlichen Geschlechtsverständnis, Volltexte der Universitätsbibliothek Konstanz/Hochschulbibliothek Weingarten, Weingarten 2005.

Meisel, P.: Die Verfassung und Verwaltung der Stadt Konstanz im 16. Jahrhundert, Sigmaringen 1957.

Opitz, C.: Evatöchter und Bräute Christi: weiblicher Lebenszusammenhang und Frauenkultur im Mittelalter, Weinheim 1990.

Ranke-Heinemann, U.: Eunuchen für das Himmelreich, Hamburg 1988.

Rogge, R.: Liebes-Geschichten und Ehebruch: Neues und altes Eherecht auf dem Prüfstand, in: Praxis Geschichte 1, 1998, S. 58 ff.

Rossiaud, J.: Dame Venus. Prostitution im Mittelalter, München 1994.

Schubert, E.: Alltag im Mittelalter: natürliches Lebensumfeld und menschliches Miteinander, Darmstadt 2002.

Schuster, P.: Das Frauenhaus. Städtische Bordelle in Deutschland 1350 bis 1600, Paderborn/München/Wien/Zürich 1992.

Schuster, Peter: »Umb grobe und mehr sünden zu verhüten ...«. Frauenhäuser in den Städten des späten Mittelalters, in: Praxis Geschichte, Heft 1, 1988, S. 55 ff.

9 VERJAGT SIE AUS DEN ZELTEN DES HERRN ...

Baier, L.: Die große Ketzerei. Verfolgung und Ausrottung der Katharer durch Kirche und Wissenschaft, Berlin 1984.

Barber, M.: Die Katharer. Ketzer des Mittelalters, aus dem Engl. von H. Ehrhardt, Düsseldorf/Zürich 2003.

Becker, G.: Aus der Zeit der Verzweiflung. Zur Genese und Aktualität des Hexenbildes, Frankfurt a. M. 1977.

Behringer, W. (Hg.): Hexen und Hexenprozesse in Deutschland, München 2000.

Behringer, W.: Erträge und Perspektiven der Hexenforschung, in: Historische Zeitschrift 249, 1989, S. 619 ff.

Behringer, W.: Hexenverfolgung in Bayern. Volksmagie, Glaubenseifer und Staatsräson in der Frühen Neuzeit, München 1987.

Blauert, A. (Hg.): Ketzer, Zauberer und Hexen. Die Anfänge der europäischen Hexenverfolgungen, Frankfurt a. M. 1990.

Blauert, A.: Frühe Hexenverfolgungen, Ketzer-, Zauberei und Hexenprozesse des 15. Jahrhunderts, Hamburg 1989.

Borst, A.: Barbaren, Ketzer und Artisten. Welten des Mittelalters, München 1988.

Borst, A.: Die Katharer, Freiburg 1997.

Brincken, A.-D. von den: Das Rechtfertigungsschreiben der Stadt Köln wegen Ausweisung der Juden im Jahre 1424 – Zur Motivierung spätmittelalterlicher Judenvertreibungen in West- und Mitteleuropa, in: Köln, das Reich und Europa (Mitteilungen aus dem Stadtarchiv von Köln 60), Köln 1971, S. 305 ff.

Decker, R.: Die Hexenverfolgungen im Herzogtum Westfalen, in: Westfälische Zeitschrift 131/132, 1981/1982, S. 339 ff.

Dülmen, R. van (Hg.): Hexenwelten, Magie und Imagination vom 16.–20. Jh., Frankfurt a. M. 1987 (Ausstellungskatalog der Saarbrückener Hexenausstellung).

Erbstößer, M.: Ketzer im Mittelalter, Stuttgart 1984.

Fichtenau, H.: Ketzer und Professoren. Häresie und Vernunftglaube im Hochmittelalter, München 1992.

Gloger, B.: Kreuzzug gegen die Stedinger, Illustrierte Historische Hefte 22, Berlin-Ost 1980.

Graus, F.: Pest, Geißler, Judenmorde. Das 14. Jahrhundert als Krisenzeit, Göttingen 1987.

Grigulevic, J. R.: Ketzer – Hexen – Inquisitoren. Geschichte der Inquisition (13.–20. Jh.), Teil 1, Berlin 1980.

Grundmann, H.: Ketzergeschichte des Mittelalters, 2. Auflage, Göttingen 1967.

Hammes, M.: Hexenwahn und Hexenprozesse, Frankfurt a. M. 1977.

Hansen, J.: Zauberwahn, Inquisition und Hexenprozess und die Entstehung der großen Hexenverfolgung, München 1900.

Harmening, D.: Hexen – Hinter dem Rand des Christentums, in: Hergemöller, B.-U. (Hg.): Randgruppen in der spätmittelalterlichen Gesellschaft: ein Hand- und Studienbuch, 2. Aufl. Warendorf 1994, S. 328 ff.

Haverkamp, A. (Hg.).: Juden und Christen zur Zeit der Kreuzzüge (Konstanzer Arbeitskreis für Mittelalterliche Geschichte: Vorträge und Forschungen, Bd. 47), Sigmaringen 1999.

Haverkamp, A.: Europas Juden im Mittelalter(dieser Katalog erscheint anlässlich der Ausstellung »Europas Juden im Mittelalter« im Historischen Museum der Pfalz Speyer vom 19. November 2004 bis zum 20. März 2005; im Deutschen Historischen Museum Berlin vom 23. April bis 28. August 2005), Ostfildern 2004.

Heinemann, E.: Hexen und Hexenglauben. Eine historisch-sozialpsychologische Studie, Frankfurt a. M. 1987.

Heinsohn, G./Steiger, O.: Die Vernichtung der weisen Frauen. Hexenverfolgung, Kinderwelten, Menschenproduktion, Bevölkerungswissenschaft, München 1987.

Honegger, C. (Hg.): Die Hexen der Neuzeit. Studien zur Sozialgeschichte eines kulturellen Deutungsmusters, Frankfurt a. M. 1978.

Hörburger, H.: Judenvertreibungen im Spätmittelalter. Am Beispiel Esslingen und Konstanz, Frankfurt a. M. 1981.

Irsigler, F./Lassotta A.: Bettler und Gaukler, Dirnen und Henker. Außenseiter in einer mittelalterlichen Stadt, 8. Aufl. Nördlingen 1998.

Juden in Europa, Bd. 1, Von den Anfängen bis zum späten Mittelalter, Darmstadt 2001.

Lambert, M.: Geschichte der Katharer. Aufstieg und Fall der großen Ketzerbewegung, übers. aus dem Engl. von Raul Niemann, Darmstadt 2001.

Larner, C.: Witchcraft and Religion, Oxford 1984.

Lay, R.: Die Ketzer. Von Roger Bacon bis Teilhard, Frankfurt a.M./Berlin 1992.

Levack, B.: The Witch Hunt in Early Modern Europe, London 1987.

Lorenz, S./Bauer, D. (Hg.): Hexenverfolgung. Neuere Forschungen zu südwestdeutschen Hexenprozessen, Würzburg 1981.

Mauz, J. (Hg.): Ulrich Molitoris, Konstanz 1997.

Mauz, J.: Ulrich Molitoris. Ein süddeutscher Humanist und Rechtsgelehrter, Wien 1992.

Meier, F.: Randgruppen in der mittelalterlichen Gesellschaft, Raabits Geschichte, Einzelmaterial 12, Berlin/Stuttgart 2000.

Milger, P.: Die Kreuzzüge. Krieg im Namen Gottes, 3. Aufl. München 1988.

Overdick, R.: Die rechtliche und wirtschaftliche Stellung der Juden in Südwestdeutschland im 15. und 16. Jahrhundert, dargestellt an den Reichsstädten Konstanz und Esslingen und an der Markgrafschaft Baden (Konstanzer Geschichts- und Rechtsquellen, Bd. 15), Konstanz 1965.

Ries, R.: Juden – Zwischen Schutz und Verteufelung, in: Hergemöller, B.-U. (Hg.): Randgruppen in der spätmittelalterlichen Gesellschaft: ein Hand- und Studienbuch, 2. Aufl. Warendorf 1994, S. 284 ff.

Roll, E.: Die Katharer, Stuttgart 1979.

Rügert, W. (Hg.): Jüdisches Leben in Konstanz. Eine Dokumentation vom Mittelalter bis zur Neuzeit, Konstanz 1999.

Sächsische Weltchronik, hg. von L. Weiland, unveränd. Nachdr. der Ausg. Hannover, 1877 (Monumenta Germaniae Historica, Scriptores. 8, Deutsche Chroniken und andere Geschichtsbücher des Mittelalters; 2, München 1980).

Schieder, W. (Hg.): Volksreligiosität in der modernen Sozialgeschichte (Geschichte und Gesellschaft, Sonderheft 11), Göttingen 1986.

Schmauder, A. (Hg.): Frühe Hexenverfolgung in Ravensburg und am Bodensee (Be-
gleitbd. zur Tagung Der Hexenhammer von
Heinrich Kramer und die Frühe Hexenverfolgung in Ravensburg und Oberdeutschland, veranstaltet von Kulturrefe-
rat/Stadtarchiv Ravensburg, 20.–23.
September 2001 in Ravensburg und Weingarten), Konstanz 2001.
Schormann, G.: Hexenprozesse in Deutschland, Göttingen 1981.
Seifert, P. (Hg.): Geheime Schriften mittelalterlicher Sekten, Augsburg 1997.
Sprenger, J./Institoris, H.: Der Hexenhammer ins Deutsche übertragen von J. W. R.
Schmidt, T. 1, Berlin 1906, Nachdruck
Darmstadt 1974.
Staeck, F./Welsch, C.: Ketzer, Täufer, Utopi-
sten, Pfaffenweiler 1991.
Theloe, H.: Die Ketzerverfolgungen im 11. und
12. Jahrhundert. Ein Beitrag zur Geschichte
der Entstehung des päpstlichen Ketzerinquisi-
tionsgericht, Berlin und Leipzig 1913.
Weddingen (Hg.), K.: Gustula. Lateinisches
Lesebuch, Stuttgart 2. Aufl. 1990.
Werner, E./Erbstößer, M.: Ketzer und Heili-
ge. Das religiöse Leben im Hochmittelalter,
Wien [u.a.] 1986.
Wiehn, E. R: (Hg.): Judenfeindschaft. Eine
öffentliche Vortragsreihe an der Universität
Konstanz 1988/89 mit Beiträgen von Detlev
Claussen u.a., Konstanz 1989, S. 47–71.

10 LEBEN AM RANDE DER GESELLSCHAFT

Brant, S.: Das Narrenschiff. Nach der Erstausgabe (Basel 1494) mit den Zusätzen der
Ausgaben von 1495 und 1499 sowie den
Holzschnitten der deutschen Originalausgaben hg. von M. Lemmer (Neudrucke deutscher Literaturwerke, NF 5), 2. erw. Aufl.
Tübingen 1968.

Duby, G.: Unseren Ängsten auf der Spur.
Vom Mittelalter bis zum Jahr 2000, Köln
1996.
Graus, F.: Randgruppen der städtischen Ge-
sellschaft im Spätmittelalter (= ZHF, Beih. 1,
1985), S. 93 ff.
Hergemöller, B.-U. (Hg.): Randgruppen in
der spätmittelalterlichen Gesellschaft: ein
Hand- und Studienbuch, 2. Aufl. Warendorf
1994.
Irsigler, F.: Bettler und Gaukler, Dirnen und
Henker: Randgruppen und Außenseiter in
Köln 1300–1600, Köln 1984.
Kirchgässner, B./Reuter, F. (Hg.): Städtische
Randgruppen und Minderheiten, Sigmarin-
gen 1986.
Maschke, E./Sydow, J. (Hg.): Gesellschaftli-
che Unterschichten in den südwestdeut-
schen Städten (Veröffentlichungen der Kom-
mission für geschichtliche Landeskunde in
Baden-Württemberg, Reihe B, Forschungen,
Bd. 41), Stuttgart 1967.
Maschke, E./Sydow, J. (Hg.): Städtische
Mittelschichten (Veröffentlichungen der
Kommission für geschichtliche Landeskun-
de in Baden-Württemberg, Reihe B, For-
schungen, Bd. 69), Stuttgart 1972.
Maschke, E.: Die Unterschichten der mittel-
alterlichen Städte Deutschlands, in: Haase,
C. (Hg.), Die Stadt des Mittelalters, Bd. 3,
Darmstadt 1973.
Meier, F.: Randgruppen in der mittelalter-
lichen Gesellschaft, Raabits Geschichte,
Einzelmaterial 12, Berlin/Stuttgart 2000.
Oexle, O. G. (Hg.): Armut im Mittelalter
(Vorträge und Forschungen, hg. vom
Konstanzer Arbeitskreis für mittelalterliche
Geschichte, Bd. 58), Ostfildern 2004.
Roeck, B.: Außenseiter, Randgruppen,
Minderheiten. Fremde im Deutschland der
frühen Neuzeit, Göttingen 1993.
Seibt, Ferdinand: Glanz und Elend des
Mittelalters. Eine endliche Geschichte,
Berlin 1987.

BILDNACHWEIS

Albertina, Wien: 21
Bibliothèque nationale de France, Paris: 79
Faksimileverlag Luzern: 47, 71, 121, 125, 157

BILDTEIL

British Library, London: IX
Faksimileverlag Luzern: I, III, X, XIII, XV, XVI
Germanisches Nationalmuseum, Nürnberg: IV
Kunsthistorisches Museum, Wien: XI
Louvre, Paris: II, V
Musée municipale, Saint-Germain-en-Laye: XII
Österreichische Nationalbibliothek, Wien: VII
Museo Nacional del Prado, Madrid: VI
Sächsische Landesbibliothek,
Staats- und Universitätsbibliothek, Dresden: XIV

Wir danken allen Rechteinhabern für die freundliche
Genehmigung zum Nachdruck.
Trotz nachdrücklicher Bemühungen ist es uns nicht gelungen,
alle Rechteinhaber zu ermitteln. Wir bitten diese daher um
Verständnis, wenn wir gegebenenfalls erst nachträglich eine
Abdruckhonorierung vornehmen können.